现代秘书学

——原理与实务

（第2版）

欧阳周　陶　琪　编著

中南大学出版社

内容提要

　　本书分上下两编共 15 章：上编 1~6 章为秘书学原理，全面、系统地阐述了秘书、秘书工作、秘书学以及秘书与领导、秘书机构、秘书职能、秘书职能环境、秘书素养等基础知识和基本理论；下编 7~15 章为秘书实务，较详细、具体地介绍了文书处理、公文撰拟、调查研究、会务工作、信访工作、督查工作、公关工作、事务管理、办公自动化的有关知识、方法和技能、技巧。这次在保持原来结构框架的基础上作了一次全面的修订，吸收了近年来秘书学研究的最新成果，引用了中共中央、全国人大、国务院近年来发布的一系列有关文件，使理论和实务内容更加新鲜，文字表述更加准确、规范。本书是一部总结既往、立足当今、面向未来的秘书学教材，可供大中专院校秘书专业和相关专业选用，亦可供各级各类秘书自学和参考之用。

第 2 版前言

　　《现代秘书学——原理实务》一书，自 2000 出版以来，承蒙读者的厚爱，截止 2007 年 6 月，连续重印了 7 次，印数累计达 3.2 万余册。为适应形势发展的需要，吸收新的研究成果，弥补在实际教学中发现的某些不足之处，增强课程教学的理论性、系统性、现实性、规范性和实践指导性，根据出版社的要求，本书进行了一次全面的修订。此次修订，在保持体例原貌不变的基础上，调整和增补了某些内容，删去了一些过时了的内容，吸收了近年来秘书学研究的新成果，引用了国家新颁布的有关规范，如全国人大 2005 年 4 月 27 日颁布的《中华人民共和国公务员法》，国务院 2000 年 8 月 24 日发布的《国家行政机关公文处理办法》，中共中央办公厅国务院办公厅 2001 年 12 月 4 日发布的《关于进一步精简会议和文件的意见》，国务院 2005 年 1 月 5 日发布的《信访条例》，中共中央、国务院 2007 年 6 月 24 日发布的《关于进一步加强新时期信访工作的意见》等，使理论和实务内容更为新鲜、文字表述更加准确、规范、全面，拓宽和加深了知识的容量，从而更加贴近现实、贴近生活、贴近秘书业务需要，更加富有时代气息，更加便于老师讲授和同学们学习。

　　由于编著者学识有限，加之时间仓促，虽说我们尽了很大的努力，但这次修订本仍可能有错误或不当之处，敬请同行和读者指正。

欧阳周

2007 年 7 月 20 日于岳麓山下

目　录

上篇　秘书学原理

第一章　导　论 ……………………………………………………… (1)

　　第一节　秘　书 …………………………………………………… (2)

　　第二节　秘书工作 ………………………………………………… (8)

　　第三节　秘书学 ………………………………………………… (17)

第二章　秘书与领导 ……………………………………………… (24)

　　第一节　为领导服务是秘书和秘书工作的立足点 …………… (24)

　　第二节　秘书与领导班子 ……………………………………… (26)

　　第三节　秘书与领导者 ………………………………………… (30)

第三章　秘书机构 ………………………………………………… (37)

　　第一节　秘书机构的含义、特点和功用 ……………………… (37)

　　第二节　秘书机构的设置 ……………………………………… (41)

　　第三节　秘书机构人员的配备 ………………………………… (45)

　　第四节　秘书机构的领导和管理 ……………………………… (49)

第四章　秘书职能 ………………………………………………… (53)

　　第一节　辅佐决策 ……………………………………………… (53)

　　第二节　协助管理 ……………………………………………… (59)

　　第三节　处理信息 ……………………………………………… (66)

　　第四节　协调关系 ……………………………………………… (72)

　　第五节　保守秘密 ……………………………………………… (79)

第五章　秘书职能环境 …………………………………………… (85)

　　第一节　秘书职能环境的含义及其重要性 …………………… (85)

　　第二节　营造优美的工作环境 ………………………………… (87)

第三节　秘书人际关系环境的优化 ……………………………………………（94）

第六章　秘书基本素养 ……………………………………………………（102）

第一节　秘书必备的心理素质 …………………………………………（102）
第二节　秘书的基本修养 ………………………………………………（106）
第三节　秘书的职业道德 ………………………………………………（110）
第四节　秘书的能力构成 ………………………………………………（113）

下篇　秘书实务

第七章　文书处理 …………………………………………………………（116）

第一节　文书工作概述 …………………………………………………（116）
第二节　行文关系、方向和制度 ………………………………………（121）
第三节　收文处理程序 …………………………………………………（124）
第四节　发文处理程序 …………………………………………………（126）

第八章　公文撰拟 …………………………………………………………（129）

第一节　公文撰拟概述 …………………………………………………（129）
第二节　公文的类别 ……………………………………………………（134）
第三节　通用公文的基本格式 …………………………………………（137）
第四节　公文撰拟的具体原则要求 ……………………………………（147）

第九章　调查研究 …………………………………………………………（150）

第一节　调查研究概述 …………………………………………………（150）
第二节　秘书调查研究的特点和内容 …………………………………（155）
第三节　调查研究前的准备和调查研究的方法 ………………………（159）
第四节　秘书调查研究应注意的事项 …………………………………（167）

第十章　会务工作 …………………………………………………………（170）

第一节　会议概述 ………………………………………………………（170）
第二节　秘书会务工作的特点和要求 …………………………………（174）
第三节　秘书会务工作的程序和内容 …………………………………（176）
第四节　端正会风，提高会议质量 ……………………………………（182）

第十一章　信访工作 ………………………………………………… （185）

第一节　信访工作概述 ………………………………………… （185）

第二节　信访工作的任务和原则 ……………………………… （188）

第三节　信访工作的程序和制度 ……………………………… （192）

第四节　秘书从事信访工作的基本要求 ……………………… （197）

第十二章　督查工作 ………………………………………………… （199）

第一节　督查工作概述 ………………………………………… （199）

第二节　秘书督查工作的范围和原则 ………………………… （203）

第三节　督查工作的程序、方式和制度 ……………………… （205）

第四节　秘书参加督查工作应注意的事项 …………………… （210）

第十三章　公共关系工作 …………………………………………… （213）

第一节　公共关系概述 ………………………………………… （213）

第二节　公共关系的类别和施行原则 ………………………… （216）

第三节　公共关系工作的程序和主要工作内容 ……………… （219）

第四节　秘书在公共关系工作中应注意的事项 ……………… （223）

第十四章　事务管理 ………………………………………………… （226）

第一节　事务管理概述 ………………………………………… （226）

第二节　值班工作 ……………………………………………… （229）

第三节　电话往来 ……………………………………………… （230）

第四节　接待工作 ……………………………………………… （232）

第五节　随从事务 ……………………………………………… （235）

第六节　后勤管理 ……………………………………………… （237）

第七节　印章管理 ……………………………………………… （238）

第十五章　办公自动化 ……………………………………………… （241）

第一节　办公自动化概述 ……………………………………… （241）

第二节　办公自动化的设备和系统 …………………………… （245）

第三节　秘书工作如何适应办公自动化 ……………………… （250）

```
┌─────────────────────────────────┐
│      上编　秘书学原理              │
└─────────────────────────────────┘
```

第一章　导　论

　　无论是在国内还是在国外，秘书都是最热门的职业和职务之一。自改革开放以来，我国的领导决策和管理工作强调科学化、民主化、规范化，作为领导的耳目、参谋和助手的秘书，也就越来越受到人们的重视，秘书工作在建设有中国特色的社会主义事业中发挥着越来越大的作用。

　　20 世纪 80 年代以来，为适应形势发展的需要，我国许多高校相继兴办了秘书学系或行政管理与秘书、高级文秘、秘书与公关、中英文秘书和办公自动化等专业，更多的高校则是在有关专业开设了具有很强实用性和可操作性的秘书学课程，以培养能胜任现代秘书工作的高级专业人才和具有秘书理论与技能修养的各类专门人才。这是高等教育与市场经济接轨、为行政管理体制和经济管理体制的改革服务的实际举措，也是教育改革深入发展的具体体现。邓颖超指出："现代的秘书工作，不管是工作手段和业务范围，较之以前都有很多发展和拓宽。总结和研究工作经验，使它规范化、科学化、理论化，对提高秘书业务水平，推动工作发展，很有益处。"①教学需要教材，在岗的秘书需要理论指导，秘书活动需要规范，实践经验有待总结，理论研究有待开拓，于是一门现代新兴的独立学科——秘书学应运而生了。这是时代发展的必然，也是社会变革和进步的标志。

　　近年来，各高校相继出版了一批秘书学教材，它们自成体系，各具特色，满足了教学的急需；同时，秘书学领域里的理论研究和争鸣也十分活跃，各地相继创办了《秘书》、《文秘》、《秘书界》、《企业秘书》、《秘书工作》、《秘书业务》、《秘书之友》、《秘书学刊》、《秘书学研究》等 10 余种刊物，还出版了一批专著和教材，有力地推动了我国秘书学理论研究的深入和

---

① 邓颖超为徐瑞新等编著的《中国现代秘书工作基础》一书所写的"序"，高等教育出版社 1995 年版，第 1 页。

发展。然而，我们必须看到，我国秘书学从诞生到现在不过 30 多年的历史，因而它是一门十分年轻的学科，也是一门很不成熟的学科。在人类已进入到知识经济时代的 21 世纪里，秘书学的研究和所有的学科一样，不应只是概念、定义和一系列结论的集合，而应随着时代的演进和秘书工作实践的发展而不断地推陈出新，既要有逻辑起点和逻辑构架的创新，又要有理论见解和研究方法的创新。我国的现代秘书学必须在马克思主义的世界观和方法论的指导下，站在时代的高度，以各行各业的秘书工作实践为研究重点，创造性地汲取国内外的研究成果，高屋建瓴地把握秘书学的基本脉络和发展趋势，建构起既具有中国特色又具有鲜明时代特征的现代秘书学的理论体系，为开创秘书学理论研究的新局面，推动我国的改革开放和社会主义现代化建设事业作出积极的贡献。

第一节　秘　书

一、秘书的含义

秘书是秘书学核心概念中的最核心的概念，是秘书学研究的逻辑起点。因此，我们研究秘书学，理应首先弄清楚什么是秘书。

"秘书"一词来源于拉丁语"Seretarius"，其本意是"可靠的职员"。"秘书"的英文名称是"Secretary"，可译为"书记"或"大臣"。全美秘书协会对秘书的定义是："高级官员的助手，掌握机关职责并具有在不同上司直接监督下，承担任务的才干，发挥积极主动性，运用判断力在其职权范围内对机关工作做出决定。"国际职业秘书组织则认为：秘书是"具有熟练的办公室工作能力，不需上级敦促即能主动负责、积极进取、干练果断、能在授权范围内作正确决定的经理助手"。原苏联有关教材对"秘书"的释义是："秘书是一项普通的职业，其职能主要是为机关提供称为秘书的辅助性、事务性和信息性的服务。"我国《现代汉语词典》（修订本）对"秘书"的定义是："掌管文书并协助机关或部门负责人处理日常工作的人员。"《辞海》对"秘书"一词的定义是："职务名称之一。协助领导综合情况，研究政策，密切各方面工作的联系，办理文书、档案、人民来信以及其它日常行政事务和交办事项。"国家劳动部（现劳动和社会保障部）1998 年 5 月在其颁布的《秘书职业技能标准》一书中将"秘书"定义为："专门从事办公室程序工作，协助领导处理财务及日常事务，并为领导决策及实施服务的人员。"尽管它们各自的表述不同，但都指出秘书是一种社会职业和职务，是为领导服务的工作人员，对秘书的基本含义作出了明确的界定。

新中国建立以后，各级党、政、军、群机关和企事业单位都设置了综合办事机构——办公厅（室）或秘书处（科、室），配备了若干秘书工作人员。在我国，秘书是国家工作人员（或称公务员）众多职务中的一种，是为领导中枢和领导者提供综合性、辅助性服务的公务人员，是以文字、调研、组织、协调等能力为手段，围绕领导意图进行工作的智力劳动者，是领导的耳目、助手和参谋。

有的秘书学教材将秘书区分为狭义的和广义的两种：前者指掌管文书并直接辅助领导者全面处理事务的专门人员；后者指在领导身边或中枢机构工作，并以办文、办会和承办领导者交办的事情为主要辅助任务的专门人员。后者包括了前者。秘书学所研究的秘书，通常指的是广义的秘书，它既包括一般的秘书，还包括首长的个人秘书以及拥有决策权和指挥权的秘书长、办公厅主任等行政首长在内。

在各国外交使团的外交官员序列中，也设有秘书一职，分为一等秘书、二等秘书和三等秘书，是介于参赞和随员之间的外交官，受使馆首长之命开展工作，享有外交特权与豁免权。外交使团的秘书和秘书学所研究的秘书是两个不同的概念，不包括在秘书学的研究范围之内，我们切不可将它们混淆起来。

所谓"文秘"，指的是文字秘书，他专职或主要从事文字工作。文字秘书只是秘书群体中的一部分，故"文秘"应涵盖在秘书之内。然而，其它非文字秘书，如行政秘书、科技秘书、机要秘书、生活秘书和配备给领导同志的个人秘书等，也都离不开文字工作，也要撰写公文、计划、总结和各类实用文章。正因如此，在许多场合，"文秘"和"秘书"二者的含义，往往被人们等同看待。

我国改革开放以来，国有经济以外的多种经济成分得到了长足的发展，设在我国的外国公司、三资企业和民办团体、私人企业主等，也都出资聘请秘书，其工作性质与党、政、军、群机关和企事业单位的秘书大同小异，也是综合性、辅助性和服务性的，但他们受雇于私人老板，不属于国家公务员的行列。秘书学所研究的秘书，同样也包括他们在内。

二、我国秘书和秘书机构的历史沿革

在我国，秘书和秘书机构源远流长，有着悠久的历史。我国甲骨文中出现的"巫"、"贞人"、"史官"，如黄帝时的仓颉、沮诵、孔甲，他们协助黄帝处理有关的公共事务，其工作都带有秘书的性质。到了虞舜时期，设九官以治天下，其中有"纳言"一官命龙（人名）担任。《尚书·尧典》载："（舜）帝曰：'龙，朕堲谗说殄行，震惊朕师，命汝作纳言，夙夜出纳朕命，惟允。'""纳言"是上呈下达、出纳君命的官员，是一种典型的高级秘书官职。我国秘书史学界认为，担任"纳言"官职的龙，可以说是中国古代秘书这一职务诞生的标志。

华夏民族进入到阶级社会以后，夏代朝中有巫、史的官职，都是从事秘书工作的。到了商代，朝廷出现了秘书机构——太史寮，其长官为太史，统管王宫的各种活动，起草文书，发布文告，下隶有不同层次、分工各异的史官，其职责是书刻卜辞，负责商王的册命和祭祀大典，记录王室的活动等。周袭商制，在朝廷设太史寮，实际上就是为周天子和王室服务的秘书处，其长官太史的地位很高，与三公六卿相当，是周天子和王室的秘书长；下隶职责不同的史官，分工十分明确。《周礼》载：宰夫（官名）有八职，其"六曰史，掌官书以赞治"。西汉郑玄注："赞治，若今起草文书也。"这就是说，史官的主要任务是起草文书，这正是秘书的基本职责。周代的史官有内史、外史、女史、御史之分。内史类似天子的高级个人秘书；外史处理对外文书，又分左史、右史，《周礼》载："动则左史书之，言则右史书之"；女史掌管王后、嫔妃的文书和生活；御史则收受、保管文书。各诸侯国或设史官，或设其它官职来担任起草文书、传达政令的职责，但官职的称谓不一，秦称尚书、御史，齐称掌书，楚称左徒，魏称主书，赵称御史等。秦始皇统一中国后，在中央设立太尉府、丞相府、御史大夫寺三大机构，其中御史大夫掌天下文书，兼行监察职权，相当于皇帝的秘书长；下设御史若干人，负责起草文告、办理文书事宜等；在郡、县地方政府内，设书丞、主簿等官职，相当于今天各地、县的办公主任。到了汉代，中央政府设尚书台，又称尚书省和尚书署，其长官称尚书或尚书令，常伴随王之左右，掌管奏章文书。尚书之下，设尚书仆射，为其副职，协助尚书处理各种公务。在地方政府，汉代郡设主簿，州设书佐，县设令史，均为地方政府长官的属官，相当于今天各地方政府的办公室主任。后曹操在丞相府设秘书令，掌管机要文书和奏议事宜，取代了汉代尚书令的职权，这一职位才与今天的秘书的含义大体相当。

据考证，在中国古代，"秘书"一词最早出现于汉代，指的是宫中秘藏之书。"秘"即"秘密"，"书"即"书籍"。《汉书·叙传》载："游博学有俊才……与刘向校秘书。每奏事，游以选受诏进读群书。上器其能，赐以秘书之副。"东汉桓帝时，设置秘书监的机构，其长官亦称秘书监，或称秘书令，掌管宫禁中的图书资料，相当于皇家图书馆馆长或档案馆馆长；下设秘书丞和秘书郎，相当于副馆长和管理员。此外，"秘书"还指谶纬图等书。《后汉书·郑玄传》记载郑玄的《戒子书》，郑说自己年轻时"睹秘书纬术之奥"。《说文》称："秘书说曰：日月为易。"段玉裁注："秘书，谓纬书。"在古代，"秘书"又专指用隐语来预卜吉凶、对未来作出预测、推算命运气数的谶纬图箓等迷信书籍。到了曹魏，设秘书令一职，"典尚书奏事，亦兼管图书秘书之事"，秘书才有了明确的职责，其任务也才与今天的秘书基本接近。尔后，历代封建王朝，在中央都设有秘书监、秘书令、秘书丞、秘书郎等官职，也有另称为内书舍人、通事舍人、中书令、中书侍郎、翰林供奉、翰林承旨、集贤院学士、政事堂孔目、枢密院都承旨、内阁中书、六科给事中、军机大臣、军机章京的，在各级地方政府，则有参军、掌书记、记室史、掌书史、曹橡史、长史、录事、判官、孔目、主簿、令佐、师爷等，实际上他们都是不同层次的秘书，所从事的都是秘书工作。

"秘书"一词，最早是指物而不是指人。在封建社会，有的人从事的是秘书工作，用的却是别的称谓。纵观"秘书"这一概念从古到今、由物到人的嬗变过程，可清楚地看到这种历史的演进性和复杂性，我们一定要正确理解和恰当区分不同历史时期"秘书"这一词语的不同内涵，切不可笼而统之地将其混同起来。

我国现代秘书和秘书机构的设立，始于孙中山。在孙中山从事旧民主主义革命斗争过程中，宋庆龄长期伴随在他身边担任秘书工作，可看成是我国现代秘书的肇始。1912年1月，孙中山就任中华民国临时大总统，在总统府下设秘书处；各部委设承政厅，置秘书长一人，承总长之命，总理厅务并掌管机要文书，处理内外事务。承政厅设纂辑处、文牍处、收发处、监印处、庶务处、会计处，各置秘书一人，掌其事。此后，各省政府也设秘书处，置秘书长一人，秘书若干人；县政府设秘书室，有秘书二三人、科员若干人，还有事务员、录事等，承办起草文书、保管文件和各项庶务。这一从中央到地方秘书模式的建立，是我国现代机构体制的肇始。

北洋军阀统治时期，皖系、直系、奉系军阀相继执政，总统府仍设秘书处，国务院设秘书厅，各置秘书长一人，秘书若干人；各部、委和省政府、县政府，设总务厅（处）、机要科、文书科等秘书机构，有秘书长、秘书、科员等人。1927年，蒋介石建立反革命独裁政权以后，中央政府设秘书处，配有秘书长、秘书、科员、书记官等；总统府还设侍从室，其中有些人担负的是总统私人秘书的工作，被称为"文胆"的陈布雷就是大独裁者蒋介石须臾都不能离开的高级私人秘书。中央各部、委和各省政府，普遍设有秘书处，各行署、县政府设秘书室，配备了数量不等的秘书人员。国民党政府还规定，秘书长和秘书必须是国民党员，具有大专学历。

中国共产党从诞生之日起，就非常重视秘书工作，在我党各级组织和革命根据地各级政府中，都建立了秘书机构，它的性质、作用、制度、方法以及秘书的地位，和历史上一切剥削阶级政权有着本质的区别。毛泽东是中国共产党缔造者之一，也是党的秘书事业的主要开创者。在第一次党代会上，毛泽东既是代表又是秘书。1923年6月，党的第三次全国代表大会决定在党内建立"秘书制"，推选毛泽东为中央执行委员会秘书，负责党中央机关的日常工作，实际上是党中央的秘书长。周恩来长期主持和领导党的秘书、机要和保密工作。在上海期间，邓小平多年担任党中央的秘书长，领导秘书处的工作。在中央革命根据地，中央、地方政府和红军中都建立了秘书机构，配备各类秘书人员。邓颖超曾任苏区中央局秘书长兼第一任机要科长，到陕北后，又任中央秘书处长兼机要科长。任弼时在抗日战争时期曾任中央秘书长，杨尚昆多年担任中央办公厅主任。老一辈无产阶级革命家在艰苦卓绝的革命斗争中，为创建党和新政权的新型秘书机构体制作出了卓越的贡献。新中国建立后，在继承和发扬我党秘书工作光荣传统的基础上，从中央到各级党政机关，从部队到各社会团体，普遍建立了秘书机构，配备了各类秘书人员。党中央、国务院还颁布了一系列文件、法规，统一全国文书、档案制度，规范秘书职责，使秘书工作体系更加健全和完善，在社会主义革命和建设中发挥了重要作用。

三、现代秘书的类别

秘书是一个人数众多的职业群体，从党政机关到企事业单位，从军队到社会团体，从三资企业到私营企业等，都配置了秘书。所以，秘书可从不同角度、按不同的标准进行分类。常见的分类方法是：

按服务对象和经济来源的不同，可分为公务秘书和私人秘书两大类。公务秘书泛指为各级党、政、军、群机关和企事业单位的领导服务，由组织和人事部门选调，从国家或集体领取报酬，在编制上属于该机关、单位的国家工作人员。其中少数是为一定级别的领导干部、专家服务的个人秘书，虽然他服务的对象是领导者个人，但仍从国家或集体领取报酬，是国家编制的正式工作人员，故仍属于公务秘书的范畴。私人秘书指的是为外国商社、三资企业、私营企业主服务，由它（他）们聘请并支付报酬，不属国家编制的文员，在我国当前私人秘书的数量还不很多，但其发展趋势是十分明显的。而在国外，私人秘书则非常普遍。

按不同行业或部门所属，可分为党务、行政、经济、军事、司法、文教秘书等，其中还可细分为若干小类。如在经济部门，可具体分为工业、农业、金融、保险、税务、商业等行业的秘书；在文教部门，可具体分为文化、教育、卫生、体育、宣传、文艺、科研等部门的秘书。

按业务范围的宽窄，可分为通用秘书和专业秘书两大类。通用秘书是指在我国党、政、军、群机关中担任秘书工作的秘书，这是我国秘书群体的主要部分。专业秘书是指在各行各业中担任专业秘书工作的秘书，如企业秘书、科技秘书、教学秘书等。

按秘书辅助的对象，可分为集体秘书和个人秘书两大类。集体秘书是指辅助领导班子群体的秘书，我国党、政、军、群机关和企事业单位一般都实行集体秘书制。个人秘书是指辅佐领导者个人的秘书，我国高、中层机关、团体的主要领导人和大型国有企业、事业单位的主要领导人，都配备有专职个人秘书。

按秘书自身的特长，可分为参谋智囊型秘书、办事精明型秘书、公共关系型秘书、技术能手型秘书、秀才型秘书和综合型秘书等。

按秘书的精力投入情况，可分为专职秘书和兼职秘书两种类型。

当前，较普遍的是以工作性质和工作内容来进行分类，一般分为文字秘书、机要秘书、行政秘书、通讯秘书、生活秘书、事务秘书、法律秘书、信访秘书、科技秘书、外事秘书等。

（一）文字秘书

是指以文字工作为主的秘书。在党、政、军、群机关和企事业单位中，文字秘书负有撰拟公文、综合情况、沟通信息、参与政策研究、协助领导进行公文把关等职责。

（二）机要秘书

是指专管机密文件和负责机密性事务的秘书。在高、中层领导机关和机密性较强的机关、单位，都配置有机要秘书。高层领导干部根据工作需要，也可配置机要秘书。机要秘书的主要职责是：收发和管理机密文电及其它机密材料，负责领导干部办公处的保密工作，做好领导干部交办的各项带机密性的事务工作。

（三）行政秘书

是指协助领导者处理各种行政事务的秘书，是秘书群体中的主要类别，不但有辅助领导者处理各种公务的职责，同时还担负一定的文字工作。

（四）通讯秘书

是指负责整个机关和领导的通讯工作的秘书，其职责是管理通讯事务以及各种通讯设备，如电话总机、电传、传真、电脑(用于通讯)、多媒体、互联网等。

（五）生活秘书

是指负责领导层或领导者个人日常生活事务的秘书，其职责是负责安排领导者的起居、作息、医疗保健和各项公务活动的顺序，在生活方面给领导层或领导者个人提供各种服务和帮助。在我国，高层领导机关的重要负责人都配备有生活秘书。

（六）事务秘书

是指以从事机关程序性日常工作为主的秘书，如负责文书、协调、督查、信访、会务、印鉴、接待、值班等事务性工作的各类秘书。

（七）法律秘书

是指为领导者提供法律咨询和法律服务的秘书，其职责是负责接待或陪同律师访问当事人，记录整理当事人口述，起草、打印法律文件，安排法律事务的处理程序，保管法律文件或证明材料，执行律师交办的其它事务等。

（八）信访秘书

是指接待和处理人民群众有关来信来访事宜的秘书，其职责是通过办信、接访，沟通领导机关与人民群众的联系，倾听人民群众的呼声，保障人民群众的合法权益，加速政策、政令的贯彻落实。

（九）科技秘书

是指在科研、学术机构中服务的秘书，也包括为高层党、政、军、群机关的领导者、专家、学者配备的专职科技秘书，其职责是协助领导者、专家、学者实施对科技工作的领导，负责组织科学研究、加强科技协作、开展科技交流等活动，处理与科技工作有关的行政事务和经济事务，搜集、整理科研信息等。

（十）外事秘书

是指从事对外事务工作的秘书。外事秘书多在专门的外事机构和某些高层领导机关设置，在外事活动较多的机关、单位也可配备专职或兼职的外事秘书，其职责是负责外宾接待、洽谈、签约等一系列的服务性工作。

此外，在有的机关、单位，根据各自工作的需要，还设有新闻秘书、医学秘书、外文(翻译)秘书、教学秘书等。

四、现代秘书的层级

秘书不仅可从横向上划分为不同的类别，而且还可从纵向上划分为不同的层级。秘书的层级，一般可以从三个方面来进行划分：

一是从组织级别上进行划分。秘书所在的机关、单位，其级别有高有低，通常可分为中央、地方（省、自治区、直辖市、地、县）和基层三个层级（也有分为中央、省、地、县、基层五个层级的），因而相应地可将秘书依次划分为中央秘书层、地方秘书层和基层秘书层。

二是从对领导中枢和领导者的辅助功能上进行划分。根据秘书对领导中枢和领导者辅助功能的影响大小，可分为辅助决策层、行政执行层和技术操作层三个层级。辅助决策层指直接参与领导中枢和领导者的决策活动的秘书，主要是秘书长、办公厅（室）主任和领导者的个人秘书；行政执行层指为领导中枢和领导者处理重要公务的秘书，主要是负责文稿撰拟、信息加工、综合协调、来访接待、信访处理和会议组织等工作的秘书；技术操作层指为领导机关和领导者提供技术服务的秘书，主要有负责文稿编印的电脑操作人员、文书收发和处理有关人员、图书资料采编人员、专事文稿把关的校核人员、机关印信的管理人员和通讯设备操作人员等。

三是根据秘书的工作职位来进行划分。我国从中央到基层各级机关、单位层级有高有低，机构有大有小，因而秘书的职位也就高低不同。一般可分为高级公务员层、中级公务员层和初级公务员层。高级公务员层指在党、政、军、群机关公务员序列中担任副部级以上职务的秘书，如中央机关的秘书长和不设秘书长的办公室主任，以及省级党、政、军、群机关中的秘书长；中级公务员层指党、政、军、群机关和企事业单位公务员序列中担任副处级以上职务的秘书，如中央职能部门和地方机关、单位的办公厅（室）、秘书部门的局长、处长等；初级公务员层指在党政机关、社会组织、企事业单位和基层单位公务员序列中担任非领导职务的秘书，如秘书机构中的办公室主任、科长、主任科员、科员、办事员、股长、文书、调研员、巡视员等。

第二节　秘书工作

一、秘书工作的含义

要了解秘书工作的含义，先要了解党、政、军、群机关办公厅的秘书长或办公厅主任的基本任务是什么。1951 年，中华人民共和国政务院颁布的文件中规定秘书长和不设秘书长的办公厅主任的工作任务是：(1)协助首长综合情况，研究政策，推行工作；(2)协助首长密切各方面的工作联系；(3)协助首长掌握机关内部统一战线工作；(4)协助首长掌管保密工作；(5)掌管机要工作；(6)主持日常行政事务(包括公文处理、会议组织、检查与督促政策决议的执行等事项)；(7)掌管机关事务工作(包括机关财务、生活管理、学习、文化、娱乐活动等事项，但不设秘书长的机关，如在办公厅之外专设机构管理机关事务工作者，此项工作可不由办公厅主任掌管)。1990年1月，江泽民《在省、自治区、直辖市党委秘书长座谈会上的讲话》中指出："办公厅至少有这样一些任务：一是为领导提供情况；二是领导决策以后参加贯彻实施；三是对党委决策前后出现的一些矛盾进行协调，还要做好文件把关；四是承担处理领导机关的一些日常事务。我看起码有这么几条。由此可见，党委要实施领导，没有办公厅的服务是不行的。"以上都对秘书工作的基本任务作了明确的规定。由此可知，秘书长和办公厅主任的工作涉及的范围很广，任务繁重；由秘书长或办公厅主任主持和领导下的秘书部门，其工作内容也是纷繁复杂的，涉及到机关、单位的上上下下、方方面面，处于承上启下的中枢地位。

在了解了秘书工作的基本任务以后，我们可由此而给秘书工作的含义作如下概括：所谓秘书工作，指的是以为领导中枢与领导者的工作运转和决策服务为目的，由秘书完成的一系列综合性、辅助性的服务工作的统称。它是各级领导在行使指挥、管理职权时必不可少的综合性、辅助性工作，既包括通用性秘书工作，又包括专业性秘书工作；既包括程序性秘书工作，又包括非程序性秘书工作；既包括主体性秘书工作，又包括跟随性和服务性秘书工作等。

具体说来，秘书工作主要包括文字工作、文书工作、调研工作、信息工作、协调工作、督查工作、信访工作、会务工作、公关工作、接待工作、保密工作、事务管理工作以及领导交办的其它工作等。这些工作相辅相成，密切配合，构成秘书工作有机而完整的整体。

二、秘书工作的特点

秘书工作的性质和任务，决定了秘书工作具有以下特点：

(一)政治性

秘书工作是为领导中枢和领导者服务的，是领导的左右手，处于机关、单位的要害部位，参知要务，掌管机密，联系上下，协调内外，在协助领导贯彻执行党和国家的路线、方针、政策、法律、法规等方面负有重要责任，这就决定了秘书工作具有很强的政治性。这一特点，在秘书部门与其它职能部门工作的比较中显得更为突出。秘书工作的政治性特点，包括政策性、机密性、要害性等方面。政策和策略是党的生命，任何机关、单位的领导中枢和领导者都必须按党和国家的路线、方针、政策、策略办事。从一定意义上说，所谓领导，就是与党中央保持一致，实施党和国家的路线、方针、政策、策略的领导。这在党、政、军、群领导机关尤为重要。党、政、军、群领导机关所发的各种文件，涉及到政治、经济、军事、社会、外交等各个方面，秘书在起草、处理这些文件时，都必须切实贯彻和落实党和国家的路线、方针、政策、策略，不允许自行其是、各自为政。秘书工作的机密性、要害性，是由秘书和秘书部门所处的地位和工作的性质所决定的，秘书在领导的身边工作，经常参与各种重大问题的研究，了解机关、单位内外许多重要的情况，其中不少在未公布之前都属于国家机密，因此，秘书和秘书部门必须严格遵守秘书工作的政治纪律，稍有差错，就有可能给党和人民的利益造成不应有的损失。

（二）综合性

秘书是领导的左右手，秘书部门是机关、单位的综合性服务部门，其工作涉及到机关、单位工作的方方面面，具有工作内容的全面性、活动范围的宽广性以及主体角色的多重性，从而决定了秘书工作有着鲜明的综合性的特点。秘书工作的综合性，具体表现在以下三个方面：首先，相对于其它职能部门工作内容的单一性而言，秘书和秘书部门的工作涉及到机关的所有方面，许多无法交到职能部门承办的工作，都由秘书部门去办理，秘书部门实际上成了"不管部"。其次，秘书全面辅助领导者的工作，其活动范围非常广泛。如秘书要参加各种会议，包括领导班子会议、领导召开的各级干部会议、本系统所属下级单位召开的各种会议等，甚至领导者到上级机关和兄弟单位开会，必要时秘书也要陪同前往，这与其它业务部门是有所不同的。最后，秘书和秘书部门联系上下左右，沟通信息，协调步伐，襄赞谋划，促进整体功能的最优发挥。任何单位、任何人来机关、单位办事，不论其内容如何，都是先找秘书和秘书部门，由秘书和秘书部门负责接待，然后按对方提出的要求和问题的性质，或由秘书和秘书部门亲自处理，或由秘书和秘书部门转交有关职能部门负责处理。

（三）辅助性

辅助性是与主导性相对而言的。从管理系统看，领导始终处于主导地位，属于决策管理的中心；秘书和秘书部门则处于从属地位，其活动都是为了给领导中枢和领导者的工作创造各种方便条件，都是为了保证领导中枢和领导者顺利地进行工作。这就是说，秘书和秘书部门不能脱离领导而单独存在，它具有鲜明的辅助性的特点。总的说来，秘书工作的辅助性表现在以下几个方面：首先，秘书工作紧紧围绕领导工作而展开，领导工作关涉到哪里，秘书工作就要延伸到哪里。其次，秘书能参加领导班子的各种会议并参与研究有关问题，可以提出解决问题的意见和建议，但只有发言权，没有表决权，更没有决定权。最后，秘书处理任何问题，只能按领导的意图和指示精神办理，不能超越自己的职权范围，背离领导的意图和指示精神自作主张，自行其是。秘书工作的辅助性，可以说是秘书工作的本质特征之一，秘书只能隐匿在领导的身后，出主意，想办法，献计献策，而不能走上前台，与领导"抢镜头"，他只能当"配角"而不能当"主角"。然而必须明确，秘书和秘书部门对领导的辅助，是与领导站在同一层面上所提供的全面性辅助，秘书和秘书部门应在强烈的战略意识指导下，想领导之所想，急领导之所急，办领导之所需，为领导中枢和领导者提供全方位、全过程的辅助。

（四）被动性

秘书工作的被动性是由秘书工作的辅助性特点和服务宗旨所决定的。秘书和秘书部门的工作总是围绕着领导中枢和领导者的工作需要而进行的。秘书和秘书部门虽然也有自己的工作安排，但这种工作安排不能脱离领导中枢和领导者的工作，不能按自己的意愿来安排工作，往往是领导交待干什么就干什么，平时就干自己分内的程序性工作，任务多时多干，任务少时可自行调剂，学习时事政策和业务知识，提高自身的整体素质。一般说来，它总是处于被动的地位。然而，秘书工作的被动性，并不意味着秘书工作是消极的、无所作为的，关键是秘书要充分发挥自己的主动精神和创造性，努力在被动中争取主动，熟悉和掌握秘书工作的客观规律，预测可能出现的情况，主动地多做一些事情，多提一些建议，防止各种不利情况的发生，自觉地在宏观预测和超前解决问题方面多下功夫。

（五）事务性

秘书工作的事务性，主要是指秘书和秘书部门是为领导中枢和领导者服务的，这种服务往往体现在对各种事务性工作的处理上，工作内容非常具体，如收发文件、起草公文、打印校对、加盖印章、组织会议、安排洽谈、接听电话、送往迎来、派车买票、安排食宿等等，都要一件一件地去办，一点也疏忽不得。而办事又总是与"细"、"繁"、"杂"、"忙"连在一起，所以，秘书的工作很辛苦，必须勤勤恳恳，任劳任怨，具有"老黄牛"精神。秘书工作的出发点，是为机关、单位和领导提供种种方便，使机关、单位内部秩序井然，与外部沟通的渠道畅通无阻，保证机关、单位正常、高效地运转，并使领导者从繁杂的事务中摆脱出来，集中时间和精力考虑全局性和战略性的重大问题，多办实事，切实加强对各方面工作的领导。

（六）机密性

秘书和秘书部门是为领导中枢和领导者服务的，是领导的耳目、参谋和助手，经常参与研究各种机密问题，又负责各种机密文件的起草和保管，因而秘书工作具有高度的机密性。江泽民强调指出："办公厅的重要性还在于它是一个要害部门，是一个核心要害部门。它在领导身边工作，机密知道的比较多。所以，办公厅工作人员要有政治上的警惕性，要注意保密，遵守保密纪律，因为你们在领导身边，会有很多人围着你们打听消息，你们一定要守口如瓶。"①由于工作需要，秘书常常比其它工作人员早知道一些党和国家的方针、政策以及上级的意图，提前了解机关、单位和下属组织的人事调动，还了解许多带机密性的重要情况和各种统计数字，了解领导班子成员对某些问题的不同观点等；秘书草拟的公文，也都有其特定的对象，其中有一些规定有严格的阅读、处理范围。所有这些，都要求秘书一定要严守机密，严格执行党和国家的有关保密制度，否则就会犯政治性的错误。还有，在文件运转过程中也要按保密制度办事，防止泄密和遗失；同时重视档案保管的安全，杜绝失密和破坏事故的发生。

---

① 江泽民：《在省、自治区、直辖市党委秘书长座谈会上的讲话》，载《秘书工作文萃》，中国大百科全书出版社1993年版，第2页。

三、秘书工作的作用

从某种意义上讲，秘书工作服从并服务于领导工作，因而可将它看成是领导工作的组成部分；同时，它也是机关、单位能正常、有效运转的基本保障。秘书工作的作用是很大的，具体表现在以下几个方面：

（一）枢纽作用

从中央到地方，任何社会组织，都设置了一定数量的职能部门，它们相对独立，又密切相连，组成为一个纵横交错、上下结合的领导管理网络。秘书部门是领导的综合办事机构，它协助领导处理全面工作，处于这个网络的中心位置，起着承上启下、沟通左右的枢纽作用。从纵向上看，它要做好上情下达、下情上传的工作，及时将党和政府的路线、方针、政策、政令、法律、法规和领导的意图、指示、决定传达下去，让各职能部门、下属单位和广大干部群众了解和掌握，认真地领会和贯彻落实，化为自己自觉的行动；同时，又要将下面的情况全面、准确、实事求是地反馈上来，尤其要重视反映广大群众的意见、要求、愿望乃至疾苦，才能使领导的工作具有广泛的群众基础，从而制定出切实可行、行之有效的政策。从横向来看，秘书部门要充分发挥密切各方面关系的纽带和桥梁作用，切实做好各职能部门的协调、平衡工作，成为减少摩擦、使"机器"正常运转的"润滑剂"，有效地防止和解决各职能部门之间互不买帐、推诿扯皮等问题，从而使它们形成为一种亲密融洽、团结协作的关系，在工作上相互支持，密切配合，同心同德，并肩前进。秘书工作的枢纽作用能否得到充分的发挥，关键是看秘书和秘书部门对上下、左右、内外等方面的关系协调得如何。秘书和秘书部门要协调好各方面的关系，一定要坚持协调原则，把握协调时机，注意协调方法，讲究协调艺术，以取得尽可能圆满的协调效果。

（二）参谋、助手作用

参谋、助手作用是秘书工作的基本职能——参与政务的集中体现。参谋作用体现在秘书各个方面，如：协助领导安排好机关的全年工作和阶段性工作；为一定时期的中心工作或重要会议、重要活动出主意、当参谋；在撰文、核文、筛选文件时，经常提供一些参考性意见；给领导提供各方面的信息，作为领导决策的依据；协助领导对已掌握的信息进行分析、研究、判断，提出几套方案供领导参考选择等。秘书工作的参谋作用贯穿于领导中枢和领导者的指挥、管理、协调、监控等各个方面，贯穿于领导活动的整个过程中。各机关、单位的领导工作，有大量繁杂的日常事务需要处理，但领导受时间、精力的限制，对这些事务性工作不可能件件经手、事事亲办，这就需要秘书和秘书部门协助。作为领导的助手，秘书和秘书部门要办理既不能由其它职能部门办理、又是领导者个人承担不了的各种事务性工作，诸如接打电话、收发文电、印制公文、管理印章、接待来访、安排会议、督促查办等，还有一些涉及到多个职能部门或各职能部门都难以承办的事情，以及领导临时交办的任务，都要由秘书和秘书部门去完成。因此有人说秘书部门是机关、单位的"不管部"，凡是职能部门管不着的事情秘书部门都要管，这个比喻是十分恰当的。

（三）耳目作用

所谓耳目作用，是一个形象的说法，说的是秘书和秘书部门通过调查研究和阅读材料，掌握了大量的信息，经过综合、整理后及时地向领导汇报，使领导做到心中有数，有如领导的"眼睛"和"耳朵"。在知识经济时代里，信息是最重要的资源，是领导决策的基础。全面、准确、有效的信息，可以防止主观主义和经验主义的盲目决策，大大提高领导决策的科学性、规范性和正确性，减少工作上的失误。秘书部门处于机关的枢纽位置上，所听到、看到、收集到的各种情况较之其它职能部门的范围要广，数量要多，而它的基本职责之一就是将了解到的情况和获取的各种信息，经过"去粗取精、去伪存真、由此及彼、由表及里的改造制作工夫"[1]，由感性认识上升到理性认识，然后提供给领导，为领导决策提供依据；并在尔后贯彻、落实领导决策的过程中，收集各方面的反馈信息，将下面贯彻执行决策的情况及时向领导汇报，进一步完善决策。所有这些，都是秘书和秘书部门"耳目"作用的具体体现。

（四）协调作用

关于协调作用，在上述的枢纽作用中已经提到。作为领导中枢和领导者的综合办事机构，秘书部门承担着调整和改善上下级组织之间、各职能部门之间、领导与领导之间、领导与干群之间、同事与同事之间以及本单位与兄弟单位之间、单位与员工家属之间关系的任务，发挥着协调的作用。这是其它职能部门所不能替代的。本书将在第四章列专节论述这一问题，此处从略。

（五）门面作用

秘书部门素有"关口"和"窗口"之称。所谓"关口"，是指在一个机关、单位里，秘书部门要把好文字关、用印关、保密关等。特别是文件的上承下达，都要经过这个"关口"；上级和外单位来人到机关办事，也都要经过这个"关口"；人民群众来反映意见，还是要经过这个"关口"。有些人提出要领导接见，有些会议要领导亲自参加，秘书和秘书部门应根据实际情况处理，该接见的就接见，该参加的会议就参加，凡可不接见不参加的就要把好"关口"，一律挡驾。所谓"窗口"，是指上下沟通、内外联系、群众来信来访、各方来人洽谈工作等，大都由秘书部门出面。秘书和秘书部门的礼仪如何、态度如何、谈吐如何、形象如何，不仅表现了秘书本人的修养、素质、办事能力和精神风貌，而且也反映了秘书部门的工作态度、工作质量和工作效率，并从一个侧面反映了机关、单位的整体素质、工作作风、精神面貌和总体形象，往往给机关、单位和领导者的声誉带来直接或间接的影响，其门面作用是显而易见的。

---

① 毛泽东：《实践论》，《毛泽东选集》第 1 卷，人民出版社 1993 年版，第 291 页。

四、秘书工作的指导思想和基本原则

改革开放以来，在总结既往秘书工作的基础上，中央提出新时期秘书工作的指导思想是：以毛泽东思想、邓小平理论和"三个代表"重要思想为指导，围绕党的基本路线，搞好"三个服务"，即围绕"以经济建设为中心，坚持四项基本原则，坚持改革开放"，为直接隶属的领导服务，为同级和上下级机关、单位服务，为广大人民群众服务。

在这"三个"服务中，直接地、主要地、大量地是为直接隶属的领导服务，这是秘书工作的立足点；为同级和上下级机关、单位服务，这是秘书工作的职责和义务，是机关、单位正常、高效运转的重要保证；我们一切工作的根本宗旨是全心全意为人民服务，对党、对国家、对领导负责和对人民负责是完全一致的，为直接隶属的领导服务，为同级和上下级机关、单位服务，为基层服务，归根到底是为人民服务，这是秘书工作的出发点和归宿，同时也是秘书工作的最高准则。

秘书工作的原则是多方面、多层次的，不同的秘书工作有不同的原则要求，这里，我们从秘书工作的共性出发，提出以下基本原则：

（一）准确原则

准确，既是对秘书工作质量的要求，又是提高工作效率的基础。秘书是领导的参谋和助手，他的任何工作都直接关联着领导中枢和领导者的工作，所以秘书工作可看成是领导工作的重要组成部分。而领导工作总是带有全局性和广泛性，影响面广，正面效应和负面效应都十分明显。可以这么说，秘书工作的准确性，在相当程度上保证了领导工作的准确性，保证了机关、单位和领导工作的正常运转。相反，如果秘书工作不准确，出现差池，稍有疏忽，势必导致领导工作出现偏差和失误，给党和人民的利益造成损害。且不说中央和省、市领导机关，即使是县、区级机关出一项决定，也常常关涉到数十万、上百万人的切身利益。有时一字之差就可能造成严重的后果，正所谓"差之毫厘，失之千里"。如在一个数字后面加个零，就使反映的内容扩大了十倍；又如在一个句子中少了一个"不"字，就会使整个决策改变性质。因此，秘书和秘书部门必须以对党、对人民高度负责的精神对待自己的本职工作，时刻牢记准确性的要求，真正做到：态度要严，作风要细，办文要准，办事要稳，情况要实，主意要慎；切忌丢三拉四，粗枝大叶，马马虎虎，心中无数。比如办文，不仅要字斟句酌，认真撰稿，而且要对校对、印刷、呈批、传阅、分送等环节严格把关，不要出现一点差错，这样才能保证文件和文件处理的质量。

（二）迅速原则

迅速，是对秘书工作办事效率的要求。各种工作都有时效性的要求，而秘书工作因其性质、任务、特点所决定，对时效性的要求就更为严格。秘书工作节奏的快慢、效率的高低，往往直接影响到领导工作的进展，关系到整个机关、单位工作的正常运转。秘书工作无论从哪

一个角度看，都要求迅速、及时，都要讲究时效性。时间就是生命，效率就是财富。没有时效，也就失去了秘书工作存在的意义。秘书工作是同时间和效率紧密地联系在一起的，其重要性也是通过它的鲜明的时效性体现出来的。如果秘书的工作如老牛拉车，慢慢吞吞，提供给领导参考的材料、信息尚未到领导手上，领导已经作出决策了，那他的参谋和助手作用又何从谈起呢？领导的决策作出来了，秘书如果作风拖沓，迟迟不予整理、公布，不组织实施，将领导的决策束之高阁，那领导作出的决策又有什么用呢？对贯彻执行决策过程中出现的新情况、新问题，秘书如果迟迟不去收集，收集了也不向领导汇报，又哪里谈得上贯彻落实呢？因此，秘书一定要树立时效观念，敏捷干练，行动迅速，面对繁杂的事务，善于根据主次轻重，井然有序地进行处理；要加速工作的运转，尽可能缩短办文办事的时限；撰写公文时，抓紧时间领会领导意图，迅速动笔，尽快完稿，及时送审；文稿一经审核、签发，要立即打印、登记、分发；传递文件要争分夺秒，尽量缩短文件在机关、单位的停留时间，确保党和国家的路线、方针、政策、政令、法律、法规能及时地贯彻落实下去，并将下面的信息及时反馈上来，使问题能得到迅速的处理和圆满的解决。

（三）求实原则

实事求是，这是一切工作必须遵循的基本准则，秘书工作是为领导决策提供依据的，尤其应该坚持求实原则，否则就可能造成领导工作的失误，给党和政府的声誉和人民的利益带来严重的损害。为此，要求秘书做老实人，说老实话，办老实事，尊重客观事实，坚持一切从实际出发，不能脱离实际情况，更不能为了个人或小团体的利益弄虚作假，欺骗领导和群众。求实的要求是：一就是一，二就是二，不夸大，不缩小，如实反映事物的本来面貌，切忌主观臆断，捏造事实，或只报喜不报忧，提供虚假信息。对领导的指示和意见，凡属正确的要坚决执行，不完善的应加以补充，凡属错误的就应诚恳地向领导提出自己的不同看法，努力做到既是秘书，又是"谏官"，坚持原则，敢讲真话，切不可随声附和，见风使舵，甚至谄媚取宠，阿谀奉承，给领导帮倒忙，以致贻害党和人民的事业。

（四）保密原则

安全、保密，这是秘书工作的重要原则，也是对秘书的基本要求。安全，就是要求秘书切实管好文件、资料，以免丢失、被窃；保密，就是要求秘书严格保守国家机密，防止失密、泄密事件的发生。秘书经常接触领导和阅读一些重要文件，参加一些重要会议，了解和掌握许多机密。即使在基层单位，秘书也可能了解和掌握某些机密或暂时不宜公开的事情。因此，秘书一定要树立自觉的保密观念，严格遵守保密制度和保密纪律。

五、新时期秘书工作的改革方向

1985 年春，在中共中央办公厅召开的全国秘书长、办公厅主任座谈会上，中央负责同志提出了新时期秘书工作改革的方向，它标志着我国秘书工作进入了一个崭新的历史阶段，具有划时代的意义。

首先，中央负责同志强调要更新观念，转变作风，实现工作方式和方法上的"四个转变"：从偏重于简单的办文办事转变为既办文办事，又出谋献策；从单纯地收发传递信息转变为既收发传递，又综合处理信息；从单纯的凭老经验办事，转变为实行科学化管理；从被动服务转变为力争主动服务。"四个转变"是新时期对秘书工作方式、方法提出的新要求，也是对新时期秘书工作新发展的科学总结。它为秘书工作指明了工作重点和发展趋势，其实质是更好地发挥秘书工作的参谋、助手作用，充分调动广大秘书工作上的自觉性、主动性、积极性和创造性。

其次，是秘书工作内容上的拓展。新时期的秘书工作，适应改革开放和政治、经济体制改革形势发展的需要，在其职能上也发生了明显的变化。这种变化的标志是：秘书工作的内涵加深，秘书工作的外延拓宽，秘书工作的内容有了新发展。秘书工作内容的发展，突出地表现在"四个强化"上，即辅助决策的强化，信息工作的强化，协调工作的强化和督查工作的强化。

再次，是管理模式上的革新。我国的秘书工作有着源远流长的历史，积累了丰富的经验，形成了一整套的优良传统，同时也形成了一套相沿成习的工作程序和方法。然而，随着改革开放的不断深入，秘书工作又暴露出了一些缺陷和弊端，如机构设置不合理、规章制度不完善、职责范围不明确、人员不配套、管理不到位等。秘书工作若不进行改革，必将影响各条战线的工作和社会主义现代化建设的顺利进行。这就要求新时期秘书工作的管理模式，必须从经验型向科学型转化。秘书工作的"三化"，即规范化、制度化和科学化，就是管理模式转化的重要标志。秘书工作的规范化，就是各项工作都要符合统一规定的标准；秘书工作的制度化，就是各项工作都要有共同遵守的明确规定；秘书工作的科学化，就是各项工作都要按照客观规律办事。通过"三化"建设，使秘书工作有法可依，有章可循，有效益可求。

最后，是办公手段的更新，即实现办公自动化。近 20 多年来，在新技术革命的推动下，秘书工作的办公手段也发生了重大的变化，即以电子计算机为主的现代化办公手段，已经进入到秘书部门，替代了手工操作的办公设备和办公技术。所谓办公手段现代化，就是把计算机技术、现代通讯技术、电子网络技术、系统科学和行为科学知识应用于办公室工作，使秘书部门的业务处理电子化、自动化、多媒体化、网络化。

2004 年 12 月，国务委员、国务院秘书长王忠禹在国务院新一轮机构改革完成后的首次全国各省、市、自治区政府秘书长、办公厅（室）主任会议上指出："新时期各级政府办公厅（室）机关要进一步转变工作方式，在保证全面工作的基础上抓住重点工作，在完成日常业务工作的过程中主动发挥参谋助手作用，在继承有效的工作手段和工作经验的基础上积极创新。"具体提出在推行政务公开的同时，要加强对办公室人员的量化；质量第一、创新为先（强调把握突出点，参谋要有新思维；把握中心点，服务要有新转变；把握着力点，落实要有新力度);整体优化政府办公室功能(包括优化办公室整体结构,建立电子办公室,改进和完善信息系统;引进竞争机制,造就一支优秀的秘书人员队伍)。这是在新形势下对新时期机关秘书工作提出的新要求,也是当前秘书工作改革的方向。新时期秘书工作应以马列主义、毛泽东思想、邓小平理论和"三个代表"重要思想为指导,立足根本,服务大局,在工作重点、工作方式、工作机制上加快改革创新的步伐,才能更好地适应形势发展的需要。

第三节　秘书学

一、秘书学的研究对象

什么是秘书学?秘书学的研究对象是什么?这是秘书学理论建设必须要首先解决的问题。

在我国,虽然秘书和秘书工作存在了几千年,新中国成立后,党、政、军、群机关和企事业单位普遍建立了秘书机构,但它们各自封闭,只强调为直接隶属的领导服好务,关于秘书学的理论研究基本上处于一种空白的状态。党的十一届三中全会以后,特别是1985年1月中共中央召开全国秘书长、办公厅主任座谈会以后,秘书学的理论研究才逐步受到重视。20世纪80年代,有两门学科突然兴起,几乎可以说是爆发式的崛起。这两门学科,一门是领导科学,另一门就是秘书学。尤其是秘书学,其发展之迅猛,为其它学科所罕见。一时间,出书、办刊、办学到处"开花",热气腾腾。为什么秘书学在20世纪80年代突然兴起呢?主要原因是:党的改革开放的方针、政策,是秘书学突然兴起的政治条件,也是根本条件;社会主义市场,也是基础条件;广大秘书主体意识的觉醒与增强,是秘书学突然兴起的思想条件;相关学科的成熟和完善,是秘书学产生和发展的理论条件;办公自动化浪潮的冲击,是秘书学产生和发展的科学技术条件。然而,这门学科的突然兴起,也带来了一个不容忽视的问题,那就是我国现代秘书学的诞生,显然在思想上、理论上的准备是很不充分的,对秘书学的基本概念、一般概念、专门用语等缺乏必要的规范,多借用日常概念或经验概念,或简单地移植其它学科的概念,从而造成了使用上的混乱;对于秘书学的研究对象、学科性质、逻辑框架、理论体系等问题,不同学者在认识上存在着较大的分歧。这说明,我国的秘书学还处于"前科学"的阶段,还很不成熟。也正是由于秘书学的这种"前科学"的现状,预示了这门学科的理论研究大有可为,前途似锦,有着蓬勃的生命力。

在关于秘书学的研究对象上,综观当前国内有代表性的观点,概括起来,主要有以下几种:

第一种观点是"秘书工作"说。如王千弓等在《秘书学与秘书工作》一书中认为,秘书学是"以秘书工作为研究对象,是研究秘书工作的产生、发展、特点、任务、原则和方法的一门新科学"。朱佳林在《管理秘书学》中认为:"秘书学是研究秘书工作规律及其应用的科学。"

第二种观点是"秘书活动"说。如董维超主编的《秘书学教程》认为:"秘书活动是秘书学的学科对象。"

第三种观点是"秘书工作和秘书活动"说。如袁维国主编的《秘书学》认为:"秘书学是研究秘书工作和秘书活动规律的科学,是一门综合性的应用学科。""秘书学的研究对象,包括秘书工作、秘书活动两个方面。"

第四种观点是"对象多元"说。如陈贤华在《秘书工作论》中认为:"概括地说,秘书学以秘书、秘书机构和秘书工作为研究对象。"

第五种观点是"辅助管理"说。不少秘书学著作认为,秘书学的研究对象就是秘书和秘书部门对领导进行辅助的一般规律,或者认为秘书学是研究如何进行辅助性管理的一门科学。

以上各种意见,都从某一侧面揭示了秘书学的性质,在不同程度和不同层次上涉及到了秘书学研究的对象和范围,各有其合理性的一面,但又各自偏于一端,因而不能认为是完善的和全面的。吸收各派意见的优长,加以调整和综合,从秘书学所包含的实际内容出发,我们认为,对秘书学的研究对象可以这么概括:秘书学是一门新兴的现代横向交叉边缘学科,它是以秘书、秘书工作、秘书机构、秘书职能、秘书队伍建设和秘书实务的本质、特征、发展及其规律为研究对象的一门学科。

我们认为,秘书学的研究对象不是单一的,而是多元的;不是平面的,而是立体的;是既多样而又统一的。我们不应该将秘书学的研究对象局限在某一方面,而应能够涵盖它研究的主要范围和主要内容,并随着形势的发展而不断地拓展其研究范围和内容。从目前的实际情况看,我们将秘书、秘书工作、秘书机构、秘书职能、秘书队伍建设和秘书实务列为秘书学的研究对象,乃是因为它们是任何秘书活动都不可缺少的基本要素,缺少了其中的任何一个要素,就会使秘书活动无法进行或给秘书活动带来不利的影响。所以,它们都应成为秘书学的研究对象,而不应该忽略了其中的任何一个要素。

二、秘书学的学科性质

学科性质是由该学科的研究对象所决定的,指的是该学科区别于其它学科的根本属性。所谓秘书学的学科性质,指的就是秘书学区别于其它学科的根本属性,即秘书学本身所固有的内在的质的规定性。它和秘书学的研究对象一样,也是秘书学理论建设的重要问题。

关于秘书学的学科性质,当前研究秘书学的学者的看法也不一致,大体上有以下几种意见:第一种意见是"应用说",认为秘书学是近些年来在我国形成的一门新兴的应用学科;第二种意见是"分支说",认为秘书学是人文社会科学中的行政管理学或领导科学中的一个分支,或者认为它是政治学、管理学中的一个分支;第三种意见是"边缘说",认为秘书学是一门新兴的边缘学科,是从政治学、领导学、管理学和文书学(写作学)的边缘中产生的,是这些学科知识圈交叉重叠的产物；第四种意见是"综合说"，认为秘书学是研究秘书、秘书工作、秘书机构、秘书职能、秘书队伍建设和秘书实务的本质、特征和规律的新兴、横向、边缘、交叉的综合性应用学科，是一门独立的现代人文社会学科。本书著者赞同第四种意见，因为它概括了秘书学的根本属性即它本身所固有的质的规定性，标明了它与其它学科区别之所在，比较符合当前秘书学研究的实际情况。

在科学史上，任何一门新学科的建立，都有一个学科性质逐渐明晰、体系日趋完善的过程。秘书学的建立，自然也不例外。秘书学的理论来源于秘书实践，反过来又指导秘书实践。秘书学只能产生于秘书实践之后，是先有秘书实践，然后才有秘书学。秘书学是秘书实践经验的概括和总结，是秘书实践经验的条理化、系统化、规范化、理论化和科学化。由此可见，秘书实践是秘书学的本源，是它区别于其它学科的根本属性，因而，它是一门不从属于其它任何学科的独立学科。

从学科的大范围来划分，秘书学属于人文社会科学，是一门新兴的独立的人文社会学科，具有很强的政治性、理论性、实践性和综合性，这是大家都认同的，没有什么大的分歧。

然而，秘书学又是一门典型的新兴的现代、横向、边缘、交叉的综合性应用学科。在我国，现代秘书学诞生于 20 世纪 80 年代，是一门新兴的学科，其现代性的特征十分明显。秘书学的产生和发展不是孤立的，它创造性地吸收了领导科学、管理学、社会学、行为科学、信息学、公共关系学、文书学、档案学、写作学等姊妹学科的研究成果，化为自己的血肉，赋予它以新的内涵和新的特质。这也就是说，秘书学与上述姊妹学科相互影响，相互渗透，相互促进，共同发展，但在学科的根本属性上它又与上述姊妹学科有着根本的区别，从而标明了秘书学具有现代、横向、边缘、交叉的综合性质。秘书学来源于秘书实践，反过来又为指导秘书实践服务，它虽有完整的理论体系和理论知识，但它不是一门纯理论的学科，它强调的是理论与实践的有机结合，强调的是对秘书学理论的创造性实践和应用，所以，从本质上讲，秘书学是一门实践性很强的应用学科，是一门带有很强技能性、技艺性、技法性、技巧性的技术性应用学科，它对各行各业的秘书和秘书工作都有着现实的指导意义。

三、秘书学与相关学科的关系

秘书学是一门独立的学科，并不是说它是一门孤立的学科。如前所述，它是一门新兴的现代、横向、边缘、交叉的综合性应用学科，与其它许多姊妹学科有着不同程度的联系和交叉，因而，要全面、正确地认识秘书学的学科性质，就有必要弄清楚秘书学与其它相关学科的联系和区别。

（一）秘书学与哲学的关系

哲学是以最一般的概念形式表达人们对整个世界（自然界、人类社会和思维）的根本观点的体系，是系统化、理论化了的世界观，是对自然科学、社会科学的概括和总结。哲学为秘书学的研究提供世界观和方法论的基础，对秘书学的研究起着导向作用。我国现代秘书学的研究必须坚定不移地坚持以马克思主义哲学为指导，坚持辩证唯物主义和历史唯物主义的立场、观点和方法，才能步入健康发展的轨道，真正解决中国现代秘书工作理论和实践中的各种实际问题。如果背离了这一点，秘书学的研究就会偏离正确的方向，甚至走向歧途。当然，马克思主义哲学提供的只是理论基础和研究方法，它并不能取代秘书学的具体研究，否则，则，就会将秘书学极其丰富的内容简单化，进而取消秘书学的独立学科的地位。

（二）秘书学与政治学的关系

政治学是研究各种社会政治现象、政治思想、政治关系及其发展规律的学科。秘书学与政治学有着天然的联系，它必须运用政治学的原理、原则和战略、策略、方式、方法等去处理秘书学理论和实践中的各种实际问题，这在党、政、军、群机关的秘书工作中表现得尤为重要。这就是说，秘书学的研究，各行各业的秘书工作，都必须坚持马列主义、毛泽东思想、邓小平理论和"三个代表"重要思想为指导，坚持科学发展观，坚持四项基本原则，坚持以人为本，坚持党和国家的路线、方针、政策和法律、法规，始终与党中央在政治上保持一致，有着坚定正确的政治方向，否则，就有可能犯政治性错误。当然，政治学只是对秘书学的研究起导向作用，它们各有其独特的研究对象和研究领域，所以，二者不能相互包容，更不能相互取代。

（三）秘书学与行政学的关系

行政学又称行政管理学，它是一门研究行政管理现象及其规律的学科，其内容主要包括行政原理、行政组织、行政领导、行政决策、行政信息、行政法规、行政监督、人事行政、财务行政和机关管理等。秘书工作是行政领导工作和组织管理工作的重要组成部分，在行政学的研究内容中，包含有秘书学的内容，如机关管理中就包括了对秘书、秘书机构、秘书工作的管理。秘书和秘书部门，需要协助各级各类领导综合情况，研究政策，密切各方面工作的联系，担负着"参与政务"的工作，同时还有大量的"管理事务"的工作，诸如值班工作、生活管理、公共福利、接待来访、安排会务等，这些都属于行政管理工作的范围，二者在工作内容上呈交叉状态。然而，秘书学要研究秘书学的原理和秘书实务，要研究秘书、秘书工作和秘书学的产生、发展和演变，要研究秘书的基本修养、心理素质、智能结构、业务技能等，这都不是行政学所能包含的。

（四）秘书学与管理学的关系

管理学是对现代管理机能发展变化的概括和总结，它是以人和组织的根本利益为前提而有目的、有意识地进行监控的学科，其内容主要包括管理组织、管理职能、管理系统、管理行为、管理原则、管理技术等。秘书和秘书部门的基本职能之一是协助领导进行有效管理，这是一种特殊的管理活动。秘书虽不是严格意义上的管理者，但他在协助领导在计划、组织、指挥、监督、控制的管理过程中，起着重要的作用。秘书和秘书部门在协助领导加强管理时，必然要运用管理学的原理、知识、技能和技巧。但管理学研究的是一般的管理规律，秘书学研究的只是秘书职能中辅助管理的特殊规律，它们属于两门不同的学科，二者不是包容与被包容的关系。

（五）秘书学与信息学的关系

信息学是关于信息的形态、计量、传递、变换、处理和贮存等一般规律的学科，它以狭义的信息论和控制论为理论基础，与计算机和自动化技术相结合，广泛运用于数学、物理、化学及领导学、管理学、决策学等学科。近年来，信息学的理论和方法，已开始应用于秘书工作中的信息传导、文字处理和文书档案的管理等方面。秘书学与信息学的关系，主要表现在以下三个方面：一是信息学的兴起，促进了秘书学的发展，给秘书学增添了新的内容；二是信息学的理论和技术，已被秘书工作领域广为应用，成为秘书学研究的重要对象；三是信息学理论、技术的应用，为办公自动化展现了美好前景，为秘书工作的现代化开辟了新的途径。但是，秘书学只是运用信息学的原理和方法来加工、处理、传递、贮存信息，大部分内容与信息学无关，它们各自都是新兴的独立学科。

（六）秘书学与写作学的关系

秘书学所要研究的公文和其它实用文体写作的规律、特点和方法，也是写作学、特别是秘书写作学的研究范畴。在这一点上，两门学科发生重叠和交叉。一个优秀的秘书，必须具有高超的书面表达能力，这和写作水平的高低密切相关。同样的材料，写作水平高的秘书可以写出很好的文章，而写作水平低的秘书则可能表达不清，甚至难以成文。因此，秘书必须学好写作学，下苦功夫过好写作关，才能胜任本职工作。反过来说，各类文章的作者，如果懂得一些公文和秘书实用文体写作的基本知识，将有助于他重视调查研究、收集各种信息、发掘信息中有价值的内涵等，从而大大丰富了他的写作内容，把文章写得更加充实，更有现实意义。

此外，秘书学还与领导科学、决策学、行为科学、心理学、公共关系学、法学、文书学、档案学、口才学等学科有着一定的联系，它甚至还借助于自然科学的研究成果和研究方法。可以预见秘书学将在与诸多学科的相互借鉴、相互促进中，不断地走向成熟和完善。

四、秘书学的研究方法

秘书学的理论研究不但要明确秘书学的研究对象，正确理解秘书学的学科性质，认清秘书学与相关学科的联系与区别，而且还要在此基础上选择和确立科学的研究方法，才能使秘书学的研究取得相应的成效。秘书学常用的研究方法有：

（一）历史和逻辑相统一的方法

历史是一门研究自然界和人类社会发展过程的学科，任何一门学科都与历史有着不解之缘。秘书学中所研究的各种问题都是历史地形成的，它的各个范畴和规律诸如秘书、秘书工作、秘书机构、秘书实务以及参谋咨询、辅助决策、沟通信息、加强协调等，都是在历史的发展过程中产生和形成的，同一概念在不同历史时期又具有不同的含义。因此，秘书学的研究必须具有历史主义观点。但是，秘书学的研究仅仅有历史的观点和方法还是不够的。恩格斯指出："历史常常是跳跃式地和曲折地前进的，如果必须处处跟随着它，那就势必不仅会注意许多无关紧要的材料，而且也会常常打断思想进程。"①因此，还必须与逻辑的方法结合起来。逻辑的方法就是推理论证的方法，即以逻辑"浓缩"的形式再现秘书学和秘书工作的历史进程。逻辑的方法并不是纯抽象的方法，它需要有事实的依据，有历史的根据，它反映了历史的辩证法。只有将历史的方法与逻辑的方法有机地统一起来，才能使秘书学的研究真正揭示出其历史的规律性，并预见其发展的趋向。

（二）理论与实践相结合的方法

理论与实践相结合是学习马克思主义、毛泽东思想、邓小平理论和"三个代表"重要思想的根本方法，也是我们学习和研究秘书学的根本方法。秘书学是理论性与实践性相统一的学科，秘书学的理论与应用是密不可分的。因此，在学习和研究秘书学时，一方面要把握秘书学的基础知识和基本原理，从实际出发，详细地占有材料，从无数生动的客观事实中寻找规律性的东西，对秘书学的理念和基本理论问题作出科学的回答，并勤于思考，勇于创新，提高理性思维的能力；另一方面，又要将秘书学理论与秘书实践、与秘书工作的实际运作联系起来，研究秘书工作中出现的新情况、新问题、新经验，把它上升到科学理论的高度，再用来指导秘书工作的实践，通过实践来验证和发展秘书学理论。理论联系实际的过程，实际上就是从感性到理性的整个辩证思维的发展过程，它包括了从具体到抽象，再从抽象到具体这样两个阶段。如果理论脱离实际，在秘书学的研究中忽视秘书创造的极其丰富的实践经验，而只停留在抽象、空洞的哲学思辩上，那就不但不能科学地回答秘书学中的基本问题，而且还会将人们引向玩弄概念的教条主义的泥坑；同样，秘书学的研究如果忽视从感性认识升华为理性认识，即忽视理论上的抽象和概括，而只停留在秘书工作的某些具体经验上，那也是无法从理论上对秘书学的基本问题作出切合实际的、普遍的、深刻的、科学的回答的。

（三）学科比较法

有比较才有鉴别。秘书学是一门新兴的综合性、交叉性、边缘性的独立学科，具有内容丰富、应用面广、联系广泛的特点，它与哲学、政治学、行政学、管理学、信息学、写作学、社会心理学、领导科学、决策学、行为科学等姊妹学科有着千丝万缕的联系。因此，学习和研究秘书学，就有必要将秘书学与相关姊妹学科进行比较鉴别，找出它们之间的相同点和不同点，找出各姊妹学科在秘书学中所处的地位和所起到的作用，以及这些姊妹学科的基本原理、原则和方法、技巧在秘书学中的创造性的运用。实践证明，从秘书学与相关姊妹学科的

---

① 　恩格斯：《卡尔·马克思的〈政治经济学批判〉》，《马克思恩格斯选集》第2卷，人民出版社1972年版，第122页。

比较鉴别中认识它们的异同，就能较正确地认识秘书学的学科性质及其本质特征。

（四）事实积累法

科学事实，是进行科学概括和科学抽象的依据和前提。进行秘书学的研究，首先必须占有大量的事实材料。在这个基础上，对材料加以整理和综合，从中揭示秘书活动的一般规律。事实积累法包括纵向和横向两个方面：前者是按照历史的演进，分时期、分阶段地收集我国秘书活动的史料；后者是按照系统或行业，对我国秘书工作的现状进行广泛调查。然后，对事实材料加以汇总、筛选、分类和评价，使其成为事实知识，为秘书学的理论研究奠定基础。

（五）经验分析法

经验，指从实践中总结出来的认识，即实践经验。实践经验一般是得到了检验的理性知识，它对以后的同类实践具有现实的指导意义。经验分析法，就是从占有的实践经验事实出发，对秘书和秘书工作进行比较和分析，使其成为有条理、较系统、有某些联系的科学经验。科学经验高于实践经验，已经由"原料"变成为人们的常识即科学原理。运用经验分析法，首先要对事实进行纵向和横向比较，从比较中总结古今秘书和秘书工作的历史经验和新鲜经验；同时要对古今秘书和秘书工作的经验进行单项、专项和多项的分析，从局部和整体两个方面概括秘书和秘书工作的构成、联系和本质，为秘书学中一系列问题的科学说明提供依据。

（六）案例研究法

案例，为英语"case"的意译，也有译作个案、判例、实例的，其含义是指某一社会活动中的典型事例。案例研究法，就是通过对大量、具体、有代表性的事例进行比较、分析、归纳和综合，从中概括出秘书工作的一般规律。秘书学是一门实践性、实用性很强的应用学科，秘书工作的案例分析和医学的案例分析一样，是理论与实践的结合点。无论在国内还是在国外，案例分析都是研究秘书学的常用方法。典型的秘书工作案例，不论是成功的还是失败的，都有助于人们加深对秘书学本质及其规律的认识和理解。因为，任何秘书工作案例，都是秘书学原理和方法的具体运用。依据具体案例对秘书学中的有关问题进行研究，对其活动内容、预期目标、运作过程、内在机制、成败原因、社会效果等进行具体的分析归纳、总结提炼，有助于提高人们的秘书学理论素养和实践能力，并有助于人们在秘书工作中发现新问题、总结新经验、探索新观点和新方法，从而推动秘书学理论的进一步发展、完善和成熟。

第二章 秘书与领导

秘书是直接为领导服务的，秘书工作是直接为领导工作服务的，这就好比领导是一个圆心，秘书则是环绕圆心在圆周轨道上运行的各个点；领导工作好比是一条主线，秘书工作则是围绕主线上下、左右、前后同步行进的一条曲线。秘书不能脱离领导而单独存在，同样秘书工作也不能脱离领导工作而单独存在。换句话说，没有领导，秘书也就没有存在的必要；没有领导工作，秘书工作也就没有存在的必要。领导的活动和全部的领导工作是秘书和秘书工作赖以存在的前提条件、客观环境和基础，决定着秘书和秘书工作的方向、原则和方法。由此可见，秘书与领导的关系是秘书工作的核心问题，也是秘书学的基点问题。因此，做秘书工作首先要处理好秘书与领导的关系；研究秘书学首先要研究和弄清秘书与领导的关系问题。真正弄清并正确掌握二者的关系，才能始终保持认识上的清醒和工作上的主动。

第一节 为领导服务是秘书和秘书工作的立足点

"领导"这一词语，《现代汉语词典》（修订本）的释义是："率领并引导朝一定方向前进：如'集体领导'、'领导人民由一个胜利走向另一个胜利'。担任领导的人；领导者：如'领导和群众相结合。'"这就是说，领导有两种含义，一是指行为，二是指人，二者又是密不可分的。

在我国，所谓领导，大体上有三种情况：一是领导者（个人），二是领导班子（领导中枢、领导集体），三是领导机关。领导机关包括了领导班子、领导者和秘书群体、职能部门的工作人员等。它有如一部机器，具有内部结构，以其总体担负着领导其社会政治、经济、军事、科技、文化等各方面活动的职能。现代社会的领导是由领导者、领导班子、领导机关多层次、多方面复合形成的立体结构，在这一结构中，领导者、领导班子、领导机关处于不同的地位，相互之间有着一定的关系，这些，即形成为领导体制。但在一般情况下，领导主要是指领导者和领导班子，因为在领导机关中，起主导或关键作用的乃是领导者和领导班子。

领导的主要工作是决策和组织运行（指挥、管理、协调、监督、控制、实施），而决策又是领导工作的中心。所谓决策，就是对一项行动、举措、办法、部署、方针、政策、策略的决断和拍板。毛泽东曾明确指出：领导就是出主意，用干部。出主意，属于决策范畴；用干部，既是决策，又是指挥，古人常说的"运筹于帷幄之内，决胜于千里之外"，说的就是决策的重要性。决策的正误又取决于对信息的收集和分析、论证。正如毛泽东所指出的："指挥员正确的部署来源于正确的决心，正确的决心来源于正确的判断，正确的判断来源于周到的和必要的侦察，和对于各种侦察材料的联贯起来的思索。"①要做到正确决策，就要深入调查研究，弄清情况（即"侦察"），在此基础上分析、论证，作出决断（即"思索"）。在这里，领导的正确决策不是领导者个人所能单独完成的，有大量的辅助性工作要做，这就是秘书所要完成的工作。所以，温家宝在《同部分省、市秘书长座谈时的谈话要点》中明确指出："办公厅的这一客观地位，决定了我们工作的基本职责就是服务，也就是为领导的科学决策和决策的正确执行服务。"②

秘书为领导和领导工作服务是全方位的，除辅佐决策外，还包括参谋咨询、沟通信息、加强协调和各种秘书实务等。然而，作为领导的耳目、助手和参谋，秘书在领导活动中必须正确地认识自我，始终保持清醒头脑，摆正自己的位置，秘书始终是秘书（秘书长或办公厅主任除外，因为他们属领导班子成员），他的一切工作都是服从并服务于领导和领导工作的，始终处于中介、辅助的地位。因此，秘书一定要自觉树立角色意识，进行正确的角色定位，甘当配角，甘于处在幕后，甘当无名英雄，严以自律，心甘情愿地充当领导与群众的桥梁和协调好各方面关系的纽带，而不能以"二首长"自居，直接进行决策，直接进行指挥和管理，在没有领导授权的情况下直接处理各种问题，代替领导发号施令。秘书在为领导服务的过程中，应当做到参谋而不决策，分忧而不分权，自尊而不自大，要坚持对事不对人，一切对党和人民负责。秘书只有对自己所扮演的角色有正确的认识，并对自己的本职工作产生荣誉感和自豪感，才能忠于职守，埋头苦干，以至争挑重担，自我献身。

秘书与领导的关系，从法定的职权角度看，他们是领导与被领导、主体与从属、主导与辅助、决策与参谋的关系。这种关系决定了秘书必须尊重领导，服从领导，为领导提供优质、高效的服务。众所周知，担任一定职务的领导班子成员，都是经过一定的法定程序（包括民主选举、组织任命、考任、聘任等方式）产生的，而一旦正式受任后，便取得了法人代表的地位，代表法人主体行使职权。秘书是直接为领导办事的，处于承上启下、联系左右的枢纽地位，这就决定了秘书的基本职能是为领导服务，主要是为直接隶属的领导服务。这是古今中外不同阶级的秘书与领导关系的共同点。然而，在社会主义的中国，由于社会主义的领导同一切剥削阶级的领导有着本质的区别，因而秘书为领导服务的宗旨、性质、内容和方式等，也就发生了根本性的变化，切切不可将它们等同起来。

秘书为领导服务，必须严格遵守服务的规范、规程和规则，不能随意超越自己的辅助地位和职责。领导是权力的象征，拥有法定的决策权和指挥权；秘书只有为领导提供服务的义务，而没有决策和指挥的权力。只有在领导授权的情况下，才能代表领导处理授权范围内的

---

① 毛泽东：《中国革命战争的战略问题》，《毛泽东选集》第 1 卷，人民出版社 1991 年版，第 179 页。
② 载《秘书工作文萃》，中国大百科全书出版社 1993 年版，第 27 页。

问题。在这种法定界限内，秘书与领导的地位、职权，是绝对不容颠倒的。

在我国社会主义制度下，秘书与领导之间结成崭新的同志式的人际关系。他们在政治地位上一律平等，在人格上相互尊重。他们作为共和国的一员，都是普通公民；作为国家的公务员，都是人民的公仆；如果双方都是共产党员的话，他们就是战友和同志。秘书与领导只有社会分工上职务高低、责任大小的区别，没有等级上高低贵贱的差异。在我国，从中央到基层，从党政机关到社会团体，从军队到企事业单位，秘书之于领导，他们既是上下级，又是平等的同志，大家友爱团结，相互尊重，相互帮助，同心协力，为共同的目标而努力奋斗，显示出社会主义大家庭中亲密、和谐、融洽的同志情谊。但是，当前社会上有些人却对秘书的认识有所误解，他们往往把秘书为领导服务，扭曲成对领导的人身依附和人身服务；或认为秘书就是领导的侍从，一切听命于领导；秘书圈内的个别人也把围着领导转、伺候好领导作为自己工作指向的主要内容；更有甚者，有些人认为一些外商、私营企业主聘用女秘书，实际上这些女秘书成为他的情妇、"二包奶"，谑称之为"小蜜"，因而认为秘书多是依附于别人的，丧失了自己独立的人格和尊严。这些错误的看法，不仅歪曲了秘书与领导正常的关系，也歪曲了秘书本质的社会属性。

第二节　秘书与领导班子

一、领导班子与领导体制

领导班子，或称领导中枢、领导集体，指的是一个地区、一个机关、一个单位或一个部门的领导者组成的领导群体。

在我国，各级党、政、军、群机关和企事业单位，一般都实行党委领导下的首长负责制的领导体制。如在一个地区，设有党的委员会，政府、军队、人大等的主要负责人都是党委会的成员，组成这一地区最高层次的领导核心；与党委会平行的，是同级的政府、军队、人大等机构，它们在地方党委的领导下，又有自己的委员会（常委会），组成又一层次的领导集体，对自己职权范围内的各项工作负责。社会团体的领导体制与此类似。而企事业单位，有的实行党委领导下的首长（总经理、厂长、校长、所长）负责制，有的实行行政首长负责制（党委只起监督、保证作用），从而形成了党委和行政两套领导班子，分别由党委、行政的领导成员形成集体领导。我国的领导体制不同于一般意义上的首长制或一长制，而是兼备了一长制和委员制的优点，是一种具有中国特色的领导体制。

毛泽东在《党委会的工作方法》一文中指出："党委书记要善于当'班长'。党的委员会有一二十个人，像军队的一个班，书记好比是'班长'。党委要完成自己的领导任务，就必须依靠党委这'一班人'，充分发挥他们的作用。书记要当好'班长'，就应该很好地学习和研究。

书记、副书记如果不注意向自己的'一班人'作宣传工作和组织工作，不善于处理自己和委员之间的关系，不去研究怎样把会议开好，就很难把这'一班人'指挥好。如果这'一班人'动作不整齐，就休想带领千百万人去作战，去建设。当然，书记和委员之间的关系是少数服从多数，这同班长和战士之间的关系是不一样的。"①不仅各级党的委员会的领导体制是这样，政府、人大、政协、军队、社会团体和企事业单位的领导体制，也都如此。

这种领导体制，有三个明显的特点：其一，集体决策。各级首长即"一把手"虽拥有最终的决策权，但绝非个人独裁，不能搞家长式的领导和"一言堂"，凡是重大的、全局性的问题，凡是有关战略、方针、政策和人事方面的重要决策，都必须经过常委会或委员会，经过集体讨论和研究，最终由"一把手"根据少数服从多数的原则，作出决断。而要做到这一点，就要依靠民主集中制和党内生活的正常秩序来加以保证。其二，责任明确。党、政、军、群机关和企事业单位的"一把手"，对其法定范围内的工作负完全责任，但领导班子内部的成员各有明确的职责，各人对自己分工主管的工作负完全责任。其三，团结协作。"一把手"与其它领导成员之间对工作有明确的分工，在实际工作中实行"归口管理"，但分工不等于分家，他们要加强联系，团结协作，相互配合，为实现共同的目标而"拧成一股绳"，充分现出集体主义精神和团结协作精神。

二、秘书为领导班子服务的基本要求

秘书是为领导和领导工作而设置的，在"三个服务"中，最主要、最直接的是为所隶属的领导服务，这既包括为领导者个人服务，也包括为领导班子服务，为本部门、本单位的所有领导成员服务。由于党、政、军、人大、政协等在工作上有着密不可分的联系，因而，政府部门的秘书，既要为政府的领导班子服好务，也要为党、军、人大、和其它部门的领导班子服好务。其它部门和单位的秘书，同样也是如此。这就要求在党、政、军、群机关和企事业单位工作的秘书，必须牢固树立为领导班子服务的观念。为此，要求明确以下几点：

（一）为领导班子的总体目标服务

党、政、军、群机关和企事业单位的总体目标，是其领导班子经过认真讨论制定出来的，是这个机关、单位全体人员努力奋斗的方向，当然也是秘书努力奋斗的方向。秘书一定要时刻关心与本机关、单位实现总体目标相关的各方面的工作进展情况和存在的问题，不能只顾自己分工范围内的工作而不顾及其它。秘书只有了解总体目标和全局工作的进展情况，才能主动地为领导班子服好务，才能发挥领导的参谋、耳目和助手作用。例如，秘书在收集信息时，如果时刻想到本机关、单位的总体目标，就会树立起全局观念，从实现总体目标出发，而自觉地拓宽信息的来源渠道，扩大信息收集范围，主动收集有利于实现总体目标的各种有效

---

① 《毛泽东著作选读》下册，人民出版社 1986 年版，第 668 页。

信息，分辨信息价值的大小，以便及时地为领导班子决策提供重要的依据。

（二）了解领导班子的基本情况和职能运行状态

秘书要为领导班子服好务，就要了解领导班子的基本情况和职能运行状态，这样才能说得上与领导班子成员建立起了有利于自己职能活动的良好关系。其中，了解领导班子的指导方针和指导思想、总体任务和具体目标，是最主要的方面；还要了解领导班子的内部结构，包括领导班子成员的思想、品德、知识、性格、气质、作风、能力等基本素质等。如果对这些基本情况一无所知或知之甚少，那是无法优化与领导班子的职能关系、为领导班子服好务的。领导班子总的工作状态，主要指的是领导班子成员既有分工又有合作的关系，以及领导者对自己分工负责的工作有哪些具体设想以及采取的策略、步骤、措施、方法等。正是这些内容，构成了领导班子总的领导活动。秘书掌握领导班子总的工作状态的目的，一是为了区分工作的主次轻重，力争工作由被动变主动；二是使秘书的思路不仅与领导班子保持同向，而且保持同步。因此，秘书一定要及时了解领导班子成员的工作安排和大体动向，否则就会顾此失彼，甚至产生各种矛盾。

（三）为提高领导班子的总体工作效率服务

领导班子中的每个成员都有不同的分工。在实际工作中，由于分工不同、职责不同，领导班子成员在工作安排上，难免出现通气协调不够，造成工作上的重复或交叉，从而导致领导班子总体工作效率的降低，进而导致不必要的人、财、物力的浪费。这就要求秘书在掌握领导班子总体目标和总的工作状态的前提下，尽量做好各领导成员间的协调工作。如对会议的协调，当遇到同时几位分管不同业务工作的领导人召开各种业务会议时，秘书可以根据实际情况，安排会议的先后次序，或通过协商加以合并，或限定人数和缩短会期，等等。这样做，既节约了领导的时间，又节省了经费，改进了会风，提高了工作质量和效率。

三、秘书为领导班子服务应遵循的原则

为了能更好地为领导班子服务，秘书在具体协调与领导班子的关系时，必须遵循以下几条基本原则：

（一）遵守领导班子组织法规的原则

秘书所在的各级党、政、军、群机构和企事业单位，都有其相应的组织法规、规章和制度、条例等。依据这些法规性文件，建立各类组织机构，形成纵横交错的各机构之间的关系，规定了各机关、单位领导班子的职责权限划分，规定了领导班子成员不论职位高低，都不能个人决定重大问题，而应经过领导班子集体讨论，才能作出决定，形成决议。一旦形成了决定或决议，领导班子成员就必须坚决贯彻执行，有不同意见可以保留，但执行决定、决议是不能打折扣的，其工作程序和方法也不允许另搞一套，这些原则就构成了秘书协调与领导班子关系的基本依据。当领导班子讨论的问题或作出的决定与党和国家的路线、方针、政策、法律、法规或上级的指示精神发生矛盾时，秘书应当提醒领导班子成员注意，自觉地与党中央保持一致，与国家的政策、政令保持一致，与上级的指示精神保持一致，以确保领导班子的决策和决定的正确性；当个别领导班子成员下达的指示与领导班子的集体决议相背离时，秘书应提醒有关领导成员改正，如问题得不到解决，可请示主持工作的领导者裁定。

（二）遵守职权划分、单向请示的原则

领导班子成员的分工，在其职责范围内有着相应的职权。每位领导成员按其工开展职责范围内的工作，处理相关的问题。秘书应按领导成员分工的职权划分接受任务和请示，凡领导成员职权范围内的工作，秘书只应向他单向请示，并按其指示意见执行。如果是涉及多方面的、综合性的工作，则应请示主持全面工作的正职领导人，并向分管该项工作和与此项工作有关的各位领导成员通气。如通气以后，这些领导成员不同意主持全面工作的正职领导人的意见，秘书则应建议他们直接与该正职领导人交换意见。如某一中心工作，正职领导人（或常委会）决定由某一副职或其它领导成员负责处理，秘书在配合进行这一中心工作时，就应以这位负责的副职或其它领导成员为轴心开展工作。有关这项中心工作的请示、汇报，应直接对这位副职或其它领导成员，切不可越过他向正职领导人或其它副职请示、汇报。因为，向正职领导人请示、汇报工作，向其它副职和领导成员沟通情况，这是负责该项中心工作的副职或领导成员的责任，秘书切不可越俎代庖。作为秘书，一定要防止多头请示、汇报和凡事都找"一把手"的做法。秘书如果搞多头请示、汇报，不仅是多余的，而且会把事情搞乱。

（三）恪守对所有领导成员"一视同仁"的原则

一般说来，"一视同仁"是领导对下属的机关、单位或干部、群众同等看待、同等照顾、公平竞争，而不厚此薄彼、有亲有疏、有偏有倚地处理、协调关系的原则，这里是袭其意而用之，即秘书在处理和协调与领导班子成员的关系时，心里要有一杆平衡秤，也要"一视同仁"。这主要是着眼于更好地为领导班子服务，从有利于实现领导班子制订的总体目标出发，对领导班子成员要同等看待、同等协助，不论是哪位领导班子成员安排的工作，都要努力做好，不能有的去做，有的不去做，有的三心二意地去做。这与我们平日交朋友多从感情和兴趣出发是不一样的。在各位领导班子成员面前，不论是在思想感情上，还是在言谈行为上，秘书都不能产生倾斜度，也就是说对他们要同样地尊重，即同等尊重他们的领导身份，同等尊重他们的职权，同等尊重他们的指示和意见。当领导之间产生分歧时，只能被动地双向地劝慰、弥合、消除，不能主动地、单向地瞎掰扯、乱搅和，或者保持沉默。本着在工作上支持，关系上爱护，感情上敬重去做，这比什么都重要。不能站在这一方，冷落那一边，更不能为某一方提供反对另一方的材料，对某领导进行挖角、拆台、扩大分歧，加深矛盾。

（四）坚持有利于领导班子成员团结的原则

领导班子成员由于诸种原因的作用，其工作配合状态大体上有两种情况：一是协调、默契、高效运行的状态。如果领导班子成员的综合素质较高，年龄结构、文化程度、领导经验配置合理，各成员间形成较强的互补效应，且正职领导者具有较高的协调、驾驭能力，那么，这个领导班子就会表现出协调一致，配合默契，形成本机关、单位乃至全系统的同步运转、卓有成效的指挥、管理、监督、控制中心。二是分歧、失调、低效的运行状态。如果领导班子成员的综合素质不高，或者过于参差，年龄结构、文化程度、领导经验配置不合理，相互间不但不能形成互补效应且易相互排斥，而正职领导者又缺乏协调、驾驭的能力，那么，这个领导班子就会出现各种分歧和矛盾，难以配合默契，从而导致思想、行动上的失调甚至南辕北辙，造成严重内耗，这将直接削弱领导班子对本机关、单位乃至全系统的指挥、管理、监督和控制。秘书如能在第一种状态下工作，当然是再好不过的了。然而，秘书常常身不由己地在第二种状态下工作，这就必然造成工作上的困难，有时甚至处于尴尬的境地。即使是在第一种状态下工作，由于领导成员各有自己的工作特点与个性特点，在工作上出现分歧、争论，这是常有的事情。处于这种情况下，秘书一定要坚持有利于领导班子团结的原则，以事业为重，从工作出发，尽可能地维护领导班子的团结和威信，切不可乱说、乱传。作为秘书，不能从感情出发，看人行事，见风使舵；不能表现出亲近谁、疏远谁，听从谁、不听从谁；更不能单向地瞎掰扯、乱搅和，甚至对某领导成员挖角、拆台，扩大分歧，加深矛盾。要相信，领导班子成员之间的矛盾，可通过"三讲"（讲学习、讲政治、讲正气）教育，按照民主集中制的原则，开展批评与自我批评来加以解决，或由上级领导机关出面解决。

第三节　秘书与领导者

在秘书的所有人际关系中，最重要的莫过于秘书与自己的"顶头上司"个人的关系了。秘书为领导服务，除了为领导班子服务外，最基本、最经常、最具体的还是为直接隶属的领导者个人服务，而这也是达到为领导班子服务的基础。试想，如果不能很好地为直接隶属的领导者服务，那又怎能为领导班子服务呢？秘书与领导者建立良好的关系，在工作上与领导者默契配合，是秘书搞好自己的本职工作、实现秘书的基本职能的基本条件。因此，秘书处理、协调好自己与领导者个人的关系，占有着特殊重要的地位。

一、秘书与领导者应当是一种什么关系

要正确处理和协调秘书与领导者的关系，首先必须明白秘书与领导者到底应当是一种什么关系。这是解决这一问题的基本前提。

在封建社会，统治者虽然懂得秘书和秘书工作的重要性，但他们往往把秘书当成是效忠于主子的奴才；在资本主义社会，资产阶级的领袖人物提高了秘书的社会地位，却又将秘书与领导者之间紧紧束缚在雇佣关系之中。前者将秘书与封建统治者的关系扭曲为人身依附，

后者将秘书与资产阶级政客的关系扭曲成人身服务，最终都使秘书丧失了平等做人的社会价值和人格。

在我国的社会主义制度下，与封建社会和资本主义社会完全不同，秘书与领导者是一种亲密、和谐、融洽的同志式关系，但二者也是有矛盾的。秘书同领导者的关系本身就是一对矛盾，它包容于对立统一的辩证关系中。就其统一性来说，领导者与秘书统一于同一事业的决策活动之中，目标同一，行为同步，政治思想一致，政治地位平等，差异仅在于前者起主导作用，后者起辅助作用。就其差异性而言，主要表现在二者的法定地位不同、职权任务不同、个性素质要求不同、工作环境和条件不同等，还有，秘书对领导者布置的工作，如不能按照领导者的要求完成时，两者之间势必会因为任务完成质量或进度的差异性而出现一些矛盾。秘书在发挥参谋作用时，所提出的意见、建议也并不一定为领导者接受，有时甚至会和领导者的意图、要求相悖，等等。这些矛盾，可通过双方的努力，包括领导者纠正秘书的错误或接受秘书的正确意见而予以解决，最终达到统一的结果

概括起来说，在社会主义制度下，秘书与领导者的关系主要表现为：

其一，在政治地位上，他们是平等的，都享有国家赋予的权利，都是人民的"公仆"，虽有职务高低、责任大小的区别，但都是为了一个共同的目标，即为党和人民的事业而工作，没有等级上高低、贵贱的差别。

其二，在工作上，是指挥和服从的关系。从体制上和职务上说，秘书与领导者的关系只有一种，那就是工作关系，这种工作关系，表现为上下级的关系。根据民主集中制原则，这种上下级关系就是领导与被领导的关系、指挥与服从的关系。因此，秘书在充分行使自己政治权利的同时，必须自觉地接受领导者的领导、指挥、支配和调遣，努力做好自己职责范围内和领导者交办的各项工作。

其三，在角色定位上，领导者是"主角"，秘书是"配角"。秘书应当时刻清楚自己是什么角色，千万不要同主角"抢戏"，而应与"主角"默契配合。秘书的工作具有潜隐性，他的工作业绩消融在领导的业绩中。"配角"的任务就是衬托"主角"、突出"主角"，由于"配角"的出色表现而使"主角"的形象更生动、更丰满、更富有魅力。秘书的工作必须始终围绕领导者的活动轨迹而运转。

其四，在思想认识上，秘书与领导者在真理面前是完全平等的，都要服从真理，而决不可服从权势。应该肯定，担任一定职务的领导者，特别是高层次的领导者，他们经验丰富，学识渊博，有远见卓识，精明干练，他们站得高，看得远，德高望重。但是，马克思主义认识论告诉我们，权力和真理不能划等号。领导者在某种情况下，也可能"智者千虑，必有一失"。对于领导者考虑不周的问题甚至过失，特别是那些影响正确决策的过失，秘书一定要出以公心，坚持真理，坦诚地向领导者指出来，切不可唯唯诺诺，一味顺应趋附。

其五，在日常生活上，秘书与领导者是互相关心的友爱关系。? 在社会主义社会里，秘书

与领导者之间是平等的战友和同志关系。因而，他们在生活上互相关心，互相帮助，团结友爱，和谐共处。关于这一点，田家英与毛泽东的关系就是如此。作为党和国家最高领导人毛泽东的秘书，田家英除完成毛泽东交办的公务外，在生活上也多方面地照顾毛泽东，让毛泽东集中精力考虑党和国家的大事。比如，受毛泽东的指派，前去看望民主人士；接待家乡来访人员；查找书籍，搜集字帖，整理文稿。田家英把毛泽东的手迹视为珍品，并把他所能得到的手迹都精工裱褙起来，说"这是国宝"。田家英逝世后，这些珍品都被中央档案馆收藏。毛泽东的两个儿子因久居国外，回国后中国语文较差，受毛泽东的委托，田家英又先后担任了毛岸英、毛岸青的语文、历史教员。毛泽东也很关心田家英的生活。田家英病了，毛泽东亲自到家里看望。田家英出差，毛泽东特别吩咐田带爱人一道随行。每到星期六，毛泽东都主动要秘书回家过周末。这种同志之间的团结友爱，促进了秘书与领导者之间的融洽关系，推动了共同事业的前进。

二、正确处理秘书与领导者关系的原则

秘书是直接为领导服务的一种特殊职业，为了真正做到在为领导服务过程中协同一致、默契配合，秘书在处理、协调与领导者的关系时，应坚持以下原则：

（一）思想体系一致的原则

秘书与其辅佐的领导者，同是为党和人民事业奋斗的同志和战友，在世界观、人生观、价值观上，在政治立场上，在总的思想体系上应当趋于一致。总的思想体系是指挥、管理、协调、监督、控制其社会组织的业务指导思想。这一指导思想是世界观、人生观、价值观和政治立场在业务活动中的具体体现，表现在指挥、协调、监督、控制社会组织的总体要求上，表现在确定目标的出发点和看人用人上，表现在对各个业务环节的具体监管上。如一个企业经营的思想、技术开发方向的确定，一个地区经济体制、产业结构的调整和重点的选择，一个学校的办学思想和教学质量提高的途径，一个科研单位的技术创新和重点课题的开发、拳头产品的选择等，都属于思想体系的问题。秘书要为领导者服好务，最基本的条件就是与领导者的思想体系保持一致，才能有效地进行辅佐，当好参谋和助手。秘书在为领导服务的过程中，能与领导者的看法不谋而合，或虽存在分歧，但经过思想交流最后取得认识上的一致，他们的总的思想体系就是一致的；相反，在一些重大问题上，秘书与领导者的看法常常相悖，而且经过思想交流也难以取得认识上的一致，那他们总的思想体系就是不一致的。秘书应在顾全大局、坚持原则的前提下，努力使自己与领导者的思想体系一致起来，否则是无法在一起共事的。

（二）相互理解和信任的原则

理解和信任，是人与人之间交往的基础。没有相互的理解和信任，就不可能达到交往的目的，更不可能形成良好而稳固的人际关系。秘书是领导者的左右手，他们是工作中合作的

伙伴，只有相互理解和信任，才能达到思想一致，步调一致，情感和谐，形成工作上同心协力、默契配合的关系。作为领导者，应当视秘书为亲密的同志、战友、助手和诤友，应当体谅和信任秘书，相信他们是愿意并且能够把工作做好的，并尊重他们的人格和自尊，虚心听取他们的意见和建议。当秘书在工作上出现差错时，不可姑息迁就，该批评的批评，该帮助的帮助，但另一方面，领导者应主动承担一部分责任，检讨自己。秘书为领导者出谋划策，一旦为领导者所采纳，领导者就应对其实施和后果负全部责任，不能因工作上出现问题而推卸责任于秘书。秘书则应尊重领导者，理解领导者，信任领导者，体谅领导者的难处，为领导者多出主意，多提供服务，与领导者同甘共苦，为领导者排忧解难。有时领导者产生某种误解，批评不当，秘书应胸怀坦荡，不必斤斤计较，要设身处地地为领导者着想，并找适当的时机说明情况，维护领导者的威信，维护与领导者的友谊，以使今后双方能更好地合作。

（三）知识互补的原则

秘书与领导者在思想体系上应当保持一致，不允许南辕北辙，这是最基本的要求。但秘书与领导者在知识构成和知识面上却可能是不一致的，有的甚至存在较大的差距。俗话说：尺有所短，寸有所长。担负领导工作的一些老同志，工作经验丰富，但由于长期忙于工作，学习就不一定抓得紧，少数领导者甚至"不读书，不看报，一切都按自己的道道搞"，因而对新的形势、新的知识和新的事物，对党和国家在新形势下制定的新的政策、新的方略、新的法规，就有可能知之甚少，就容易犯经验主义的错误。而当今的秘书大多是受过专业训练的，知识结构较为完善，知识面也比较广，加之平日撰写公文，对新的政策精神比较熟悉。这就是说，秘书对领导者所缺乏的知识可以进行补充、完善，弥补领导者的不足。这样，将秘书与领导的知识结合在一起，就可构成领导者决策和处理工作所需要的能适应形势发展需要的较为全面的知识结构，这对领导工作是大为有利的，可以少走弯路或不走弯路、少犯错误或不犯错误。

（四）相互适应的原则

领导者具有不同的素质、知识、能力、特长与不足，也具有不同的性格、习惯和思维方式、办事节奏、工作方法等。如有的领导者在思考问题时，喜欢一个人默默地沉思，不愿受外界干扰；有的领导者喜欢向秘书和有关人员发问、讨论，集思广益，最终形成自己的看法；有的领导者习惯于严格遵守作息时间，不喜欢别人在业余时间打扰他；有的领导者喜欢来回踱步思考问题，思考得越紧张，踱的步也越快；有的领导者喜欢到幽静的树林、湖畔漫步，成思于悠闲的步行之中；有的领导者思考问题时，喜欢自问、自答、念念有词；有的领导者习惯于在纸上写写画画，摆龙门阵，以旁人看不懂的文字、符号进行推理，等等。对于领导者的这些特点，秘书应该熟悉、摸透，努力地去适应它，以求更好地辅助和配合领导者的工作。秘书应适应领导者的个性特点、思维方式、生活习惯和工作方法，这是主导的方面。另一方面，秘书也有不同的个性特点、生活经历、知识结构、思维方式和工作习惯等。如有的秘书性格内向，喜欢一个人静静地思考问题；有的秘书性格外向，喜欢同别人讨论和争论问题；有的秘书起草文稿，思维敏捷，文词漂亮，但内容往往不够周密、深刻；有的秘书总是深思熟虑后才下笔为文，时间虽慢，但文稿质量较高；有的秘书喜欢按领导者的思路构写文稿，甚至完全按领导者的口授成文；有的秘书只是领会领导者的意图，撰写文章则自定格局，等等。领导者也应了解秘书的不同特点，在工作上尽可能适应这些特点，善于扬其所长，避其所短，以充分发挥他们的聪明才智。

（五）适时进谏的原则

领导担负的责任重，做的工作多，因此，犯错误的机率也大。与常人一样，犯了错误的领导者的心情是沉重的，希望得到别人的理解和关心。在这种时候，秘书如能正确地看待领导的过失和错误，多方面给予体谅和关心，领导是会铭记于心的。还有，秘书的一项重要职能是辅佐决策，当看到领导者决策失误或有可能犯错误时，应以党和人民的根本利益为重，适时地向领导者进谏，提出自己的意见和建议。为了收到良好的进谏效果，首先，要树立"领导是人不是神，也会犯错误"的意识。秘书要学会"易位思考"，设想自己假如处在领导位置，能保证不犯任何错误吗？因此，大可不必为此而惊诧莫名；其次，要相信大多数领导者不是明知错误而故犯，或是对当前形势不清，或是墨守成规，或是思想方法不对头，等等，一旦认识到错误，是会接受秘书进谏而改正错误的；其三，当面陈述自己的不同意见，"当面不说，背后乱说；开会不说，会后乱说"，这种人历来为领导所深恶痛绝。背后谈论与领导者的分歧，不仅无助于问题的解决，反而让领导者觉得你是两面三刀的人；其四，秘书的进谏，领导者如能采纳，自然皆大欢喜；如果不予采纳，则应坚决服从领导安排，不折不扣地按领导的意图办事，而不能掺杂任何个人的不满情绪。

三、秘书如何正确处理与领导者的关系

实践证明，秘书要处理好与领导者的关系，建立起有利于自己职能活动的良好环境，就要讲究艺术和技巧，切实做到以下几点：

（一）尊重而不阿谀奉承

每个人都有受别人尊重的心理需要，领导者自然也不例外。秘书要真心实意地尊重领导者，就要处处维护领导者的威信，为领导者工作目标的实现创造一切有利的条件，积极主动地协助领导者做好工作。然而，尊重领导者并不等于对领导者吹吹捧捧，曲意奉承，无原则地服从，一切都以领导者的态度为转移，看领导者的眼色行事，做唯唯诺诺的庸人，甚至看到个别领导者做出违法乱纪的事情，要么跟着干，成为他的帮凶；要么当"睁眼瞎"，装糊涂，听之任之。如果采取这种态度，说明他思想品质上有严重问题，是不适宜做秘书工作的。

（二）主动而不越位脱轨

秘书是以领导者为轴心，秘书工作是以领导工作为轴心，进行上下、左右、前后同步运行的辅助性工作。正是这种辅助性决定了秘书和秘书工作的被动性。怎样变被动为主动呢？这就要求秘书做到以下四点：一是要同领导一样了解和掌握全局性工作；二是要同领导者一样了解和掌握一个时期的中心工作，能分清工作的轻重缓急，主动排除对中心工作的干扰；三是摸清领导者的思路，分析领导者的意图，并加以领悟、理解、完善和落实；四是积累和贮存有关信息资料，该记住的要记住，该保存的要保管好。这样一来，秘书对领导者出谋划策，提出补充和修正的意见，才能真正提到点子上。在日常工作中，秘书要善于将领导者的决策内容、实施方案和一个时期的中心工作进行分解，按项目分列，明确该先做什么、后做什么和怎样去做，按计划列出一个明确的运行图。这就加强了工作的计划性，学会了"弹钢琴"，当领导者不在的时候，也能按照领导者的意图和具体交代处理各种公务。相反，秘书如果不了解全局，不掌握一个时期的中心工作，不了解领导者的意图，一问三不知，只等领导者布置工作，叫领导者牵着鼻子走，那他的工作就会十分被动，又哪里谈得上当好领导的参谋和助手呢？然而，主动却不能越位脱轨，那种擅越职权，越过领导者去决定和处理问题，或自以为是，对政策精神随意发挥，甚至出风头、抢镜头、争名要利、突出自我，对于秘书来说，是绝对不能允许的。

（三）服从而不盲目附和

秘书为领导者服务，就要尊重和服从领导者，但服从并不等于盲从和不加分析的附和。分析有两层意思：一是从分析中加深对领导意图的理解，增强贯彻落实的信心；二是从分析中拾遗补阙，起进一步充实、完善的作用。按领导者的指示、意见办事，是指贯彻执行领导者正确的指示、意见，对那些不正确的、违法乱纪、以权谋私的点子或行为，不仅不能照办，还要坚决地加以抵制和反对。但这种抵制和反对，应注意以下三点：一是个别领导者的错误指示、意见或行为，属于路线、方针、政策等方面的大是大非的问题，关系到党和人民的利益，就要旗帜鲜明地坚决顶住，如领导者仍一意孤行，应及时向上级领导机关反映，依靠组织的力量来达到抵制的目的。二是一般原则性的是非问题，也要坚持原则，但要讲究方式方法，注意场合，考虑效果。三是对那些小是小非或可这可那的事情，则不必过分计较，只要心里明白是非曲直就行了，有些问题在认识上一时难以统一，只要不违反原则，可以求大同存小异，甚至作出必要的妥协和让步，这就叫"大事讲原则，小事讲风格"。

（四）诚实而不作假弄权

做秘书，最根本的一条，就是要勤勤恳恳、踏踏实实、无怨无悔、尽心尽责地工作。邓颖超曾为《秘书工作》杂志写过一篇文章，她说秘书的高尚可贵之处，就在于他的热爱事业的精神，无私奉献的精神，埋头苦干的精神，不计较报酬待遇的精神。既然你选择了做秘书工作，就得全心全意、一心一意、实心实意地对待工作。旧社会当秘书都强调要以"立诚"、"敬业"为本，更何况在新社会作为国家公务员的秘书呢？然而，在现实生活中，有少数秘书却并非如此，他们利用自己的特殊地位，假传"圣旨"，玩弄权术，谋求私利；或借用领导者的名义，为自己或亲友办事；或冒用领导者的名字批条子、签字，等等。这都是作假弄权的行为，已构成了违法乱纪行为，是与秘书的职业道德背道而驰的。

（五）沟通而不封闭堵塞

秘书为领导者服务，起着承上启下的作用。要使上情下达、下情上传，必须讲究艺术性。这里所讲的艺术性，主要指的是调换角度的艺术。在上情下达时，要站在上级领导机关的角度，把上级的决策和指示精神原原本本、不折不扣地传达下去；在下情上传时，要站在下级机关、单位的角度，把下面的实际情况说得明明白白、清清楚楚。由于所处地位和职责各不相同，上下级领导无论在看问题的立场、观点和方法上，还是在解决问题的战略、策略和举措上，都会存在一些差异。如上级领导者考虑问题习惯于运用宏观思维，而下级领导者考虑问题习惯于运用微观思维；上级领导者致力于巩固和维护整体利益，而下级领导者则致力于巩固和维护本部门的局部利益；上级领导者对下级的要求和希望是服从，而下级领导者对上级的要求和希望是支持等。这些差异的存在是客观的，完全可以理解。秘书的协调工作就是要缩小这种差异，找出这种差异的结合点，及时加以疏通，化解上下级的矛盾，以求取得认识上的一致。这就要求秘书能以事业为重，从工作出发，重视上下级的信息沟通，而且要能设身处地既站在上级领导者的立场又站在下级领导者和广大干部群众的立场来考虑问题、认识问题、解决问题，如实反映情况，既报喜又报忧，一定要防止封闭堵塞，弄虚作假，才能处理好本机关领导者和下属单位的领导者的关系。

（六）挡驾而不阻拦干涉

秘书为领导者服务，其中的一个重要内容就是挡驾，使领导者从繁琐的事务中解脱出来，能集中精力思考和处理全局性的重大问题。挡驾的对象是找上门来的各方面的人员，有老上级、老同志、亲朋好友，也有外单位的人员和下属单位的员工、家属等，其职位有高有低，关系有亲有疏，事情有轻有重，时间有急有缓。他们有的是公事，有的是私事，有的是公私事夹杂在一起。对于这些来访者，秘书都要热情接待，根据情况加以处置。如确为公事，需领导者审批和表态的，应立即引见领导者，使事情能得以妥善解决；如领导者一时不在，待以后向领导者汇报后，再与来访者约定时间与领导者见面，使问题能尽快得到解决；如属职能部门管理的事情，就不必打扰领导者，可介绍直接找职能部门办理；如涉及多方面的事情，秘书应加以协调，以分管的主管领导者主持，召集有关方面负责人，通过会议的形式商讨解决。如果是领导者的老首长、老同事和亲属来探望，要立即向领导者通报，并协助做好接待工作，切不可阻拦干涉，以免给人造成领导者不讲情义、"六亲不认"的印象。如果加以阻拦干涉，必然引起领导者的反感，甚至影响到领导者对秘书的看法。而对于那些完全没有必要引见领导者的来访者，对于那些不须领导者参加的各种会议，对于那些领导者可参加也可不参加的剪彩、发奖和各种典礼、仪式，秘书则可予以挡驾，但要向领导者通报，如领导者认为有必要接见或参加，则不阻拦干涉，而要主动安排好往来车辆，做好生活服务工作。

第三章　秘书机构

　　组织、机关和机构是三个不同的概念：组织是指为实现共同目标，按照一定宗旨、原则、程序和系统建立起来的有机群体，如"党团组织"；机关是指为实现某种社会职能而办理有关事务的部门，如"行政机关"；机构则是机关里的内设单位，是机关根据工作需要按照法定程序设置的职能部门，如"调整机构"。一般说来，组织大于机关，机关大于机构。特定的机构具有特定的职能和任务。秘书机构，或称秘书部门，它是党、政、军、群机关或企事业单位的内设单位，是在机关、单位内部担负综合性、辅助性的服务工作的部门。秘书机构的设置和管理，关系到秘书和秘书工作的具体分工和整体效应。合理地设置秘书机构，科学地对秘书机构进行管理和领导，可以优化机关内部的结构，发挥整体优势，对提高秘书工作的效能和质量有着重要的作用。

第一节　秘书机构的含义、特点和功用

一、秘书机构的含义

　　秘书机构，是党、政、军、群机关和企事业单位的重要组成部分，是专门从事秘书工作，即担负综合性、辅助性服务工作的部门，是秘书群体的常规组织形式，是各类秘书从事本职业务活动的集中地。

　　一般说来，秘书机构有狭义和广义之分：狭义的秘书机构，是指担负文牍性工作，并直接为领导者和领导中枢（班子）服务的办事机构，如办公厅（室）中的秘书、文书、机要等业务部门；广义的秘书机构，是指凡具有参谋咨询、沟通协调、协助管理、督促检查等功能，并为领导工作和机关工作服务的办事部门，除狭义的秘书机构中包括的办公厅（室）中的秘书、文书、机要等业务部门外，还包括调研、信息、协调、督促、信访、档案、保密、接待、值班、印章管理等业务部门。秘书学中的秘书机构，指的是后者即广义的秘书机构。

　　秘书机构属于机关辅助性、综合性的办事机构。在我国，党、政、军、群机关和企事业单位的内部，按其担负任务的性质，可分为职能性机构（或称职能部门、业务部门）和综合性机构两大类。职能性机构是党、政、军、群机关和企事业单位为分管某项具体业务而设立的部门。每一职能部门分别担负着机关、单位职能的一部分，如组织、人事、宣传、保卫、财会等。秘书机构属于综合性机构，它虽不承担任何具体业务工作，却担负着全方位辅助领导的

任务，有些无法分解到业务部门的工作，也都由秘书机构承担。而且，由于秘书机构所处的枢纽地位，使它成为了除领导之外能了解和掌握全面情况的部门；还由于秘书机构从机关、单位的整体利益出发，对各职能部门的活动进行协调，把各职能部门的工作有机地联系在一起，从而提高了机关、单位整体效能的发挥。从这个意义上说，秘书机构超越了各职能部门的业务职能而具有全局性的意义。

我国的秘书机构，过去大多冠以"秘书"的称谓，如秘书厅、秘书局、秘书处、秘书科、秘书组等。尔后，随着秘书工作领域的不断拓展和分工的不断细化，现在凡带有秘书字样的内设单位，一般指承担文书处理工作的部门。还有不少秘书工作，如调研、信访、机要、档案、接待、事务管理、警卫等，都是以自己的工作内容确定其名称的，如调研处（科）、机要处（科）、接待处（科）等，它们虽没有冠以"秘书"的称谓，但实际上从事的都是秘书工作。我国各机关、单位普遍采用的秘书机构名称，是办公厅、办公室，由它统辖组织内部担负秘书工作的各内设单位。这也就是说，在我国，当前的党、政、军、群机关和企事业单位的秘书机构，是以办公厅、办公室为主体结构的。

二、秘书机构的特点

秘书机构在机关、单位的特殊地位和工作性质，使它具有以下的一些特点：

（一）所处位置的中介性

中介，指事物之间相互联系、相互作用的中间环节。有史以来，凡秘书机构都是处于联系上下和沟通左右的中间地位，这在现代社会里表现得尤为明显。从机关、单位的内部结构看，秘书机构处于枢纽的位置，不论是上级领导机关与本机关之间的上下联系，还是本机关领导中枢、职能部门与下属部门、单位的上下联系；不论是机关、单位各职能部门之间的左右沟通，还是本机关、单位与兄弟机关、单位的左右沟通，都要经过秘书机构这个中间环节。这从文书的运行过程就能清楚地看到这一点：以机关名义发出的文书，经领导核稿审定后，需经秘书机构的处理才能分发到各职能部门和下属单位；下属单位向本机关、单位的行文，需经过秘书机构才能送达主管领导和职能部门人员手中；本机关、单位各职能部门向上向下行文，需经秘书机构核稿、打印、编号、用印后才能发出；各职能部门之间的文书往来，也要经过秘书机构才能得以实现；本机关、单位与社会各界的联系，与兄弟机关、单位的文书往来，一般都要先经过秘书机构；社会各界与本机关、单位的联系，兄弟机关、单位与本机关、单位的文书往来，同样要先经过秘书机构，等等。可见，秘书机构确实是处于中介的位置，它是领导者与被领导者之间的中介，是决策层与执行层之间的中介，是各职能部门联系的中介，是本机关、单位与兄弟机关、单位联系的中介，是内外信息沟通和交流的中介。正是这种中介性位置，成为了秘书机构能够发挥其综合功用的组织基础。

（二）辅助功能的综合性

秘书机构是为领导提供全方位服务的辅助性综合部门，它的工作内容和活动方式涉及到领导和领导工作的所有方面。只要是领导和领导工作所需要的，它都要提供服务，这与职能部门只负责某一业务方面的服务是不同的。如前所述，秘书机构的工作内容涉及到机关、单位的方方面面，包括了文字工作、文书工作、调研工作、信息工作、协调工作、督查工作、信访工作、会务工作、接待工作、值班工作、保密工作、行政事务管理工作以及领导交办的其它工作等，内容极其广泛。凡职能部门难以承担的各种工作，也都由秘书机构承担。作为领导的耳目、参谋和助手，秘书机构对领导的辅助是全面的、系统的、综合性的，无所谓分内分外，只要是领导和领导工作需要的，就要自觉地、主动地、责无旁贷地进行辅助和辅佐。秘书机构不是职能部门，它不担负具体的业务性工作，但并不是说秘书机构没有自己的职能，为领导工作提供全方位的服务，这就是它的职能；这种对领导和领导工作辅助功能的综合性，就是它超越于职能部门的重要职能。十一届三中全会以后，中央领导同志提出了新时期秘书机构的组织建设和秘书工作改革的方向，强调秘书机构要加强参谋咨询、信息调研、督促检查、协调关系等方面的工作，对秘书机构综合性的辅助功能提出了更高的要求。

（三）辅助领导的被动性

秘书机构的一个重要特点就是辅助领导和领导工作的被动性。秘书机构是为辅助领导和领导工作而设置的，它必须围绕领导和领导工作而开展自己的工作，必须服从并服务于领导和领导工作，必须按照领导的指示和意图办事，决不能独立行事，专擅越权，自行其是，另搞一套。秘书机构工作的安排，应该依据领导和领导工作的需要。领导在这一时期的中心工作是什么，秘书机构这一时期的工作重心就是什么，在保证搞好程序性秘书工作的同时，应集中精力去配合领导所抓的中心工作。领导班子要就某一重大问题决策，秘书机构就要组织秘书分头进行调查研究，了解和掌握各方面的有效信息，经整理、加工、提炼、分析后，提供给领导，作为决策的可靠依据。以领导和领导工作为轴心开展工作，为领导提供全方位的服务，这既是秘书机构工作的立足点，也是保证实现机关的总方略、总任务、总目标的需要。尽管秘书机构辅助领导和领导工作处于被动的地位，但它仍有充分发挥其主动性的广阔天地。中央领导同志提出新时期秘书工作的改革方向，其中最重要的一点，就是要变被动服务为主动服务，这就要求秘书机构及其人员要努力学习和领会党和国家的路线、方针、政策、法律、法规，摸索和掌握变被动为主动的客观规律，重视平日的调查研究，深入了解和掌握本机关和下属单位及相关机关的工作情况，善于领会领导意图，善于预测形势的发展趋向，力求在纷繁的日常工作中主动地去开展工作，围绕中心工作和关键环节安排有关活动，处理有关问题，发现和研究带有普遍性、倾向性的问题，为领导决策和指挥、管理提供优质服务。

（四）组织关系的封闭性

组织关系的封闭性，这是秘书机构的一个重要特点。在我国，党、政、军、群机关和企事业单位的秘书机构，只接受所属机关的领导班子领导，直接对所属机关及其领导班子负责，上级秘书机构与下级秘书机构之间并无隶属关系，只有业务指导关系。上级秘书机构对下级秘书机构不能进行指挥，只能在具体业务工作上进行规范和指导。这一点在外国商社、三资企业和私人企业主所设秘书机构表现得尤为明显，这些单位的秘书机构只听命于董事长、总经理和私营企业主，对该单位的董事长、总经理和私营企业主负责，与外界的任何部门既无领导关系，也无业务领导关系。

三、秘书机构的功用

各机关、单位之所以设置秘书机构，是因为秘书机构有着它独特的、不可取代的功用。那么，秘书机构到底有些什么功用呢？

（一）组合功用

各机关、单位配备了各类秘书，为使这些秘书能各司其职，密切配合，就需要建立秘书机构将他们组合在一起，形成为一个有机的整体。这也就是说，通过秘书机构的组合作用，将所属人员、职责、目标、隶属关系等构成要素，有机地加以优化组合，形成一种合力，起到凝聚、向心的作用，以保证机关、单位工作的正常运转，保证优质、高效地为领导服务。

（二）管理功用

要使所配备的各类秘书能尽职尽责地工作，充分发挥他们的积极性、主动性和创造性，就要切实地加强对他们的领导和管理。要运用科学的管理原理、技术和方式，营造良好的工作环境和人际关系氛围，促使秘书工作的规范化、制度化和科学化；同时还要加强秘书队伍的自身建设，培养好的思想和作风，处处以身作则，真正做到如中央领导同志所要求的"政治上更强、工作上更实、纪律上更严"。

（三）枢纽功用

本书第一章"导论"论述秘书工作的作用时，第一条讲的就是枢纽作用。秘书工作的枢纽作用是由秘书机构的枢纽地位所赋予的。没有秘书机构的枢纽地位，也就无枢纽功用可言。秘书机构处于机关的中心位置，具有承上启下、左右协调、内外联络的功能，其枢纽功用是十分明显的。

（四）过滤功用

秘书机构处理机关里的各种日常工作和具体事务，有如"筛子"和"漏斗"那样，起着过滤的作用。凡重要的必由领导出面处理的工作和事项，秘书机构应立即呈送给领导，并按现行政策提出处理建议；对那些琐碎的、不重要的、可不由领导出面处理的工作和事项，秘书机构则可代行处理，以使领导能从繁杂的事务工作中解脱出来，集中精力思考、处理和解决机关里全局性、战略性的重大事情。秘书机构要起到过滤的功能，要求做到以下三点：一要正确区分事情的轻重缓急，对重要的、紧急的事情，能按权能处理的就自行处理，无权处理的要立即请示、汇报；二要分清政策性问题和业务性问题，凡政策性问题，宜呈请领导定夺，凡业务性问题，宜转职能部门办理；三是要学会挡驾，凡无须领导参加的会议、庆典和无须领导亲自处理的事情，应婉言予以谢绝。

第二节 秘书机构的设置

一、秘书机构设置的原则

秘书机构的设立，总的原则是要以本机关、单位的职权范围、领导班子的构成和分工以及本机关、单位所面对的公众为客观依据。新中国成立 50 多年来，为适应形势发展的需要，对秘书机构的设置积累了丰富的经验，日益走向规范和完善。一般说来，设置秘书机构，应遵循以下基本原则：

（一）必要性原则

所谓必要性，是指凡属具有一定规模、能独立行使法定职权的机关、单位，为保证其经常性工作的正常运转和为领导提供全方位服务，都有设置秘书机构的必要。这些机关、单位，分属于不同的系统或行业，既包括党、政、军、群领导机关，也包括企事业单位；它们属于不同的层级，既包括最高一级的党中央、国务院，也包括基层的乡（镇）、街道办事处和企事业单位。由于这些机构、单位都是独立的法人主体，都担负了特定的领导、管理的职权和职责，都有必要设立为之服务的秘书机构。我国当前的秘书机构，从纵的方面看有三个层级，即中央、地方和基层；也有分为五个层级的，即中央、省（直辖市、自治区）、地（市）、县（市）、基层；还有分为七个层级的，即中央、省（直辖市、自治区）、地（市）、县（市）、区、乡（镇）及基层企事业单位。如果作更细的划分，不同层级所属的实体单位内部，也设有秘书机构，如一个省的外经委是一个实体，设有办公室，它下属的各外贸公司也设有办公室，各外贸公司下属的工厂、仓库也设有办公室或秘书室（股）。从横的方面看，各级秘书机构又可分属于党委、政府、人大、政协、军队、民主党派、人民团体、企业、事业等不同系统。如果作更细的划分，如政府机关可按"归口"的原则，划分为政法、文教、财贸、工业、农业、科技等战线，不同战线的各级机关也都设置了秘书机构。这样，层次性与系统性结合，纵向和横向交叉，和我国庞大而有序的领导管理体系相适应，便形成了覆盖全国范围内的立体网络状的秘书机构格局。

（二）适应性原则

所谓适应性，是指所设秘书机构应与所属机关、单位的性质、特点、职权、职责相适应。我国的各级各类机关、单位，可分为权力机关（单位）、执行机关（单位）、监督机关（单位）、管理机关（单位）和业务机关（单位）等，它们有着相同的共性，但由于性质、特点、职权、职责不同,又有着不同的个性特点。因此,与之相适应而建立的秘书机构,其工作的主要内容和侧重点及具体职责也不尽相同,如权力机关(单位)的秘书机构要侧重于决策、决议的贯彻实施;监督机关(单位)的秘书机构要侧重于党政法纪的检查落实;业务机关(单位)的秘书机构要侧重于业务活动的组织指导等。又如,同是政府机关,少数民族地区的政府机关与汉族地区的政府机关有所不同,前者的主要职能是处理民族性的政务事务,故设置秘书机构时,要考虑到民族类别、民族语言文字、民族风俗习惯、民族宗教信仰、民族生活方式、民族文化传统等问题,应配备较多的少数民族干部从事秘书工作,才能适应当地政府机关工作的需要;后者很少涉及到民族性的政务事务,就无需在这方面投入较多的人力。总之,秘书机构的设置要适应所属机关的性质、特点、职权、职责,这是必须予以充分考虑的一个问题。

(三)精简性原则

秘书机构的设置,要力求精简,减少层次,达到合理、高效的要求。所谓精简,就是秘书人员要精干,人数不能过多;内部的层次要少,不能因人设事,因人设职,不搞内部的"少而全"。如果机构臃肿,层次繁多,人浮于事,互相牵制,势必妨碍效率的提高。但秘书人员也不是越少越好,如过于精简,秘书负担过重,也难以完成任务。总的原则是适情、适势、适当、适宜,做到事事有人干,人人有事干,每个秘书的工作不致于过忙或过闲为宜。具体的要求是:能在必要的时间内完成所规定的各项任务;能以较少的人力完成职责范围内的各项工作;能团结协作,充分调动秘书的主动性、积极性和创造性,在秘书工作上不断创新;能协调秘书机构内部的行动,并能及时适应外界的变化。

(四)整体性原则

所谓整体性,是指运用系统论的原理和方法,来科学、合理地设置秘书机构,处理好部分与全局、个体与整体之间的关系,为秘书机构的高效运转、发挥最佳整体功能奠定基础。秘书机构一旦建立起来,就应当保持相对稳定的状态。虽然机构改革必然导致机构的变动,但是按照某些正确的原则经过论证建立的秘书机构,必须在稳定的状态下才能充分发挥作用。按系统论的观点看,秘书机构的每一项任务、每一项工作、每一个工作环节,即使是一个人单独"操作"的,也是一个流程,是整个系统中的一个组成部分。然而,整体效率的取得,并不是个体效率的简单相加;离开了各种要素的合理配置和群体结构的优化组合,个体效率就不可能得到充分的发挥,即使某些个体的效率很高,也不一定能实现整体的最佳效果。因此,设置秘书机构时,就要重视内部结构的优化,力求做到建制合理、机构配套、设岗恰当、职责明确,使秘书机构内部的工作前后严密衔接,纵横协调配合;还要重视秘书群体的结构优化,力求做到在知识结构、智能结构、素质结构、年龄结构、性别结构等方面合理配备,使他们既能各得其所、各施其能,又能扬长避短、优势互补。总之,在秘书机构的组织形式和人员配备上,应以最大限度地调动秘书的积极性、主动性和创造性为出发点和归宿,有效地利用人力、物力、财力和时间,以最小的消耗办更多的事情,取得最佳的工作效绩。

（五）分级管理原则

秘书工作要为领导服务，这个"领导"主要指秘书部门所在机关、单位的领导，而不是指上一级机关、单位的领导。例如，中共中央办公厅当然要为中央领导服务，而一个县委办公室则并不需要强调为中央或省委领导服务。既然秘书机构的直接服务对象是本机关、单位领导，任何一个秘书部门，都只对本机关、本单位领导负责，受本机关、本单位领导指挥，并主要为本机关、本单位服务。因此，秘书部门的设置，就要遵循分级管理的原则，由本机关、本单位的领导根据工作需要来设置。中央一级的领导机关必须设置中央一级的秘书机构，省、市一级的领导机关必须设置省、市一级的秘书机构，县一级的领导机关必须设置县一级的秘书机构，基层一级的领导机关必须设置基层一级的秘书机构。上级机关的领导者（以及它的秘书机构）无需对下级机关的秘书机构的设置指手画脚。根据相同的道理，一所高校的党委办公室和校长办公室如何设置（例如是分开办公还是合二为一），办公室设几个科，配备几个办公室副主任等，只能由该校党委、校长根据本校领导工作的需要来决定，而无需得到省委或教育部（省教育厅）等上级机关的批准。根据分级管理原则由本机关、本单位领导设置自己的秘书机构，就能有效地保证秘书机构行使自己的职权，为领导工作提供高效率的服务。

二、秘书机构的类型

我国当前的秘书机构，大体可作如下的分类：

一是按管理层次，可分为高层秘书机构、中层秘书机构和基层秘书机构三大类。高层秘书机构，指中央机关和省（直辖市、自治区）级机关的秘书机构，其特点是层级高、机构大、层次多、分工细、责任重大。中层秘书机构，指地（市）、县（市）级秘书机构，其特点是机构较大、层次不多、有所分工，但事务性工作较多。基层秘书机构，指县以下机关、单位的秘书机构，其特点是有的设独立的秘书机构，有的和别的部门合署办公，有的只设专职或兼职秘书，其特点是层级低、人员少、事务繁杂。

二是按其组织系统，可分为党委系统秘书机构、政府系统秘书机构、人大系统秘书机构、政协系统秘书机构、军队系统秘书机构、企业系统秘书机构、事业系统秘书机构、民主党派系统秘书机构、人民团体系统（工会、共青团、妇联、科协）秘书机构等类别。它们各自从中央到基层，可分为中央、地方、基层三个层级，或分为中央、省（直辖市、自治区）级、地（市）级、县（市）级和基层等五个层级。我国军队系统的秘书机构，可分为中央军委、总部、大军区、军（省军区）、师、团等层级，团以下只设秘书或文书。我国企业系统的秘书机构，超大型和大型企业，党委、行政一般均设有秘书机构；中、小型企业则按党、政系统分设秘书机构，有的只设一个综合办公部门。我国事业系统的秘书机构，如教育战线的高等院校，党委和行政分别设有秘书机构，中、小学只设综合办公部门或设专职、兼职秘书。我国各民主党派和工会、共青团、妇联、科协等人民团体，一般参照党、政系统的秘书机构分级设置。

三是按法定程序,可分为固定秘书机构、社团秘书机构和临时性秘书机构三类。固定秘书机构,指由法律、法规认定,并经由编制机构批准的机关、单位,其秘书机构属于永久性的固定机构,如党、政、军、群机关和企事业单位的秘书机构。社团秘书机构,指由民政部门批准成立的民间社团,其秘书机构是非固定性的。如各种协会、学会、基金会、研究会的秘书机构。临时性秘书机构,指各级各类领导机关在实际工作需要时设置的非常设性的秘书机构,主要有两类:一是为临时性的领导机构服务而设置的秘书机构,如"抗洪救灾指挥部办公室";二是为各种重要会议服务而设置的秘书机构,如"亚洲预防艾滋病学术研讨会筹备办公室"等。

三、秘书机构的组织形式和布局方式

我国的秘书机构,从机构名称、机构设置到职责范围、人员编制,都没有统一的规定。综合我国秘书机构的现状,其组织形式大体有三种:

（一）因事分设制

即根据秘书工作的业务范围,设置相应的秘书机构。如下设秘书处（科）,负责文字工作或文书工作;调研处（科）,负责调查研究和情况的整理、加工、综合和分析;机要处（科）,负责机密文件的撰写、保管和传递;信访处（科）,负责人民群众的来信来访工作等。因事分设制的长处是便于对秘书机构的科学管理,也利于秘书工作的规范化建设,还利于秘书工作的质量和效益的提高;不足之处是不便于直接为领导和领导工作服务,如协调不当,还有可能出现工作上的失调和相互牵制。

（二）因人分设制

即按照领导者的职务分工,设置相应的秘书机构。如秘书一处（科）,专门对分管思想政治教育和人事工作的领导者服务;秘书二处（科）,专门对分管农、林、牧、副、渔工作的领导者服务;秘书三处（科）,专门对分管工业、交通、基建、高新技术产业工作的领导服务;秘书四处（科）,专门对分管金融、商业、外贸工作的领导者服务;秘书五处（科）,专门对分管科技、文化、教育、体育、卫生工作的领导者服务等。因人分设制的长处是便于领导者对秘书机构的直接指挥和调遣,更利于满足领导和领导工作的需要,也利于秘书机构功能的发挥;不足之处是增加了管理层次,造成分工难以合作的局面,还可能助长越级进行指挥,如领导者管理不当,有可能为官僚主义的滋长提供条件。

（三）混合分设制

即同时兼有因事分设制和因人分设制特点的一种组织形式。其长处是既便于为领导和领导工作服务,又便于为机关工作服务;不足之处是辅助领导的重点不突出,秘书机构的自身建设也比较困难。

我国秘书机构的布局方式,根据秘书机构的性质和基本职能,大体上可分为两种:一种

是总体办公型模式——综理制；另一种是职能分工型模式——分理制。

综理制又称整体制、集中制。这种模式，是以机关、单位运转的整体需要为原则而设立的一个统一的办公机构，也就是将秘书机构的各内设单位安排在不同的专门房间，大多是安排在办公楼中层偏下的同一层面。它最大的长处是结构简单且权力集中，责任分明，方便领导者，更便于统一管理，统筹规划，综合协调；还有利于内设单位之间的相互沟通、联系和配合，使秘书机构的整体功能得到充分的发挥。不足之处是不利于为来访者服务，不利于机关的安全与保卫，也不利于保持机关的安静。

分理制又称分散制、混合制。这种模式，是为适应现代管理的日趋复杂、分工渐细而又需各部门协调配合而采用的一种布局方式，也就是将秘书机构的各内设单位安排在不同的专门房间，分设在办公楼不同层面的不同方位，有些可以相邻设置，有些可以交叉设置。如信访部门、接待部门、文书收发部门等，可设在办公楼的一层；调研部门、电脑室、复印室等，可设在同于或低于、高于领导者办公室的楼层；机要部门、档案部门等，可设在办公楼的高层。分理制最大的长处是能充分发挥秘书机构各内设单位的专业职能，适应大、中型机关职能分工复杂的局面，将秘书机构内设单位的业务化整为零，各负其责，各司其职，从而有利于秘书个人专业和综合才能的发展，还能保证机关的安全，减少相互之间的干扰。其不足之处是不便于统一管理，还增大了行政费用的开支。

第三节　秘书机构人员的配备

我国的各级各类机关、单位，由于级别不同，其秘书机构的设置和人员配备是不相同的。下面按中央、地区和基层三个层级分别予以介绍。

中央领导机关。中共中央、国务院均设有办公厅，中共中央不设秘书长，只设正副办公厅主任，主管办公厅的工作；国务院设正副秘书长，不设办公厅主任，由秘书长直接领导办公厅的工作。中共中央、国务院所属部、委也都设有办公厅，主管首长为秘书长或办公厅主任。中央机关的秘书机构分别采用分理制和综理制两种形式。中共中央、国务院实行的是分理制，办公厅相当于部、委一级机关，下级机构，如秘书局、信访局、警卫局、机关事务管理局等，局以下设处、科、室等，均配备了相应的领导人和人数不等的秘书人员。全国人大常委会、全国政协常委会、中央军委、国务院各部委、各民主党派中央、中华全国总工会、共青团中央、全国妇联等实行的都是综理制，由秘书长或办公厅主任领导办公厅，负责综合承办机关的日常工作，下设若干局、处、室等，配备相应的领导人和人数不等的秘书人员。

地方党、政、军、群机关和企事业单位同样采用了分理制和综理制两种形式设置秘书机构。通常是省（直辖市、自治区）级党、政领导机关实行分理制，省委、省政府均设办公厅，相当于厅、局一级机构，由正副秘书长直接领导，同时还配备了正副办公厅主任，负责对办公厅的具体领导和管理工作,下设处、室,在处、室之下又设科、组,都配备了相应的领导人和人数不等的秘书人员。省人大常委会、省政协常委会、省军区等则实行综理制,均设办公厅,相当于厅、局一级机构,由秘书长或办公厅主任领导办公厅工作,下设若干处、室、科,配备相应的领导人和人数不等的秘书人员。省级各部、委、厅、局,也都采用综理制,下设办公室,为处一级机构,由正副办公室主任领导,下设若干科、组,配备相应的领导人和人数不等的秘书人员。地区(自治州、市)多实行分理制,设办公室(个别重要的地级市设办公厅,如广东的广州市等),相于处一级机构,由正副办公室主任领导,下设科、组,配备相应的领导人和秘书人员。县(市、自治县)级党、政机关的秘书机构多实行分理制,为科一级机构,由正副办公室主任领导,下设股或组,配备相应的领导人和人数不等的秘书人员。地、县人大常委会、政协常委会、总工会、共青团、妇联和地、县部、委、办、局(科),则实行综理制,下设办公室,由正副秘书长或办公室主任领导,或下设科、室、组、股等,配备相应的领导人和人数不等的秘书人员。企事业单位均实行综理制,大、中型企事业单位设办公室,为处一级机构,小型企事业单位为科一级机构,下设机构和人员配备与地、县部、委、局、办等相同。

基层单位的秘书机构,都采用综理制,通常只设办公室,不再下设组、股等,有的设办公室主任,有的不设,由办公室人员按工作任务分工负责。在我国,乡(镇)和城市街道办事处,有的设办公室,配备了办公室主任和秘书若干人,有的只设专职或兼职的秘书或文书。基层组织人少事繁,秘书往往身兼数职,分工不可能过细。

秘书机构的人员配备,最重要的是秘书群体的优化组合问题。除基层单位是秘书身兼数职外,凡建立秘书机构的——无论是实行分理制还是综理制,都表现为秘书群体,都有一个优化组合的问题。所谓群体,指的是为了实现共同目标而进行性质相同的社会实践活动的个体的集合——由个体组合而成的整体。群体的基本特征有四:一是有一定的组织结构,有共同遵守的群体规范;二是有共同的行动目标;三是每个成员在群体内有一定的地位、责任和义务;四是组成群体的各成员之间互依存的关系,能相互影响。由于这些特点,群体对于个人就会产生特殊的心理效应:一是归属感、认同感和荣誉感。群体中的每个成员都意识到自己是这个群体中的一员,在心理、情感上依附于这个群体,将自己的命运和事业上的成功与这个群体紧紧地连在一起,并产生一种向心力和凝聚力,这就是归属感和认同感。当这个群体工作上做出成绩获得荣誉时,其成员也会产生一种自豪和骄傲,这就是荣誉感。当然,当这个群体受到压力时,其成员也就会加强团结,共同来承担这种压力;当成员遇到某种困难时,他也会依靠这个群体来加以解决。二是规范化倾向。每个群体都有自己明确规定或约定俗成(潜在)的价值取向、道德准则和行为规范,其成员都必须遵循这个群体的价值取向、道德准则和行为规范,否则,就会受到群体的责难和冷落。群体的规范化倾向既有约束作用,又有激励作用,这个群体成员的规范化倾向越强,在人民群众中也就越加受到尊敬。

秘书机构是由秘书个体所组成的群体形式。秘书群体基本素质和工作效能的高低，关键在于组合。合理的秘书群体结构应该是在知识、智能、气质、年龄、性别等方面的协调互补的有机结合体。

（一）知识结构

知识是人类实践经验的结晶，认识活动的成果。知识可分为两大类：一类是关于自然科学的知识，它是生产实践经验和科学实验的总结；另一类是关于社会科学的知识，它是社会实践经验的总结。作为现代秘书，不仅要具备较高的知识水平，而且还要有合理的知识结构。秘书群体的知识结构不能要求整齐划一，而应是一个高低搭配、既专又全的层次结构。这是因为，秘书职能是多方面的，而秘书个体的知识广度、深度毕竟是有局限的，真正的"通才"十分罕见。这就要求秘书群体在知识结构方面进行优化组合，以个体特长的互补状态呈现出群体的"通才"状态，以个体的多元知识构成组合成群体的立体知识结构。这种知识互补的优化组合主要体现在专业知识和横向、交叉、边缘的新兴学科知识的结合上。如秘书学与领导学、决策学、管理学、运筹学知识的有机结合，凡具有这类知识特长的人，可统揽秘书群体的全部活动，充当秘书群体的组织者与领导者；又如秘书学、文书学、写作学、新闻学知识的有机结合，凡具有这类知识特长的人，书面表达能力较强，可担任文字秘书工作等。将有着不同知识结构和业务专长的秘书个体组合在一个秘书群体中，就可达到以长补短、优势互补的目的，使这个秘书群体的知识结构达到合理、全面、完整的状态，从而能胜任秘书机构所担负的各项工作。

（二）智能结构

智能是指人在认识和实践活动中表现出来的各种认识能力和实际操作能力的有机结合。它是一个人智力和能力的综合体现，从而构成了一个人特有的专长。秘书群体中的秘书个体的智能结构是不同的，将它们进行合理的搭配，就能发挥取长补短、优势互补的功用。秘书机构的工作内容繁多，涉及面广，需要具有多方面的智能结构的人在一起工作，既要有文字功夫好的，也要有熟悉管理的；既要有善于出主意的，也要有能办实事的；既要有能协调各方面关系的，又要有长于调查研究的，等等。只有将具有不同智能结构的人才聚合在一起，形成秘书群体合理的智能结构，秘书个体各展所长，又相互补充，密切合作，才能搞好各方面的工作，妥善处理各种问题，更好地为机关工作和领导工作服务。

（三）气质结构

气质，指人的高级神经活动类型特点在行为方式上的表现，是个人心理活动的动力特征。主要表现为心理过程的强度、速度、灵活性、稳定性和指向性上。中国古代医学家把人分为五种类型，即好动的太阳型和少阳型，喜静的太阴型和少阴型，动静适中的阴阳和平型。古希腊名医希波克瑞特根据人的体液将人的气质类型划分为多血质、胆汁质、粘液质、抑郁质四种，它们各有其不同的性格特征。多血质的特征是：活泼好动，敏感灵活，情绪外露，易于改变；胆汁质的特征是：精力旺盛，易于冲动，反应迅速，情绪外露；粘液质的特征是：安静稳重，反应缓慢，注意稳定，善于忍耐；抑郁质的特征是：反应迟缓，体验深刻，情绪内含，行为孤僻。人们常将这四种气质类型归纳为两大类，将多血质和胆汁质归为外向型，将粘液质和抑郁质归为内向型。大多数人都是以某一气质为主，兼有其它类型气质，纯粹单一气质类型的人只是极少数。人的气质没有好坏之分，每一种气质都各有其长，也各有其短。在任何群体内部，个体气质的相容或相悖，直接影响着社会实践活动的效果。气质的相容与相悖在任何群体中都表现为两组力的结构：一组是向心力与离心力，另一组是作用力与反作用力。向心力大于离心力，作用力大于反作用力，就是团结协作、富有生气的群体；相反，向心力小于离心力，作用力小于反作用力，就是松松垮垮、分崩离析的群体；向心力等于离心力，作用力等于反作用力，就是摩擦不断、维持现状的群体。一个理想的、具有战斗力的秘书群体，在气质结构的优化组合上，应以多血质、胆汁质两种气质类型的人为主体，同时配以少量粘液质和抑郁质的人，进行优化组合，形成一种能互相包容、取长补短的气质结构，以避免内耗摩擦，增强向心力和凝聚力，才能在秘书群体的所有活动中收到整体功能大于个体功能之和的好效果。

（四）年龄结构

人的一生是按年龄阶段来划分的。不同年龄阶段的人由于在生理上有所变化，其感觉器官、智力水平、生活经历和工作经验都存在显著差别。一般说来，老同志阅历深广、经验丰富、办事稳重，但心力不济、缺乏锐气；中年同志心理成熟、性格定型、积极肯干，但讲究实际、因循守旧；青年同志精力旺盛、朝气蓬勃、进取心强，但知识面窄、经验不足、易于冲动。实践证明，在秘书群体中，应有合理的年龄结构，做到老、中、青合理搭配，一般以1∶5∶4或2∶5∶3的比例为宜，即以中年为主体，老年占适当比例，青年占较大比例。这样的年龄结构组合，既有利于秘书群体的稳定发展，又有利于承上启下、师承相继、取长补短、优势互补，使秘书群体充满生机和活力。

（五）性别结构

大自然造就了人类两种既对立又统一的性别——男性和女性。由于他们的生理特征、社会角色、思想观念、禀赋气质的不同，在两性心理上形成了明显的差异。一般说来，男性坚毅、刚强、机敏、豪放，敢想敢干，重信守诺；女性温和、谨慎、耐心、细致，善解人意，富于同情心。在秘书群体中，男性和女性对工作的适应性是不一样的，凡秘书业务中外向性、参与性、智能性较强的工作，更适宜于男性担任；凡秘书业务中内向性、技术性、程式性较强的工作，更适宜于女性担任。男性和女性根据各自不同的生理和心理特征担负不同性质的工作，可充分发挥秘书机构的整体效能。社会心理学实验表明，在同一职业群体中，如果只有男性或女性，他（她）们不仅不注意自己的仪容、风度，而且情绪低落，工作效率低下；如果既有男性又有女性，男女比例适当，不仅有助于秘书个体注重自己的形象，谈吐文雅，行为文明，有效地改善人际关系；而且还能活跃情绪，增强内部团结，提高工作质量和效率。

第四节　秘书机构的领导和管理

　　秘书工作作为一种社会实践活动，不仅要对秘书群体进行优化组合，而且还要对秘书机构及其人员加强领导和管理，才能优化秘书机构的内部结构，发挥秘书机构的整体优势，提高秘书工作的效绩。对秘书机构加强领导和管理，必须以遵循秘书实践的基本规律为基本前提，以提高秘书工作的质量和效率为根本目的。

　　对秘书机构的领导，一般可分为两个层次。一是秘书机构接受所属机关、单位领导班子的领导。秘书机构如果脱离了它所隶属的机关、单位的领导班子，也就失去了它本身存在的价值；反过来，一个机关、单位的领导班子如果离开了秘书机构的辅佐，离开了这个直接为自己服务的参谋和助手，也会难以顺利实现其担负的领导任务。因此，领导班子的每个成员都必须重视秘书机构，加强和改善对秘书机构的领导，以充分发挥秘书机构的作用。二是接受秘书机构负责人（秘书长、办公厅主任、办公室主任）对秘书机构的直接领导。秘书机构负责人工作的立足点集中在秘书机构，他们要给机关的领导当好参谋和助手，首先必须做到让秘书机构的所有人员给自己当好参谋和助手，也就是当好"参谋的参谋"、"助手的助手"。秘书机构的负责人要善于发挥秘书机构群体的力量，集中大家的智慧和才能，使自己当好领导的参谋、助手的水平不断地得到提高。由于秘书工作有很强的政治性和政策性，秘书机构的负责人必须以高度的事业心和责任感，对本机关、单位的各方面工作严格把关。特别是对一些大事、急事、难事、新事和关系全局的事情，更应严格把关，防止失误，不要把问题和责任都推到秘书身上。

　　秘书机构涉及面广，在任何一个机关、单位中都是联系上下、沟通左右的枢纽，因此，秘书机构的管理对整个机关、单位的管理有着重大的影响。秘书机构管理总的原则是全面而有效地加强组织管理、人才管理、时间管理、物业管理、信息管理、工作质量管理等，提高工作质量和效率。要提高秘书机构的科学管理水平，就要实现秘书工作的规范化、制度化和科学化。所谓规范化，指秘书机构的各项工作要有一定的规程、规矩、规范、规格和要求，按一定的程序进行，减少工作中的主观随意性；所谓制度化，指秘书机构的各项工作要用规章制度来加以确定和约束，使秘书的工作有章可依，有制度可循，便于监督和检查；所谓科学化，指秘书机构各项工作的规范、制度、举措、程序和方式方法符合秘书工作自身的规律，符合为其服务的机关工作和领导工作的客观规律。为此，要求做到以下几点：

　　（一）秘书的弹性分工和灵活调度

　　任何群体的社会实践活动都需要既分工又协作来共同完成，秘书工作也是这样。秘书工作一般以岗位责任制为基础进行明确分工，各秘书之间又要加强协作，相互配合，形成合力，发挥整体效能。一旦遇有突击任务，则要强调机动性，临时安排专人负责，其它秘书密切配合，以确保突击任务的完成。秘书机构的人员分工，不能像工厂车间里的工人那样，按具体工种和工序严格划分，分工细密，专业化程度很高，其它的人根本无法插手，而是在实现总体目标的前提下，虽有分工，但又有一定的弹性，应充分认识和保持各项工作之间的内在联系。如负责信访工作的秘书与负责调研工作的秘书，领导者的个人秘书与负责接待工作的秘书，负责文字工作的秘书与负责文书处理的秘书，其工作任务就难以断然分开，有着内在的联系，这就需要灵活调度，相互间密切配合，才能顺利地完成任务。还要看到，秘书机构与社会各界有着广泛的联系，内外环境和工作条件总是处于不断的发展变化中，以及组织机构的变化，领导班子成员的变化，每一时期中心工作的变化，都要求秘书机构作出相应的反应，对秘书的工作进行调整，以适应形势的发展和变化。有时，临时抽调某一秘书出差或搞中心工作，也需要灵活调度，让其它秘书顶替其工作；有时，发生了突然事故，或来了紧急任务，也需要灵活调度，集中秘书机构的大部分力量，既有分工，又有合作，确保任务的完成。

（二）为领导班子服务的周密安排

在一个机关、单位里，秘书机构所面对的领导往往是一个群体即领导班子，所有领导成员的工作都需要秘书协助和提供服务。这种情况，就要求秘书机构对秘书的工作作出周密的安排，以适应领导班子的需要，适应每个领导成员的多重需要。既要对口接受主管领导者的领导，避免多头请示、汇报而引发不必要的矛盾；又要按照领导班子的分工而调配力量，为各个领导成员都提供必要的服务。要加强秘书工作的计划性，使秘书工作与整个机关、单位的工作，尤其是与领导班子的工作同步运行。秘书机构的负责人要学会"弹钢琴"，使工作具有节奏和韵律，既突出重点，又照顾全盘。重点工作是秘书机构发挥职能功用的关键所在，千万不可忽视或疏漏，以免造成重大失误；全盘工作与整个机关、单位的运转不可分割，是实现其社会职能的常规性工作，无论忽视了哪个方面，都会出现漏洞，造成工作的失误。在机关、单位里，主要领导人即"一把手"担负着全面指挥的责任，秘书机构为领导服务，首先是为主要领导人服务，要全力以赴地完成主要领导人交办的各项工作，当好参谋和助手，协助主要领导人顺利地实施指挥任务。领导班子的其它成员也分别担负着各自不同的领导职责，秘书机构也应提供各种服务，不能借为主要领导人服务为由而不接受或拖延其它领导成员交办的工作。总之，秘书机构在做好为主要领导人重点服务的同时，又做好为其它领导成员的服务工作，才能真正全面地发挥秘书机构的职能作用。

（三）对常规性工作和突击性工作的合理部署

秘书工作有它自身的工作节奏和运转规律，要求秘书机构的负责人，要遵循客观规律，掌握工作的主动权，对整个秘书工作有长期的计划和周密的部署，一环紧扣一环地进行，建立起良好的工作秩序。然而，在机关、单位的全部活动中，经常有一些突击性的工作需要秘书机构承担。这类突击性的工作，任务集中，时限紧迫，要求严格，稍有迟缓和疏漏，就有可能造成不良的后果。这就要求秘书机构的负责人，对突击性工作与常规性工作进行合理的部署。面对突击性的工作，不可按部就班，按常规处理，那样就会因行动迟缓或力量不足而完不成任务；但又不能因突击性工作就停止常规性的工作，或放松常规性的工作，而要在调配主要力量完成突击性工作的同时，分配一定力量，坚持常规性的工作，以保持常规性工作的连续和机关、单位整体的正常运转。

（四）把握秘书工作有张有弛的节奏

秘书的工作任务是繁重的，一年四季很少有空闲时间，非常辛苦。这就要求秘书机构的负责人，在计划、指挥、管理秘书和秘书工作的过程中，一定要把握好有张有弛的工作节奏，防止工作紧张时日夜加班，工作轻松时无事可干，时而超负荷运转，时而疲沓松懈，有突击任务时被动地"打疲劳战"，平日则一味地坐等任务。这样一来，久而久之，就会造成疲劳、松懈、工作效率低下的状况。秘书机构的工作要适应机关、单位的运转和为领导全方位服务的需要，做到合理地安排工作节奏，有张有弛，疏密有致，把握不同时期的工作重点，切实做好常规性工作，忙时集中力量突击，闲时安排学习、进修。没有紧急任务时，不要轻易在节假日加班加点，可采用轮流值班的方法，保持常规业务工作的连续性和应付随时可能发生的事情，使秘书劳逸结合，保持旺盛的精力，并有时间"充电"，学习时事政策和专业知识，提高思想政策水平和业务能力，从而卓有成效地完成本职工作。

那么，在当前改革开放和政治、经济体制进行重大改革的新形势下，如何加强对秘书机构的领导和管理呢？要求做到以下几点：

首先，要加强秘书队伍的建设，保持秘书队伍的相对稳定。没有一支高素质并且相对稳定的秘书队伍，日益繁重的秘书工作就无法承担，连续性很强的秘书业务就后继乏人。一定要从政治上、思想上、生活上关心秘书，帮助他们解决生活中的各种实际困难，为他们的健康成长创造有利的条件，以保持秘书队伍的相对稳定。没有这一条，对秘书和秘书机构的领导和管理，也就成了一句空话。

其次，要健全秘书机构的各项规章制度。秘书机构的规章制度，是关于秘书和秘书工作的指导思想、工作要求、工作程序、工作方法的准则和规范的体现。从中央到地方，各级领导机关已颁布了许多秘书工作的制度和规定，如公文撰写、文书处理、机要通讯、保守机密、印章管理以及统计工作、接待工作、协调工作、信访工作、值班工作等，都有明确的制度规定。各级各类秘书都应当学习、熟悉、掌握并认真执行这些规章制度。各行各业和各机关、单位，也结合自己的实际情况，制订了实施上级有关秘书工作制度、规定的具体办法，秘书也应当学习、熟悉、掌握和遵守。此外，机关、单位的其它各项规章制度，有不少也与秘书工作密切相关，如领导班子成员的职责划分、职能部门的职责划分、下属单位的职责划分、领导机构的组织法规和有关的业务工作制度等，秘书也应熟悉和遵守。在贯彻实施这些规章制度时，要注意出现的新情况、新问题，并及时向上级领导机关汇报，对本机关、单位有关规章制度，要根据形势的发展进行修订和补充，使它更加健全、完善和切合实际。

再次，要完善秘书机构的工作规范。秘书机构的建立和秘书工作的进行，都要有科学的规范，并不断地趋于完善。当前，要重视对秘书机构自身工作规律的认识，运用现代化的管理方法进行控制，实现秘书机构各项工作由经验管理向规范管理的过渡，进一步加强秘书机构的内部管理，将整体工作纳入科学管理的轨道，完善工作规范。秘书机构的工作目标、工作制度和工作程序、工作方法必须严格、具体，具有很强的实用性和可操作性，便于实施，便于监督，便于检查，切忌模棱两可。要在完成工作规范中进一步深化目标管理，在推行目标管理中进一步完善工作规范。

第四，要加强对秘书机构的目标管理。目标管理又称"标的管理"、"成果管理"，是一种现代化的科学管理方法。这种管理方法不注重实现目标的过程，而注重工作的结果，根据结果来评判工作的优劣。目标管理的显著特点，是实行定量化、数据化管理，使衡量工作优劣有了尺度，考核成绩大小有了依据。实施对秘书机构的目标管理，首先要建立科学合理的目标体系，同时还要建立有效的目标指挥系统和目标的考核评价系统。这样，秘书机构的一切活动都是实现机关、单位整体目标的组成部分，每个秘书所分担的工作又是实现秘书机构整体工作的组成部分，将秘书的职责分解为具体的工作目标，并规定参数标准和质量要求，使每一位秘书都明确自己的责任和义务，也就是在秘书机构内部建立起岗位责任的目标管理体系，对实现目标的予以奖励，对未实现目标的予以批评和处罚，这样，就大大地提高了秘书的自觉性、主动性和创造性，使工作质量和效绩不断地得到提高。

最后，要建立激励机制。所谓激励机制，指的是通过一定的刺激手段来促使主体产生积极向上的心理，充分发挥出自己的主动性、积极性和创造性。社会心理学研究表明，建立激励机制，对提高劳动生产率有很大的作用。如对计时工资、分红工资和计件工资的比较性实验，证实实行计时工资劳动生产率最低，实行分红工资比实行计时工资劳动生产率有明显提高，而实行计件工资比实行分红工资的劳动生产率又有明显增加。建立激励机制，就要坚持"以人为本"的原则，要爱护人、理解人、尊重人、体贴人，关心人们的物质利益和精神需求，坚持按劳分配、多劳多得的原则，对工作有成绩的还要给予物质奖励。与此同时，还要给予精神上的鼓励，充分肯定秘书的地位、价值和作用，肯定他们工作上取得的成绩，激励他们在平凡的岗位上做出不平凡的贡献，在提升职务、评定职称、评选先进以及考察参观、进修深造等方面，都不要忘记他们。当秘书的劳动得到肯定、物质利益和精神需求得到满足时，他们工作的主动性、积极性、创造性就会不断地发挥出来。

第四章　秘书职能

职能，指的是人、事物、机构等所承担的任务、职责和应有的功用。秘书职能，指的是秘书的工作、任务、职责、功用和效能的总称，它从总体上规定了秘书的工作方向、活动范围和行为准则，主要回答秘书大体上应该"做些什么"和"取得怎样的成效"的问题。秘书职能有基本职能和一般职能之分。秘书工作千头万绪，但就它的基本职能而言，主要包括参谋政务和管理事务两大项，即通常所说的一是当参谋，二是办事，切实搞好"三个服务"，确保机关、单位的高效运转，促进机关、单位发挥整体效益。就秘书的一般职能而言，主要有辅佐决策、协助管理、处理信息、协调关系、保守秘密等五项职能。秘书的一般职能是秘书工作任务、职责、内容的概括和综合，是秘书基本职能的具体化和明确化，带有普遍性和常规性，既适用于党、政、军、群机关的秘书部门，又适用于企事业单位的秘书部门，对外国商社、三资企业和私营企业的秘书部门大体上也是适用的。秘书的各项职能是相互联系的，互为条件，互为因果，相辅相成，缺一不可，从而构成了秘书和秘书工作的整体性机制，全面地体现出了秘书和秘书工作的功能、价值和意义。

第一节　辅佐决策

领导的基本职责就是决策，领导工作就在于作出决策和组织实施决策。领导决策的正确与否，直接关系到事业的兴衰成败。秘书和秘书部门是为领导服务的，其首要的也是最重要的职能就是为领导的正确决策和执行决策服务。

一、决策的含义及其类别

决策，指的是对一项行动、举措、办法、部署、方针、政策、策略的决断和拍板。但从词性和词义上来分析，"决策"既可以是名词，也可以是动宾词组。上述的定义是就名词而言的，指所决定的行动、举措、办法、部署、方针、政策和策略。作为动宾词组而言，"决策"指的是从思谋到决断拍板的整个意识活动过程。这个意识活动过程，就广义而言，是指人们为实现一定目标而决定行动、举措、办法、部署、方针、政策、策略并付诸实施的过程；就狭义而言，是指人们确定行动目标后，拟定出各种实施方案，从中进行比较和优选，最终选择一个最佳方案的分析、论证、决断的过程。

决策可从不同角度，根据不同标准进行分类：按决策的影响范围和规模，可分为宏观决策、中观决策和微观决策三大类；按决策的层次，可分为战略决策（最高领导层决策）、战役决策（中层管理层决策）和战术决策（基层管理层决策）三大类；按决策的程序和规律，可分为常规型（确定型、例行型）决策和非常规型（非确定型、非例行型）决策两大类；按决策的目标多寡，可分为单项目标决策和多项目标决策两大类；按决策目标的有无变动，可分为原有决策、修正决策和追踪决策三大类；按决策的性质，可分为风险型决策和竞争型决策等。

但在行政管理和领导工作中，更多地是将决策分为经验决策和科学决策两种形式。所谓经验决策，指的是领导者或领导班子依靠正确的思想方法、智慧以及掌握的有效信息，凭借丰富的经验和对未来有根据的综合分析、论证和判断，直接选取方案。这里的"经验"绝非一般的感性经验或过时了的"老经验"，而是符合事物发展一般规律的、上升为理性认识的经验。经验本身是客观的东西，经验决策虽有主观的成分，但并非主观的"拍脑门"式的决策。在我党历史上许多重要决策都是经验决策。当然经验决策要正确，首先是要有丰富的经验，同时还必须有敏锐的判断力和高超的决策艺术。所谓科学决策，指的是领导者或领导班子按照一定的科学程序，依靠专家和秘书运用现代化的科学方法和先进技术所进行的决策。这里的"科学程序"是指科学的决策过程，即：发现问题→确定目标→认定价值准则（评价、选择方案的依据）→拟制方案→分析评估→方案择优→试验实证→普遍实施，人们称之为决策"八步骤"。经验决策是科学决策的基础。符合客观事物的发展规律的经验在任何决策中都是不可缺少的重要条件。对于科学决策来说，它的起点和终点都离不开符合客观事物发展规律的经验。但科学决策在决策的方法和技术上又有所不同，它有科学的程序，并运用了现代化的科学方法和先进技术，主要是运用电子计算机对备选方案进行精确的定量计算、分析、描述，从中优选方案，在实验过程中也要运用现代科学技术进行定量计算、分析、描述，为能否普遍实施提供可靠的科学依据。如果将经验决策和科学决策有机地结合在一起，就更能有效地保证领导决策的正确性。

二、秘书辅佐决策的特点

决策，无论在中国还是在外国，无论是在古代还是在现代，都是领导者和领导班子的职责和权力。这也就是说，领导是决策的主体，领导要对决策承担全部责任。任何层级的领导都有决策的职责和权力。我国党、政、军、群机关和企事业单位可分为多个层级，层级越高，决策的责任也就越大。当前，人类已进入知识经济时代，科学技术的发展一日千里，人类面临各种挑战，情况纷繁复杂，信息浩如烟海，因此，领导要作出正确决策，就得依靠各方面的辅助力量，包括专业研究机构（如政策研究室、软科学研究所、"思想库"、"智囊团"等）、顾问委员会、有关业务职能部门、下属单位和秘书部门等。而在这些辅助决策的力量当中，由于秘书和秘书部门处于一种联络上下、沟通内外、协调左右的枢纽地位上，因而在辅佐领导决策过程中，也就具有特殊的作用。

由于秘书和秘书部门特殊的地位和职责，因而在辅佐领导决策中具有以下一些特点：

（一）全面性

秘书和秘书部门辅佐领导决策与其它辅助力量不同，不是单项的、一时的、局部的，而是全面的、系统的、经常的。一般来说，"智囊团"、"思想库"、软科学研究所、政策研究室、顾问委员会等是辅助领导决策很重要的力量。由于专家、学者的专业水平高，权威性大，能在很大程度上减少决策的不确定因素；但又因他们对机关、单位的内部情况和决策事项的来龙去脉缺乏了解，对决策事项与有关方面的内在联系缺乏了解，因而不可避免地带有一定的局限性。业务职能部门辅助领导决策，由于各司其职，往往只是从本职业务范围和角度提出意见和建议，如财务部门主要从财务管理的范围和角度考查决策的科学性、可行性等。下属单位一般只是从本单位的实际情况出发，提供对决策的意见、建议和要求。而秘书和秘书部门由其特殊地位和职能所决定，要求发挥综合办公的职能优势，对领导决策提供全面、系统、经常的辅助，而不只是考虑某一具体事项、某一具体方面、某一具体单位的情况，而必须具有全局观念、整体意识和战略思想，站在全局的高度，从整体利益和战略目标出发，既要看到现在，又要了解过去，预测未来；既要看到当前的可行性，又要看到内外环境条件的发展变化，防止决策的滞后和片面性。全面、系统、经常地辅助领导决策，是其它任何部门所不能胜任的，惟秘书和秘书门能够胜任。

（二）全过程性

任何决策都是一个动态过程。如前所说，科学决策的程序可分为发现问题、确立目标、认定价值准则、拟制方案、分析评估、方案择优、试验实证、普遍实施等阶段，每个阶段又可分若干环节。一般说来，其它辅助领导决策的机构或部门只限于参加某一阶段或某一阶段中某几个环节，或参加目标论证，或参加方案拟制，或参加分析评估，或参加方案的优选决断，等等，很难也没有必要自始至终参与各个阶段、各个环节的全过程辅助决策。秘书和秘书部门则不然，其对领导决策的辅助贯穿于决策过程的始终，即在决策的每个阶段、每个环节，在决策前、决策中和决策后，都离不开秘书和秘书部门，这也是其它任何机构和部门所不具备的。

（三）同层次性

决策是有层次的，不同的领导机关、单位有不同范围和内容的决策。如前所述，决策一般分为高层决策、中层决策和低层决策。因为秘书和秘书部门主要是对同级的领导机关和领导者负责，与上下级机关没有隶属关系，因此秘书和秘书部门辅助领导决策，必须在同一管理层次上进行。也就是说，哪一级的秘书和秘书部门辅助哪一级的机关、单位领导的决策，不可越级。而决策研究机构，如政策研究室、软科学研究所、"思想库"、"智囊团"等，则不受管理层次和隶属关系的限制，只要有委托，它既可以为上级机关、单位提供决策服务，也可以跨部门、跨行业、跨地区提供决策服务。

（四）综合协调性

社会的科学技术化和科学技术的社会化是当代社会的一个显著特点。因此，领导决策（尤其是重大问题的决策）已不能只依靠一个智囊班子，而必须依靠各方面的决策辅助力量进行全面、综合性的辅助。在众多辅助决策的机构或部门中，在领导与辅助决策的机构之间，秘书和秘书部门自始至终都承担着综合协调的任务，切实做好领导与领导之间、领导与辅助决策的智囊机构之间、各辅助决策的智囊机构之间的协调工作。要加强辅助决策工作的计划性、规范性和督查性，防止各辅助决策的机构之间各自为政，自行其是，互不关联，成为一盘散沙。秘书和秘书部门要及时地将领导的意图、要求传达给智囊机构中的专家、研究人员，又将他们的意见、建议及时反馈给领导；并善于对各方面的意见、建议进行分析、综合，对提出的各种方案进行比较、评估，提供给领导参考。当意见或方案出现分歧时，秘书和秘书部门应协助领导组织各辅助决策机构的专家和有关方面人员开会讨论，开展争鸣，反复论证，以统一认识，促进决策方案的进一步优化。当决策形成后，秘书和秘书部门要及时传达到各下层单位，督促各下层单位正确实施决策，协调好各方面的关系，正确处理各种矛盾，校正发展方向，总结推广先进经验，使决策实施达到预期的目标。

三、秘书辅助决策的作用

秘书是领导的助手和参谋。在改革开放的新形势下，中央领导同志一再强调领导决策的民主化、规范化和科学化，强调秘书和秘书部门在实现"四个转变"、搞好"三个服务"的总目标下，必须强化辅助决策的参谋助手职能，向领导决策提供更多、更好的可行性方案和建设性意见。江泽民指出："领导要决策，希望了解全面、准确的情况，办公厅要根据领导的这种要求，做好调查研究，迅速地向领导提供情况，提供信息，提供预案，……以便领导决策时参考。"[1]强调秘书和秘书部门在辅助领导决策时的参谋咨询作用，这是不断发展变化的新形势的需要，是领导工作努力提高科学水平和效能的需要，也是秘书和秘书部门职能的自我完善的需要，是推动秘书工作登上新台阶、开创新局面的需要。

秘书是一支常备的辅助力量，辅助领导决策是其参谋助手职能的具体化，有着独特的、不可替代的作用。主要表现为：

（一）对领导思想具有充实完善的作用

现代决策，由于信息量的急剧增加，科学技术的日新月异，各种矛盾的千变万化，是任何领导者个人的智慧和经验都难以胜任的，这就需要借助"外脑"以弥补领导者个人才智、经验和精力的不足。秘书工作在领导者身边，比较熟悉领导者的决策意图与思路，便于直接为

---

① 江泽民：《在省、自治区、直辖市党委秘书长座谈会上的讲话》，载《秘书工作文萃》，中国大百科全书出版社1993年版，第2页。

领导者的决策服务。而秘书的新鲜思想、观点、认识通过辅助决策与领导者的思想融为一体，对领导思想具有充实完善的作用。

（二）对领导决策具有辅助取舍的作用

秘书和秘书部门对领导决策的辅助往往体现在提供有效信息和提出建议、预案等方面。提供有效信息，有利于领导全面掌握情况和对情况作出科学的分析；提出建议，有利于决策的形成；就预案提出参谋意见，有助于领导对决策方案的优选，对领导决策具有辅助取舍的作用。

（三）对领导工作具有提醒警策的作用

秘书和秘书部门在辅助领导决策时，或在完成领导交办的各项工作时，基于自身的职能，主动地考虑并提出那些领导者暂时没有想到而需要提出的问题，以及秘书和秘书部门每天报送领导者的经过精选的有效信息，这些都能提醒领导者注意防止某种倾向，重视和解决某一方面的问题，或启发、警策领导者避免某些失误，促使领导者不断校正自己工作的运行轨迹。

四、秘书如何有效地辅助领导决策

秘书和秘书部门要有效地辅助领导进行科学决策，必须努力适应科学决策程序的要求，自觉做到全面地、全过程地、经常地进行辅助，真正做到：在决策准备阶段，围绕发现问题、确立目标、认定价值准则和拟制方案等，根据领导打算解决什么问题的意向，通过深入细致的调查研究，了解有关真实情况，发现和分析工作中的问题，提供决策课题，收集决策依据，拟定备选方案，撰写决策方案报告，供领导参考。在决策制定阶段，围绕分析评估、方案择优，广泛听取各方面的意见，及时反馈给领导，同时组织专家论证，承办决策会议，并协助领导去组织和协调各方面的力量，对各种备选方案反复进行比较、鉴别和论证，将其结果加以分析综合，并提出建议，供领导决策时参考。在决策审批阶段，秘书和秘书部门要为领导集体决策会议做好会前准备和会中服务工作，以便于领导在民主讨论的基础上实行正确的集中。同时，还要做好有关文件的起草、校核等工作，编制决策实施计划，将领导作出的决策准确地加以表述并及时下达。在决策执行阶段，秘书和秘书部门应围绕试验实施和普遍实施，协助选点，开展局部实验，以验证其方案运行的可靠性，从中取得经验，以"点"带"面"，全面推广；同时通过信息、调研、特别是督促检查等手段，及时了解和反馈决策的贯彻执行情况和接受实践检验的结果，总结经验，找出典型，发现问题，促进决策落实（包括组织落实、经费落实、制度落实等），并可提出进一步实施决策或者补充完善决策的建议。

秘书和秘书部门要有效地辅助领导决策，还要切实做到以下几点：

（一）要增强参谋意识

作为秘书和秘书部门，应自觉树立明确的参谋意识，为领导决策献计献策。当前，在秘书工作实践中，比较重视防止出现越权和弄权的问题。注意防止这种倾向，当然是必要的，但是如果仅仅是消极地做到不越权、不弄权，那还不能说是一个称职的秘书和秘书部门。从更好地发挥秘书和秘书部门的参谋助手作用来要求，更需要的是强化参谋意识。秘书要增强参谋意识，就要经常从领导者的立场和角度去思考问题：我若是领导者，对这件事情该怎么办？这样才能着眼于战略和全局问题的思考，对决策事项提出准确而恰当的意见和建议。秘书供职于机关、单位，服务于领导身旁，耳闻目睹，皆关大局，切不可置身事外，漠然处之。"苟利国家生死已，岂因祸福趋避之。"以这样的政治责任感来关心国家大事，辅佐领导决策，方能坦坦荡荡，不越民主渠道之轨，不逾组织纪律之矩。相反，如果出于权欲，借辅佐领导决策之机，谋私人之利，势必行为不端，甚至违法乱纪。所以，辅佐领导决策之利弊，根本在于出发点。秘书出于公心，积极参与领导辅助决策的全过程，应当受到肯定和鼓励。

（二）要参"谋"不要参"断"

在领导决策过程中，秘书和秘书部门始终处于辅助的位置，既要参谋，又不能妄为"越位"。必须明确，秘书和秘书部门的辅佐决策，与秘书和秘书部门的所有工作一样，都具有对领导的从属性，都是为领导服务，不过它只是更直接地从属于领导的决策行为，是在决策行为全过程中提供参谋咨询性质的服务。在辅助领导决策过程中，秘书和秘书部门应一切从"谋"的地位出发，做到"谋"而不断，或只"谋"不"断"，决断和拍板是领导的职责和权力，秘书"越俎代庖"，忘乎所以，误以为自己为领导决策提供参谋服务，实际上就是决策人物，而把领导的决策主导性反视为被动接受，甚至背着领导擅自对下级发号施令，出现"秘书越位"的现象，那就不仅是极端错误的，也是非常危险的。

（三）要善于领会领导意图

秘书和秘书部门在辅佐领导决策的过程中，要善于领会领导意图，并在辅助领导决策的全过程中准确地体现出来。而要善于领会领导意图，除正确理解领导的明确意见和指示外，主要靠秘书平时的积极思考，如"假若我是领导该怎样处理这个问题"、"领导平时处理这类问题主要采用什么方法"等，同时留心观察领导者的一言一行，一举一动，仔细聆听领导者在会议上和非正式场合讲话中对某些问题的度和看法，来领会领导的意图。秘书和秘书部门在辅助决策时要求领会领导意图，绝不是无原则地、盲目地去揣摩领导的心理，察颜观色，见风使舵，按照领导的"口味"去出主意，提建议，这样的"参谋"有百害而无一益。秘书和秘书部门不应该迎合领导者片面的或错误的决断，为维护小集体利益而损害国家和人民的利益；更不能为了个人的私利而给领导出"馊主意"，而应该成为领导的净友，坚持党性原则，大公无私，这样才能正常、有效地发挥参谋作用。

（四）要精于谋略

秘书和秘书部门辅佐领导决策，尽管千头万绪，千变万化，但归结到一点是"谋略"二字。谋略指的是计谋和方略，实际上就是解决问题、处理矛盾的途径和方法。秘书和秘书部门辅佐领导决策的谋略，一般表现为：(1)建议。围绕领导工作和所要解决的问题提出的各种建议，如工作安排建议、解决某一问题的建议、推广某一经验的建议等。(2)意见。针对实践中亟待解决的问题提出的参谋意见，如关于纠正不正之风的意见、有关下级请示的批复意见等。(3)预案。落实某项工作或贯彻领导者的意见而提出的实施办法，如会议组织预案、解决突发性事件的预案等。(4)方案。根据客观要求和实际情况经周密研究后提出的工作路子，如改革方案、调研方案、机构调整方案等。(5)见解。学习理论、分析形势、研究问题后所提出的看法，如阐发的某些新观点、新思想、新认识等。谋略有优劣上下之分，好的谋略应具有问题的针对性、分析的全面性、观点的正确性、措施的可行性、出台的适宜性等特征。秘书和秘书部门所提供的谋略如果具有了以上的特征，就是一个科学的、合理的、有用的谋略，就是一个能够受到领导欢迎的好谋略。

（五）要善于分析形势

谋略依大局而定，据大势而发。分析客观形势，把握事物发展趋势，增强预见性，是精于谋略做好参谋工作的重要一环。对形势不甚了了，对趋势盲从无知，就难以设计定谋，而硬要闭门造车，只能制造出一些空对空的"臭弹"。因此，要"审大小而图之，衡彼己而施之，酌缓急而布之"。数有虚实，形有真假，势有明暗，必须运用辩证唯物主义的立场、观点和方法来分析形势，把握趋势。水无常形，物无恒势，斗转星移，时过境迁，一切客观事物都在发展变化之中，不能用形而上学的眼光观察形势，而要用发展的眼光来认识形势。因有主次，果有大小，因果相连，相依相存，互为条件，相互转化，要用对立统一的观点来看待形势，用系统、联系的点来分析趋势。

（六）要严守纪律

秘书和秘书部门辅佐领导决策，不少是事关全局的重大事项，必须严守各项纪律和制度，通过正常渠道发挥秘书的职能作用。依照决策的内容，秘书有的可参与辅助，有的则不可参与辅助，并不是领导决策的所有问题，所有的秘书都可以参与，或秘书可参与所有的决策事项，这要视领导工作的需要而定。制度允许或领导要求参与的要参与，不能够参与的则不应参与，要求参与到什么程度就只能参与到什么程度。在参与的过程中，要遵守保密制度，注意内外有别。总之，做到既积极参与，又不越权，才算尽到了秘书和秘书部门的职责。

第二节　协助管理

秘书部门是党、政、军、群机关和企事业单位的综合性办事机构，协助领导加强对机关、单位的管理是它日常工作的主要内容，也是它的重要职能。任何机关、单位，对其所辖的地区、系统和部门来说，有如一列运行的火车的车头，而秘书部门则是这个车头控制运转机制的枢纽。这个枢纽是否灵便高效，直接影响到这列火车的正常运行。秘书和秘书部门是否能协助领导加强对机关、单位自身事务的管理，直接关系到机关、单位整体的正常运转和效率。

一、管理和机关管理的含义

管理，按汉语的词义解释，是管辖、指挥、约束、负责处理的意思。管理学界对"管理"的含义有各种不同的界定。我们认为，管理作为一种社会实践活动，是管理者运用科学的管理思想、管理方法和管理艺术，进行理性化的计划、组织、指挥、监督、控制、协调和激励，有效地利用人力、物力、财力去实现既定目标的过程。

秘书和秘书部门协助领导加强管理，指的不是一般的管理，而是指的机关管理。所谓机关管理，是指对机关、单位自身事务的管理，即运用科学的管理思想、管理方法和管理艺术，有计划、有目的、有效率地计划、管辖、指挥、监控、协调和运用机关、单位的机构、人员、设备、物资和经费，作适时、适地、适人、适事的处理，以提高工作效率，保证机关、单位正常、高效地运转，顺利完成机关、单位所担负的使命。

不论是一般管理还是机关管理，都可分为"硬管理"和"软管理"两种类型。所谓"硬管理"，是指"以物为中心"，以机关、单位的战略、结构、制度等"硬性"管理要素为重点的管理方式，它与"以人为中心"的"软管理"是相对应的概念。为了达到机关、单位的目标，"硬管理"借用数理统计分析、经营计划、经济预测、质量管理、价值工程、网络分析、电子计算机等理性和科学化的一系列现代管理方法和手段，对机关、单位的管理质量和效果进行定量管理。它的管理对象是物，对物的管理是机关、单位管理必要的组成部分，它往往把机关、单位职工也看成与资金、设备一类的东西，视为管理的对立物。所谓"软管理"，是指"以人为中心"。以人员、技巧、作风和最高目标这些软性要素为重点的机关、单位管理方式。"软管理"改变了"硬管理"中把人与资金设备等同看待的方法，它不是建立在对人的限制和约束的机制上，而是建立在相信人、尊重人、关心人、充分释放人的潜能的机制上。它要求把机关、单位员工看成是最大的资本而居于资金设备之上。员工有社会方面的、心理方面的各种需要，是活生生的人。他们追求友情、安全感、归属感、被尊重感。"以人为中心"的"软管理"培育一体意识与共识精神，不但为员工创造良好的工作、生活环境，而且还要创造一种积极向上的文化环境以及亲密融洽的人际关系；让员工不仅享有劳动以取得经济报酬的满足感，还要享有接受教育、参与管理、发挥才能、得到尊重、获得荣誉的自我实现感。在机关、单位的管理中，既要重视"硬管理"，但尤其要重视"软管理"。

二、秘书协调管理的特点

秘书和秘书部门在整个机关、单位中处于综合、枢纽和中心的位置，是领导的助手和参谋，是联系上下、左右、内外的纽带。正如习仲勋曾说过的那样，办公厅（室）有如花瓶的瓶口，即来的东西要经过这里，加工制作一番，又要从这里加以处理以后，再从这里传出去。

那么，秘书和秘书部门协助领导加强管理，到底具有哪些主要特点呢？

（一）管理的综合性

各职能部门的业务管理，由于受到隶属关系和职权范围的限制，它的管理内容具有明显的局部性和业务性。如计划部门只从事计划管理，财务部门只从事财务管理，人事部门只从事人事管理，监察部门只从事行政监督等。秘书部门不从事具体的业务管理工作，但在管理过程中却起着重要的参谋、助手作用，主要是综合办事作用。其综合性表现为：管理的各项职能，几乎都离不开秘书和秘书部门；秘书和秘书部门对于各个职能部门，几乎都要提供智力服务；领导者为有效地进行管理，更需要秘书和秘书部门发挥全面、综合的辅助功能。

（二）管理的层次性

秘书和秘书部门协助领导加强对机关、单位的管理，具有十分明显的层次性。就事务服务的对象来说，尤其要注意本机关、单位管理职务的层次。"一把手"即主要领导人的工作直接关系到全局工作的成败得失。当"一把手"的事务服务的紧急需要与其它领导人的事务服务的紧急需要同时产生而又只能优先满足一方时，应先满足"一把手"的需要；当领导人的事务服务与职能部门的事务服务发生矛盾时，应先满足领导人的需要；同时还要注意区分轻重缓急的层次，优先安排重大事件和紧急事件的事务服务，然后再安排一般事件的事务服务。按管理事务的层次性办事，有利于提高事务服务工作的效果，避免大事、急事因行动迟缓而造成不必要的损失。

（三）管理的间接性

各职能部门的业务管理，就其内容而言，虽然是局部性质的，但就其作用来说，又是直接性质的，即各职能部门的业务管理直接推动和影响管理对象，具有法定的权威性。而秘书和秘书部门的管理活动，对管理对象却只能起到间接的作用。其主要表现为：一是密切配合，充当各职能部门管理活动的配角；二是给予支持，即从旁给予各种帮助；三是传递信息，即将所掌握的有效信息及时传达给各职能部门。秘书和秘书部门干预或包办各职能部门的业务管理工作，均属"越轨"行为。

（四）管理的适变性

机关、单位工作运转的可变因素很多，秘书和秘书部门协助领导管理必须适应主客观因素的变化。就时间来说，管理事务安排的时序由于服务对象需要的变化，秘书和秘书部门应对管理事务的时序安排作相应的调整，以求与服务对象的需求一致；就事务服务的内容来说，由于各相关因素的变化，事务服务的内容也需要进行必要的调整。如某秘书根据上级领导机关的部署，正在本机关、单位和所属下级单位进行依法行政的调查研究，但这时机关、单位发生了某一重大事件，主要领导人正集中精力着手处理这一重要事件，秘书就应暂时停止关于依法行政的调查研究，而转入调查这一重大事件，查找有关政策、法规的材料，为领导处理这一重大事件提供依据。

三、秘书协助管理的作用

任何机关、单位都需要处理大量的事务，包括例行的日常事务以及临时的、突击性的种种事务。秘书部门作为机关、单位公务活动的总枢纽，担负着协助领导进行指挥、加强管理、推动机关、单位和所管辖部门工作的正常开展的重任。具体说来，秘书和秘书部门协助领导加强管理，有以下一些作用：

（一）有利于提高领导的决策水平

领导要科学决策，必须以大量的信息资料为基础，而秘书和秘书部门的日常工作之一，就是办文办事。通过办文办事，从各方面收集信息资料，提供给领导决策时参考，有利于提高领导的决策水平。还有，秘书和秘书部门搞好机关、单位日常工作程序的管理和文书管理、接待管理、信访管理、会务管理、后勤管理等，就可保证机关、单位的正常高效运转，为各项工作的开展提供有利的条件和优质的服务，使领导和机关、单位的所有人员能正常的工作，解除后顾之忧，集中精力高质量、高效率地完成本职工作，这与提高领导的决策水平也有着密切的关系。

（二）有利于提高工作效率

秘书和秘书部门协助领导加强对机关、单位的行政事务管理，对机关、单位的工作提供全面服务，既为领导服好务，又为各职能部门服好务，还为基层单位和广大群众服好务，保证机关、单位工作的正常运转，从而有利于工作效率的提高。秘书和秘书部门在机关、单位处于信息中心的地位，在事务管理中要始终保持信息渠道的畅通，使领导的指示、要求、意见、通知等能及时地传达下去，并将下面的情况、意见、要求、愿望等及时地反映上来，这是提高工作效率的重要保证。秘书和秘书部门还要协助领导管理好本机关、单位的行政事务工作，建立和完善相应的规章制度，重点是建立严格的岗位责任制。岗位责任制是机关、单位的一项根本制度，也是机关、单位工作的立法形式，其实质是明确每个岗位的权责，使每个人各司其职，各尽其责，从而高质量、高效率地完成各自承担的任务。

（三）有利于提高服务质量

机关、单位行政管理的基本宗旨是全心全意为人民服务。秘书和秘书部门协助领导加强管理，能更好地发挥机关、单位的"窗口"、"门户"作用，进一步提高服务质量，克服外来单位和人民群众到机关、单位办事"门难进、脸难看、话难说、事难办"的官僚主义现象，从而密切与人民群众的联系，认真地倾听人民群众的呼声，自觉地为人民群众多办实事、好事，使机关、单位的管理职能得到较好的实现。

（四）有利于综合协调

机关、单位各职能部门的职责、任务不同，需要秘书部门提供各种服务的需求也不尽相同，有的比较集中，而机关、单位的设备条件有限，有可能出现"供不应求"的矛盾。如几个职能部门在同一时间召开会议，而会议室有限，这就需要秘书和秘书部门进行协调，按事情的轻重缓急错开会议时间。还有，机关、单位内部的职能部门很多，各自的任务相当繁杂，而机关、单位的内外条件处于不断的变化之中，这就使职能部门的业务工作的可变因素增多，可能出现交叉、重复和事无人管的情况，这也需要秘书和秘书部门加以综合协调，明确职责，分工合作，才能适应形势的发展变化，使机关、单位的工作正常运转。

四、如何有效地协助领导加强管理

秘书和秘书部门协助领导加强对机关、单位的管理的内容很多，除了大量日常程序性工作的管理外，还包括了文书管理、接待管理、印章管理、会务管理、信访管理、环境管理、总务后勤管理等。其中日常性程序工作的管理，大都是一些具体事务，头绪繁多，离不开"细"、"杂"、"乱"、"忙"四个字。在处理每一项事务时，都有个程序的问题。没有程序，工作就会杂乱无章；程序错乱，必然给管理工作带来麻烦，影响工作质量和效率。秘书和秘书部门要当好"后勤部长"，搞好各项服务，协助领导抓好对机关、单位的日常程序性工作的管理，使各项工作都有章可循，有明确的目标，有健全的制度，有具体的分工，有协作配合的举措，达到精干、高效、迅速、及时、安全、保密的要求，克服办事拖拉、手续繁琐、互相推诿扯皮的官僚主义作风。要抓好日常程序工作的管理，要协助领导切实抓好以下几个环节：其一，计划安排。这是搞好管理的首要前提。它包括两个方面：一是机关、单位工作的计划必须从实际出发，从全局着眼，作整体安排；二是计划内容应建立在科学预测的基础上，做到明确、具体、切实可行，并尽可能地得到大多数执行者的认可，使计划能顺利地得以实施。其二，组织实施。这是实现计划的有力保障。计划安排妥当后，就要调动人力、财力、物力，保证其准确、迅速地实施。在实施过程中，应注意严格规章制度，明确具体工作岗位的职、责、权、利，力争做到人人恪守本职，事事都有着落，齐心协力，奔向共同的目标。其三，协调控制。这是纠正偏差的必要步骤。在实现计划的过程中，必须及时调整实际进展中不相符合的部分或问题。遇到重大失误，应立即采取措施，予以纠正，使工作重新步入正轨。其四，检查总结。这是管理工作的重要环节。检查计划执行情况，是领导的一个重要职责。工作结束，要进行总结，看是否完成原定计划，有什么问题，应吸取什么经验教训等。要高度重视检查总结环节，杜绝上面"走过场"、下面"装门面"、马马虎虎、应付了事的官僚主义作风。其五，奖惩教育。这是提高行政效率的有效手段。在行政管理中，人是极为重要的因素。一项工作的全过程，不仅表现出了工作人员的能力，而且展示了工作人员的思想精神面貌，因此要有统一的标准和办法奖其功，罚其过，并以典型事例激励人们积极向上的进取心，从而转化为巨大的物质力量。

秘书和秘书部门要有效地协助领导搞好管理，应切实做到以下几点：

（一）要强化服务意识

秘书和秘书部门的工作性质就是服务，为领导服务，为同级和上下级机关服务，为广大人民群众服务。正如温家宝在《同部分省、市秘书长座谈时的谈话要点》中所指出的："做好办公厅工作，最重要的是坚持邓小平同志提出的'领导就是服务'的思想。只有不断增强全体工作人员的服务意识，提高服务水平，改进工作作风，自觉地服从和服务党的建设有中国特色社会主义的总目标、总任务，我们才有可能掌握工作的主动权，更好地发挥办公厅的参谋和助手作用。"①由于秘书和秘书部门掌握着一定的权力，如财权、物权等，如果思想认识不端正，很容易把服务当成恩赐，好像别人有求于你，那就会发生不愉快的事。有了很强的服务意识，随时随地想到为领导、为机关、为基层、为群众服务，就会树立起很好的服务态度，做好工作；否则，工作就会缺乏主动性、自觉性和积极性，是很难完成协助领导加强管理的职能的。

（二）要服从领导工作的需要

服从并服务于领导工作的需要，是秘书工作的基本前提。管理工作是领导工作的重要组成部分，秘书和秘书部门在协助领导加强管理的过程中，同样必须遵循服从的原则。协助管理的服从原则，要求秘书和秘书部门要坚决服从领导的意图，严格按照领导的管理思想和主张行事；要服从领导的管理效能，一切从管理的效果、效用、效率、效益考虑；还要服从职能部门管理工作的需要，因为职能部门的管理工作是领导工作的有机组成部分，而业务管理是职能部门的常规性工作。

（三）要上下精诚合作

管理作为一种社会实践活动，从本质上说，就是众人通力合作以实现共同目标的群体活动。因此，有效管理的获取，需要管理者之间、管理者与被管理者之间以及被管理者与被管理者之间的亲密团结和精诚合作，提倡和培养一种团队精神。秘书虽不是地道的管理者，也不是地道的被管理者，但他是处于管理者与被管理者之间的特殊管理人员，担负着承上启下的特殊管理使命，更需要有极强的合作意识和合作精神。无数事实表明，坚持精诚合作的精神，秘书就能与管理人员和被管理人员保持良好的人际关系，保持良好的合作态势，从而推进各项管理职能的实施。而不善于与人精诚合作、人际关系紧张的秘书，不仅不能协助领导搞好管理工作，反而会贻误管理工作。

（四）既要有原则性，又要有灵活性

秘书和秘书部门协助领导加强管理，搞好服务工作，必须坚持原则，按制度办事，凡符合原则、制度的事，就积极主动地办，服务上门；凡不符合原则、制度的事，就坚决不办，并心平气和、耐心细致地做好解释工作，切不可动辄训斥人。在坚持原则性的同时，还必须有一定的灵

---

① 载《秘书工作文萃》，中国大百科全书出版社1993年版，第28页。

活性，注意处理好原则性和灵活性、执行制度与正确对待个别特殊情况的关系。无论干什么事，不执行制度、不按照原则办事是不允许的，但原则和制度不可能把所有的问题都包容进去。遇到特殊情况，应从大局出发，从工作出发，灵活处理。没有灵活性，管理搞不好，服务也搞不好。怎样才能把原则性和灵活性有机地结合起来呢？关键是服务意识要强，要从服务于工作、服务于大局出发，保证不误大事。如果服务意识不强，就会出现两种倾向，或只抠制度条文，不顾实际，不管是否影响工作，条文上没有的就不办；或完全不执行制度，要求什么就办什么，想怎么办就怎么办。这两种倾向，都是不利于协助领导搞好管理的。

（五）要把质量和效率放在首位

秘书和秘书部门协助领导加强管理、搞好服务工作，大量地表现在办文、办事、办会上。其中既有数量的要求，更有质量的标准。随着社会的发展，对秘书和秘书部门工作的要求也越来越高，不只要求简单地完成某项工作，而且要求工作规范化、程序化和办公手段的现代化，以提高工作效率。衡量秘书和秘书部门工作的好坏，不能简单地只以发了多少文、开了多少会、办了多少事作为标准，更主要的是要看文件、会议和办事的质量和效率如何。秘书和秘书部门必须强调高效率、快节奏，增强时效观念，急事急办，加快文电周转，做到事不过夜。秘书和秘书部门工作最忌讳那种粗枝大叶，马马虎虎，得过且过，当一天和尚撞一天钟的不良倾向和办事磨磨蹭蹭、说话吞吞吐吐的不良风气，要当断善断，快刀斩乱麻，以免贻误大事。

（六）要有一个好的作风

在新的形势下，中央领导同志对秘书和秘书部门加强自身革命化建设，树立一个好的作风提出了明确的要求。温家宝《在省、自治区、直辖市党委秘书长座谈会上的发言》中提出："因为办公厅处在承上启下的重要地位，又在领导身边工作，并经常办理领导交办的事项，广大干部和群众对办公厅的工作理所当然地要提出很高的要求和希望。在这种情况下，不断改进办公厅的工作作风，提高办公厅的服务水平，提高每个工作人员的政治素质和业务素质，就显得尤为重要。我们要充分认识自己所处的特殊地位和肩负的责任，充分认识我们的工作作风直接关系到党与群众的联系，关系到党的事业，从而自觉地坚持全心全意为人民服务的宗旨和实事求是、联系群众的工作作风。""作风问题归根结底是个思想问题。有什么样的思想，就有什么样的作风。所以，要改进作风，必须加强思想建设。从办公厅工作的性质和担负的任务看，我们讲思想建设，最重要的是要有坚定正确的政治方向、全心全意为人民服务的思想，同时要增强效率观念、发扬务实精神和保持廉洁的风尚。"①作为秘书，一定要树立起全心全意为人民服务的思想，处处以身作则，摒弃一切私心杂念，脚踏实地、勤勤恳恳、任劳任怨地工作，才能在工作上精益求精，实现协助领导加强管理这一基本职能。

---

① 载《秘书工作文萃》，中国大百科全书出版社 1993 年版，第 17、23 页。

第三节　处理信息

随着时代的发展，信息已成为一门独立的学科，信息、材料、能源成为当代社会科技进步和经济发展的三大支柱。信息无处不有，无处不用，在人们的社会生活中，一刻也离不开信息。信息是领导决策的依据。从某种意义上说，秘书工作的全部内涵就是接收信息、加工信息、沟通信息、贮存信息、反馈信息、利用信息。因此，及时准确地向领导提供信息，就成了秘书和秘书部门的重要职能之一。

一、信息的含义及其分类

什么是信息？至今仍众说纷纭，解释繁多。《牛津辞典》对"信息"的定义是："通过各种方式可以被传递、被感受的声音、图像、文字所表证，并与某些特定的事实、主题或事件相结合的消息、情报、知识，均可泛称为信息。"信息论和控制论的创始人之一、美国著名哲学家、数理学家诺伯特·维纳则认为："信息是人们在适应外部世界进行交换内容的名称。""接收信息和使用信息的过程，就是我们适应外部世界环境的偶然性变化的过程，也是我们在这个环境中有效生活的过程。"也有的外国学者认为："信息是被人们理解了的信号和消息，是经人们解释了的数据和资料的总称。"在国内，比较有代表性的通俗说法是："信息是指消息、情报、资料、知识等等。在客观现实中，不同的事物有不同的特征，在不同条件下有不同的变化。这些特征和变化就是关于该事物的信息。人们正是通过获取和识别这些信息来认识不同事物的。而获取这些信息的过程则可看作是某种通信过也有的学者认为："信息是现实事物间根据某种自然的规律或人为的约定建立联系的一种形式，是被表示出来的事物的增添了的确定性或者被消除了的不确定性。"以上的种种说法，都从不同方面揭示了"信息"这一词语的某些本质特征，对我们正确理解"信息"的内涵有所启示和帮助。

我们认为，信息就是消息、情报、资料、知识。如果作深入一步解释的话，信息是指客观存在的事物通过载体发出的信号、指令、数据、消息、情报等包含的所有可以传递和交换的资料或知识内容的统称。总之，凡具有实际内容的新消息、新情报、新知识、新问题、新经验、新变化，以及能帮助人们消除不确定性的东西，都可称之为信息。

信息的构成要素有信息源、信息载体、信息传送者、信息接收者和信息道，其中信息源是信息流的起点，信息载体是信息内容的物质外壳，信息传送者是传送信息的主体，信息接收者是接受并利用所传递信息的对象，信息道是传输信息的媒质或通道。这五个基本要素相依相存，缺一不可。

信息的主要特征是：其一，客观性。信息是具有不同特征在不同条件变化着的事物表征。信息产生以来，不管人们承认与否，它都是客观存在的。其二，滞后性。滞后性是客观性的必然结果。任何有效的信息都是在事实之后，即先有事实，后有信息，而决不可能相反。其三，传递性。任何信息都是可以传递的，这是信息的本质特征。人与人之间的信息传递依靠语言、书信、表情、动作等，社会活动信息可以通过报纸、杂志、公文、电讯等途径传递。当今社会，电子技术和现代通信、人造卫星技术相结合后，信息还可通过传真、广播、电视和通讯卫星、国际互联网等，在极短的时间内传递到地球的每一角落。如果没有传递，信息就不能生效，也就不成其为信息。其四，处理性。信息是可以识别、压缩、加工和转换的。人们可以通过信息处理，获得有用信息，去掉无用信息；可以将文字信息转换为图像信息；可以对信息进行归纳、综合、精炼、浓缩，把大量的数据、资料汇集到一起，压缩成一个公式、一条或几条要点。其五，贮存性。信息可以贮存在人脑中，也可以贮存在其它介质上，如纸张、胶片、计算机等。我国目前主要是通过手工处理方式把信息贮存在纸张上，从今后的发展趋势看，信息将主要采用电子贮存，如磁带、磁盘、微缩胶片、电脑、多媒体等。其六，可变性。任何事物处于不断的发展变化之中，反映特定事物的特征发生变化，信息也随之发生变化，事物的变化越快，信息的可变性也就越强。其七，共享性。对于人类来说，信息与其它物质资源不同，它不属于任何个人或组织私有，它作为现代社会的一种资源，信息交换各方都不会失去原有的信息，而可供任何个人或社会组织分享，开发利用。

信息是多方面的、十分复杂的，人们可从不同的角度对它进行分类，以便加以处理和利用。根据信息的内容，可分为自然信息和社会信息两大类：自然信息是原始的，是无目的、无意识地自发发送的信息，如气候的变化，植物的萌芽、生长、成熟等，都是按照自然界的规律运动着和变化着的；社会信息指的是人类各种物质文化、精神文化和与日常生活密切相关的信息，是在一定条件下经过人们识别、筛选、加工之后形成的信息，具有鲜明的目的性。社会信息又可细分为政治信息、经济信息、军事信息、文教信息、科技信息等。秘书学中的"信息"主要指的是社会信息。根据事物的发展进程，可将信息分为预测性信息、动态性信息和反馈性信息三大类，或分为未来信息、现实信息和历史信息三大类。根据接收信息感官的不同，可分为视觉信息、听觉信息、嗅觉信息、触角信息等。根据信息的先后顺序和加工处理程度，可分为一次信息、二次信息和三次信息三大类。根据信息反映的情况，可分为内部信息和外部信息两大类。根据信息传递的方向，可分为纵向信息和横向信息两大类。根据信息的物质载体，可分为文字信息和非文字信息。文字信息又称印刷信息，包括论文、著作、书信、文件、图表、公式、专利、图谱、图像、档案等；非文字信息包括实物、电话、电报、电传、录音带、录像带、照片、微缩胶片、电脑、广播、电视、卫星通讯、国际互联网等。根据信息传递的范围，可分为公开信息、内部信息和机密信息三大类。

二、秘书提供信息的特点

秘书提供的信息为社会信息，主要为领导决策服务，它比其它职能部门所提供的信息所

涉及的范围更为多样,层次和灵敏度也更高一些。具体说来,它具有以下一些特点:

(一)服务性

我们所从事的一切工作,都是有目的、有意识的行为,秘书收集、整理、贮存、传递、反馈、利用信息,也是有着明确的目的的,那就是为领导的正确决策和实施决策服务。信息提供得及时、适用、对路,对领导决策就有帮助,就服务得好;反之,不但对领导决策毫无帮助,还可能会给领导决策带来干扰和失误。因此,秘书和秘书部门处理信息必须服从并服务于领导和领导工作的需要。要及时了解领导对信息的具体需求,了解和掌握上级领导机关的方针、政策、指示和工作部署,弄清本地区、本系统、本单位的总体目标、工作计划、进展情况和急需解决的问题,并及时掌握领导的工作进程,摸清领导的思想脉络和一般规律。总之,要按照领导的意图和需要去收集信息。

(二)综合性

秘书为领导提供信息,不但要求及时、对路、准确,而且要求具有较高的综合性。即要把收集到的信息进行综合分析、高度概括,不可支离破碎,抽象空洞,内容要有一定的广度和深度。各机关、单位的层级不同,职权不同,所作的决策和指导的工作也不同,因而所需要的信息也就有所不同。有些信息并不是对各级机关、单位都是有用的。秘书和秘书部门应根据自己所在机关、单位的层级和使命,有目的地去收集各方面有价值的信息,经综合分析后,提供给领导决策时参考。领导要全面掌握情况和事物发展的趋势,正确判断形势,就需要秘书和秘书部门既要提供内部信息,又要提供外部信息;既要提供正面信息,又要提供负面信息;既要提供现实信息,又要提供历史信息和未来信息;既要提供事实信息,又要提供动态信息。也就是说,一定要提供全面的综合性的信息,以防止简单化、片面化。

(三)新颖性

信息是客观事物的特征和变化的最新反映,秘书和秘书部门提供的信息必须突出一个"新"字,要把新情况、新动向、新问题、新经验及时地向领导和各职能部门提供,以保证领导根据新的形势作出正确的决策,职能部门根据新的形势对主管的业务工作作出适当的安排。信息的新颖性包括信息的先兆性、前瞻性和预测性。社会生活的变化,社会事件的发生,事先总会有某些征兆,预示某种将要发生的变化和变化的方向与幅度。及时获得先兆性、前瞻性和预测性的信息即新颖性的信息,对于辅助领导决策、协助职能部门搞好业务工作具有重要的作用。

(四)真实性

秘书和秘书部门提供的信息,一定要真实确凿,如实反映事物的本来面貌,来不得半点虚假和浮夸,对于有关的人物、事件、时间、地点、原因和结果,对于事物的性质、特点、形态、构造、成因、效能和用途,对于有关的数据和细节,都要确切无误,实实在在,完全真实,才能对领导的决策和其它工作有所帮助。否则,就会形成误导,造成工作上的失误。

（五）时效性

从收集到利用信息所占有的时间和效率，是衡量信息的价值和效果的速度指标。信息总是处于不断的变化过程中，有的甚至可以说是瞬息万变，因此，秘书和秘书部门提供的信息一定要讲究时效性，要及时、快捷地提供给领导和有关方面。领导的决策一旦付诸实施，必须进行追踪调查，及时作出信息反馈，这样才能有利于检验决策的正确与否。如果不讲究信息的时效性，如果提供给领导的信息既不及时，又不适时，延误了时机，就会给工作带来难以弥补的损失。

三、秘书强化信息工作的作用

随着改革开放的深化和市场经济体制的建立，信息在秘书工作中起着越来越重要的作用。温家宝《在省、自治区、直辖市党委秘书长座谈会上的发言》中指出："向中央和各级党委及时准确地提供信息，是办公厅一项重要的日常工作，这项工作要特别讲究时效。当前，信息工作要在现有的基础上，进一步拓宽内容，增加深度，提高质量。要巩固和完善信息网络，建立高效、灵敏的运行机制；要加强对信息的整体开发和综合处理，增加信息的有效性；要结合督促检查和调查研究工作，加强信息的系列反馈，搞好情况汇总。事实证明，信息工作既是领导同志经常掌握情况、进行决策和指挥工作不可缺少的一部分，也是领导机关联系实际、联系群众、改进工作作风的重要方面。"[①]这对秘书和秘书部门加强信息工作的重要作用作了充分的肯定。具体说来，其作用主要有以下几个方面：

（一）发挥参谋、助手作用的基础

秘书和秘书部门作为领导的参谋和助手，是通过各个方面、各种形式表现出来的，但是所有这些表现形式，都同信息和信息工作密切相关。有的本身就是一种信息工作，有的则以信息和信息工作为基础。如向领导提供各方面的有效信息，把领导决策、指示、意见的信息传达给下级，把下级贯彻落实领导决策、指示、意见的信息再反馈上来，这种参谋、助手的作用，本身就是直接从事信息工作。又如某一秘书根据领导指示，对某一事件进行调查研究，对某一问题提出解决方案，以及对一个时期的带倾向性的问题进行综合分析，等等，这种参谋、助手作用，虽不是直接的信息工作，但也必须建立在信息和信息工作的基础之上。在一定意义上说，秘书和秘书部门所从事的工作，可以说就是在做信息工作。没有信息和信息工作，秘书的参谋、助手作用，就根本无法发挥。

（二）辅助领导决策的重要依据

信息，对领导的正确决策起着重要作用。领导在决策前、决策中都需要信息。全面、准确、及时的信息，是领导做出正确无误、科学可靠决策的依据。特别是当前我国正处在全面

---

① 载《秘书工作文萃》，中国大百科全书出版社1993年版，第22页。

开放、深化改革和政治、经济体制转轨的新时期，新情况、新问题层出不穷，错综复杂，无论哪一级领导，如果离开信息的依据去做决策，都难免要造成失误。当然，领导决策的许多信息依据，是由领导者自己亲手获得的。但是，任何领导者的时间和精力都是有限的，他们必须依靠各方面、尤其是秘书和秘书部门所提供的信息，作为决策的依据，才能保证决策的正确。由此可见，秘书和秘书部门的信息工作做得如何，是关系到领导能否科学决策的大问题。

（三）协助领导实现科学管理的重要条件

随着社会主义现代化的发展，对社会实行科学管理的要求越来越高。而要实行科学管理，一个重要的条件是，必须加强社会的信息化。因为所谓管理，就是按照特定的目标对一个系统进行封闭控制，即从各有关方面不断地获得信息，对这些信息进行加工，然后发出控制指令，作用于该系统，以期达到既定的目标。由此可以看出，信息和对信息进行加工整理，即信息处理，是进行科学管理必不可少的条件。机关、单位要实行科学管理，其主要责任人是领导者，秘书和秘书部门作为领导加强管理的参谋和助手，只有积极地向领导提供各种有效的信息，做好信息工作，才能为领导实行科学管理创造条件。秘书和秘书部门对这方面的条件创造得越好，就越能有效地协助领导实现科学管理。

（四）沟通与各方面联系的纽带

秘书和秘书部门通过信息这一"神经系统"，向上级领导机关、下级单位、平行机构或组织内部输出或输入信息流，实现内部和外部、纵向和横向的联系和沟通。这样就使本机关、单位，通过信息的联结，与上下、左右、内外各个方面，构成一个协调一致的统一体。机关、单位也正是因为有了来自四面八方的信息，对各方面情况了如指掌，才能驾驭形势，顺应客观实际的需要，完成自己的使命。

四、秘书如何做好信息处理工作

各机关、单位的秘书和秘书部门，要使信息工作系统有效地运转，更好地为领导服务，为机关、单位的工作服务，为协助领导加强科学管理服务，就必须切实做好对信息的一系列处理工作。信息处理，是对信息收集、整理、加工、传递、储存、反馈和利用的总称。那么，如何才能做好信息处理工作呢？

（一）树立强烈的信息意识

当今世界，被称之为"信息爆炸"的时代，信息已成为事业成功和经济发展不可或缺的重要战略资源。信息工作渗透到了秘书工作的各个方面。作为知识经济时代的秘书，时时、事事、处处都要跟信息打交道。离开了信息，两眼一抹黑，秘书工作是根本无法开展的。因此，秘书能否胜任自己的本职工作，关键在于有无强烈的信息意识，能否掌握信息处理的技能和技巧，出色地做好信息工作。强烈的信息意识，包括信息价值意识、信息战略意识、信息效能意识、信息系统管理意识、信息反馈意识、信息增值意识等，这是做好一切信息工作的基础。

（二）要积极主动地搞好信息服务

信息是领导决策的基础和依据。领导的决策，从某种意义上讲，就是对信息的掌握和处理。举凡进行科学预测，确定决策目标、草拟和制定决策方案、收集反馈信息和完善决策方案，整个过程就是收集信息、整理信息、综合分析信息、开发信息、利用信息的过程。在这个过程中，秘书和秘书部门应积极主动地为领导提供信息服务，不仅对领导已经想到并提出的要服务好，还要对领导一时未曾想到但对客观和微观决策有帮助的，也要服好务，不仅要在领导决策前和决策时提供准确、充分的信息服务，而且还要在决策实施中和实施后，主动了解各方面的反映，了解所取得的成效和存在的问题，及时地进行信息反馈，作为领导补充、完善决策和总结经验教训的依据。

（三）做好信息收集工作

信息收集是整个信息处理程序的首要环节，也是尔后各种信息处理工作的基础。收集信息的数量多少、质量高低，直接影响到整个信息工作的质量和效益。因此，秘书和秘书部门应十分重视信息收集工作，从这里入手，来提高整个信息工作的质量和效益。收集信息的范围，有上级信息、内部信息、平行信息、社会信息、历史信息、国际信息等。就党、政、军、群机关和企事业单位而言，秘书和秘书部门收集信息的范围，主要是各级机关、单位的决策和决策实施情况；对党和国家重大决定和决策的反映；各职能部门预定目标完成的情况；各职能部门为完成目标所制定的方针、政策和措施；各职能部门实施目标管理中遇到的困难和问题；下属单位和广大干部群众对领导机关的意见和建议；民意和社情动态；人民群众生活上存在的实际问题；突发性事件等。收集信息的方法主要有观察法、调查法、阅读法、收听法、交换法、索取法、预测法等。收集的信息应力求全面、广泛、完整、系统。只有为领导提供全面的情况，才能使领导掌握全盘，通观全局，防止片面性，从而正确地决策和指导工作。

（四）做好信息的综合处理工作

信息的综合处理，是决定信息能否采用和价值高低的关键一环。在收集信息时，人们往往只注意信息的全面性、广泛性。而这些信息在没有加工整理以前，只是一种处于自然状态的原始信息。这种信息一般是感性的、零散的、无序的、不系统的，而且难免夹杂着一些不真实的和偶然的因素。因此，秘书和秘书部门必须对获取的大量原始信息，根据领导对信息的需求，运用科学的方法进行选择判断、过滤筛选、鉴别真伪、增补修正、综合分析、加工整理，将它上升到理性认识的高度，从中发掘出某些带规律性的东西，才能使之成为领导科学决策和科学管理所需要的有用的信息。

（五）有喜报喜，有忧报忧

要当好领导的耳目、助手和参谋，向领导提供全面、准确的信息，一个重要的方面是要有喜报喜，有忧报忧，据实反映情况。江泽民《在省、自治区、直辖市党委秘书长座谈会上的讲话》中强调指出："下情上传，就是要把下面的情况全面地、准确地、实事求是地向上反映，既不能报喜不报忧，也不能报忧不报喜；既不能粉饰太平，又不能听风就是雨，虚张声势。这是对办公厅的一个重要要求。当然，基层单位也有个向领导机关报告真实情况的问题。反映真实情况是一门学问，就像化学中要有定量的分析和定性的分析一样，要讲科学性。从办公厅的工作来讲，则要尽可能全面、准确地反映情况；就领导上来讲，则要尽可能地听取多方面的意见，兼听则明嘛。总之，反映情况要如实、要全面、要准确，不要一叶障目，不要以偏概全，不要报喜不报忧，也不要报忧不报喜。"①只有坚持实事求是，如实反映事物的本来面貌，才能有助于领导的正确决策和指导工作。

（六）加强信息管理工作

秘书部门的信息工作比其它职能部门所涉及的范围更宽、层次更高，政策性、综合性、灵敏性更强，因此，必须切实加强信息管理工作。其具体内容是：建立和健全信息工作机构；建设一支精干的、高素质的信息工作队伍；建立一套科学的信息工作制度；抓好信息网络的建设；逐步实现工作方式的自动化；建立一套完整的信息工作系统等。只有切实加强信息管理工作，使之步入科学化、规范化、标准化的轨道，才能确保信息渠道畅通无阻，运转灵活、可靠、高效，发挥更有效的作用。

第四节　协调关系

协调是领导工作的重要组成部分，也是有效地进行行政管理的重要手段。要进行强有力的领导，就要做好各方面的协调工作，使上下左右同心同德，团结协作，保质保量地完成各项任务，高效率地实现预定的目标。而在实际工作中，领导者不可能事无巨细地都去过问，大量的协调工作是由秘书和秘书部门去完成的。从某种意义上说，秘书部门也可以说是协调部门。秘书部门作为综合办事机构，协助领导协调好与各方面的关系，已经成了它的一项重要职能和长期任务。

一、协调的含义和类型

"协调"照字面上解释，"协"是协商、协同的意思，"调"是调解、调和的意思。"协调"作为一般词汇，其基本的含义是：通过协商和调和，建立和谐、融洽的关系，密切配合，步调一致，来实现共同的目标。"关系"有多重含义：一是指事物之间的相互联系、相互影响的状态；二是指人与人或人与事物之间的某种性质上的联系；三是指对有关事物的影响或重要

① 载《秘书工作文萃》，中国大百科全书出版社 1993 年版，第 2 页。

性；四是指人们在社会中的交往关系。在秘书工作中，"关系"的这四种含义都有所表现，但主要是第三、四种含义。

秘书和秘书部门的协调，指的是秘书和秘书部门在其职责范围内，或在领导的授权下，组合、调整和改善各级组织、各个部门、各类人员、各项工作之间的关系，促使各项活动同步化、和谐化和科学化、秩序化，以实现机关、单位的整体目标。

任何管理都包含有协调的职能，协调又贯穿于计划、组织、指挥、监督、控制等全过程中。协调由一些不可少的基本要素构成，即：（1）协调主体。也就是协调者。秘书协调主体就是秘书。根据协调的内容和难易不同，可以是某个秘书，也可以是某些秘书，还可以是由若干组织派人参加的协调群体。（2）协调对象。即协调的当事人。协调对象在两个以上，或个人，或部门，或组织，或工作。协调对象的多少，取决于管理幅度和协调内容。凡管理幅度越大，协调内容越多，其协调的对象也就越多。（3）协调意图。指领导对协调活动的指示、意见、要求和用意等。这是秘书协调的主观依据，也是协调能否取得成功的重要保证。有效的协调，必然是主观意图与客观实际相统一的产物。（4）协调目标。即协调要达到的目标和结果。一般说来，协调目标可分为直接目标和最终目标，前者为统一认识、融洽关系，消除或减少矛盾；后者为统一行动，同心协力，保障机关、单位整体目标的顺利实现。（5）协调环境。指进行秘书协调时的内、外部条件，也就是开展秘书协调的背景。协调环境对秘书协调有一定的影响和制约作用。如果不了解协调环境及其发展变化的情况，协调工作就会脱离实际，协调目标就难以实现，甚至有可能导致协调的失败。

协调的内容多种多样，涉及的范围十分广泛，概括起来，主要有以下几种类型：

（一）计划协调

计划协调是指计划制定过程中进行的协调。计划要比规划具体、明确、细致，它既要与党和国家的路线、方针、政策保持一致，又要符合下级的承受能力；既要与本地区、本系统、本机关、本单位的战略规划相统一，又要考虑眼前的实际情况；既要保持计划的连贯性，又要充分估计今后一个时期可能出现的问题。秘书和秘书部门在计划协调中大致有两方面的工作：一是搞好本机关、单位计划制定中的协调。要对起草部门关于计划安排的轻重缓急、先后主次进行具体协调。当计划初步拟定后，在送领导审定前，对各方仍有分歧的地方，秘书和秘书部门要进行综合协调，协调不成时，要逐一准备好协调意见，供领导亲自协调时参考；二是对下属单位的计划，要协助领导从全局出发，综合平衡，统筹兼顾，以保证下属单位的计划与本机关、单位的计划协调一致。

（二）政策协调

任何政策的制定既要有全面性，又要有针对性；既要有原则性，又要有一定的灵活性；还要注意与现行政策之间的协调性。因此，政策所规定的各项内容之间的关系，对政策所涉及到的各种关系的处理，都存在着需要协调的问题。秘书和秘书部门应该按领导的意图，经常注意党和国家的大政方针，上级领导机关、本机关、单位和下属单位的工作动向，根据了解和掌握的情况，向领导提出建议，以利于本机关、单位和下属单位把握方向，使他们的活动符合党和国家的大政方针，不致犯方向性的错误。在不相隶属的机关和部门之间，如有政策方面的协调问题，秘书和秘书部门更需要仔细研究，征求有关部门的意见，充分协商，提出书面报告，供领导决策参考。

（三）业务协调

业务协调又叫专业协调。主要指计划、政策执行过程中的协调。计划和政策实施以后，随着时间的推移和主客观条件的变化，往往会出现一些始料未及的问题和矛盾，这就需要秘书和秘书部门及时地加以协调，化解矛盾。同时，由于各机关、单位所处位置、角度不同，考虑问题的出发点和思路也就不同，在对现行政策的理解上往往会出现某些分歧，使步调难以一致，阻碍工作的顺利开展，这也需要秘书和秘书部门协调解决。还有，在日常工作中有时会出现争权或踢皮球的现象，有利的事，你干我也干，互相争抢；无利可得的事，你不管我也不管，互相推诿，给工作造成损失，这也需要秘书和秘书部门出面牵头协调。还有一些工作，一个单位难以承担，需要秘书和秘书部门牵头协调，通过相关单位的商洽、讨论，提出主导意见，经领导同意后付诸实施。

（四）事务协调

事务协调指日常工作和生活具体事务的协调。秘书和秘书部门根据领导的意图，平衡各单位间的会务安排、资料提供、工作和生活保障以及行政管理事宜等。此外，还有领导临时交办的协调任务。这一般是因为一些繁杂的事务性工作，涉及许多部门，一个部门不好办理；或事情比较复杂，需要共同研究；或因认识不一，有必要统一认识；或这些事务性工作关系到干部、群众的切身利益，如分房、医疗、子女就学就业等，往往也都需要秘书和秘书部门牵头协调。

（五）关系协调

关系协调可分为工作关系协调和人际关系协调两大类。工作关系协调又可分为内向关系协调、纵向关系协调、横向关系协调三种：内向关系协调又称内部协调，指机关、单位中职能部门之间各种关系的协调，这是协调工作的重点。纵向关系协调又称上下级关系协调，就是同一组织系统中不同层次之间的机构之间各种关系的协调。纵向关系协调还可分上行和下行协调，其中又以下行协调较多。横向关系协调又称外向关系协调，就是本机关、单位与同级或不相隶属的机关、单位之间各种关系的协调，还包括与社区、军队、工农、城乡、民族等各种关系的协调。人际关系协调包括上级机关、单位与本机关、单位领导之间，本机关、单位领导者之间、群众之间、干部与群众之间各种关系的协调等。建立良好的工作关系和人际关系，有利于营造正常、健康的心理氛围，创造和谐、融洽的工作环境，调动所有员工的主动性、积极性和创造性，进一步提高工作质量和效率。

（六）战略协调

战略协调也称战略规划协调。所谓战略规划，是指一个地区、一个系统、一个机关、一个单位对自身发展的长远的、总体的考虑和筹划，它一般是纲领性的，不像计划那么具体。任何战略规划，都必须与国家或一定区域的总体发展战略相协调。如一个省的战略规划要与国家战略规划相协调；省内某一地区的战略规划，则要与本省的战略规划相协调；一个地区某一行业的战略规划，不仅要与本地区的战略规划相协调，还要与更大区域本行业的发展规划相协调。因此，一个战略规划的形成，需要做大量的协调工作。秘书与秘书部门必须协助领导和有关部门，对战略规划形成过程中出现的意见分歧进行分析、比较、论证、协调，对各种看起来一致实际上潜藏着分歧和看起来矛盾实际上可以互补的观点、措施进行调查、研究、综合、协调，通过权衡各方面的利弊得失，从中选出最佳方案，供领导决策时参考。

二、秘书协调的特点

为秘书和秘书部门的工作性质和职能所决定，其协调工作具有以下几个明显的特点：

（一）非权力支配性

作为秘书和秘书部门，毕竟不是领导，没有法定的支配性权力，不能发号施令去指挥别人或决定重大问题，只能借助领导的权威和自身的素质、人格、品德和协调艺术去说服他人，使对方心悦诚服，这就是秘书和秘书部门协调的非权力支配性。在协调过程中，硬性的、命令式的、支配性的协调是行不通的，必定会使被协调者产生逆反心理而达不到协调的目的。但是，秘书和秘书部门是领导的助手和参谋，在进行各种协调时，代表着领导的意向，体现了国家和人民的利益，凭借着组织和领导的权威和权力惯性，在一般情况下，都能接受秘书和秘书部门的协调。秘书和秘书部门协调非权力支配性，决定了在其协调过程中，一般采用软协调的策略，讲究方式方法，加强信息沟通，以平等协商的原则解决矛盾，尊重被协调的各方，在维护整体利益的前提下同时照顾到各方的利益，切不可以势压人，俨然以"二首长"自居，也不可摆"法官"的架子，当"裁判员"。否则，就有可能引起被协调各方的反感，甚至发生对抗，不仅不能有效进行协调，解决问题，而且还有可能使自己也卷入矛盾的漩涡中去，陷入被动的困境。

（二）非职责限定性

一般说来，管理职能，只有在确定的职责范围内才能有效地发挥作用。秘书和秘书部门的协调，却没有确定的职责范围的限定。秘书和秘书部门协调的非职责限定性，是与其非权力支配性紧密相关的。由于没有法定的支配性权力，协调主要依靠机关、单位的组织权力惯性、领导的权力辐射和秘书自身的素质及协调艺术。而组织的权力惯性、领导的权力辐射和秘书自身的素质及协调艺术，是三个受着个性影响的变量，具有较大的不确定性，加上环境、条件等因素的影响，使得秘书和秘书部门协调的范围，有着较大的伸缩性，故组织管理系统也无法用职责范围来加以限定。正是由于具有这种非职责限定性，才使秘书部门被称之为"不管部"，其它职能部门不能管理或难以处理的矛盾和纠纷，它都可以协助管理，进行协调和处理。

（三）非确定地位性

在管理体系中，凡实施职能使命，一般都具有确定的地位。只有确定了地位，才能明确实施职能使命时与工作对象的关系，进而根据这种工作关系，选择恰当的工作方式。如领导者在执行指挥职能时，就处在上级领导的地位，指挥者和被指挥者是上下级关系，由此领导者对被领导者可以采取命令、指挥、教育、激励等方式。而秘书和秘书部门的协调，因具有非职责限定性，也就没有确定的地位。如秘书和秘书部门在领导班子成员间沟通信息，促进相互理解和支持，由于处在下级的地位，这种协调是下对上的工作关系；在同级职能部门人员间进行协调，则处于同级的地位，是平行的工作关系。担负协调的任务，处于几种不同的地位和存在几种不同的关系，这就是秘书和秘书部门协调的非确定性。正是由于这种非确定地位性，秘书和秘书部门在进行协调时，就更需要对具体情况作具体分析，从实际情况出发，选用恰当而富有成效的协调方式。

三、秘书协调的作用

我们生活的这个世界，是一个充满矛盾的世界，有矛盾就需要协调。人们认识世界、改造世界的过程，就是协调关系、解决矛盾、推动社会前进的过程。秘书作为领导的耳目、助手和参谋，协调关系是他的基本职责之一。秘书协调，在领导工作和机关工作中占有着重要的地位，发挥着重要的作用。

（一）协调是秘书工作的一项基本职能

协调是公共关系和领导艺术相结合的一门综合性学问，其性质属于公共关系和管理科学的范畴，协调与公共关系和管理密切相关。秘书和秘书部门作为领导的参谋和助手，始终处于承上启下、联系左右、沟通内外的主体交叉中心。这个位置的特殊性决定了协调是秘书和秘书部门的一项基本职能。从秘书工作的内容来看，它的任务就是为领导服务，为机关、单位的工作和职能部门服务，为基层和广大人民群众服务。服务的内容之一就是经常地、直接地处理一些协调工作，或经领导授意去协调解决各种问题，使上下、左右、内外的关系和谐化，消除误会，化解矛盾，统一认识，步调一致，保证机关、单位领导的意图、决策能得到顺利地贯彻执行。所以说，协调是秘书和秘书部门的一项基本职能。

（二）它有利于领导工作的正常进行

协调本是领导者和领导班子的工作，如大政方针、重大决策和重要部署的决定与执行，都需要领导者和领导班子亲自协调。经验证明，领导协调具有很强的权威性和有效性。但是领导者和领导班子不可能事无巨细，事必躬亲，即使是重大事项的协调，也不必包揽其中的大量事务性工作。这就需要秘书和秘书部门发挥参谋、助手作用，或者主动承担协调任务，或者由领导者授权承办协调任务，以减轻领导者和领导班子的工作负担。从这个意义上讲，秘书协调就是领导活动的延伸与补充，有利于领导者和领导班子能集中思想、时间、精力思考和解决带战略意义的全局性的重大问题，有利于领导工作的正常运行。

（三）它有利于提高机关、单位工作的效能

由于专业分工的需要，组织机构一般划分为领导机关和业务主管机关，如各级政府是领导机关，计划、财政、税务、商业、外贸等属业务主管机关。领导机关担负着决策和指挥的任务，业务主管机关承掌某一方面的业务职能，由此组成统一的工作整体。我们所说的机关、单位工作，就是指一级组织的领导工作和各种业务工作。而任何一项机关工作又都涉及到许多部门和个人，这就需要相互支持与合然而，在实际工作中，由于目标上的不统一，认识上的不统一，行动上的不统一，常常会发生各种各样的矛盾。秘书和秘书部门处在机关、单位的枢纽位置上，理应肩负起协调任务，辅助领导者化解矛盾，理顺关系，提高机关、单位工作的质量和效率。

四、秘书如何有效地搞好协调工作

上述协调类型的六个方面，均属于秘书和秘书部门协调的工作范围。秘书协调的程序，大致可分为受托、审理、核查、协商、处理五个环节。受托，就是秘书接受上级机关或领导人的指示、本级机关、单位或领导人交办、同级或不相隶属的机关、单位的要求和下级机关、单位的要求，以及突发性事件发生时，有目的地开展协调工作。这是协调工作的起点，也是秘书协调的依据。秘书对来自任何方面的委托，都要认真登记，以作为今后稽查的依据。审理，就是对受托事项进行审议，以决定是否受理和如何受理。审理是秘书协调的"关口"，其目的在于限制协调范围，控制协调数量，以防止协调升级和"协调扩大化"。核查，就是对已受理的协调事项进行调查、核实和分析研究，以便统一认识和行动。在核查时秘书的任务是收集协调对象的背景材料，查阅有关政策规定，进行必要的调查，听取主管机关的意见，在此基础上，制定协调计划。核查是协调的前提和基础，决定着协调的成败，要下决心认真负责做好核查工作。协商，就是将处理问题的方案同各方当事人见面，并通过共同磋商取得一致的意见。协商的方式有个别协商与集体协商、当面协商与私下协商、正式协商与非正式协商、直接协商与间接协商等。不论是选择哪一种协商方式，都要以促进协商的成功为准则。处理，就是在充分协商的基础上，对协商各方一致接受的处理意见作出决定并付诸实施。从本质上讲，协商就是取得共识，协调就是解决矛盾。因此，协调运行到处理这一环节，协调过程就结束了，协调任务就完成了。处理是协调工作的终结环节，其结果如何，又是对整个协调活动的检验与评价。为了使处理决定变成现实，防止意外情况的发生，秘书和秘书部门应采用会议纪要或协议书等书面形式，记录协调的经过与处理意见，供协调各方共同签署并执行,也便于秘书部门的督查、立卷和归档。

秘书和秘书部门协调的手段,一般可分为两种:一是思想疏导和教育的方法,又称软协调。就是在协调过程中,通过劝导、说服、教育和充分协调,统一有关方面的认识,使有关方面相互理解,自觉地化干戈为玉帛,达到解决矛盾的目的;另一种手段是强制性的,又称硬协调。就是在软协调不成的情况下,经请示领导同意,综合运用行政的、经济的、组织的、法制的手段,规范各方的行为,强制矛盾中错误的一方按照正确方向的意见行事。尤其是方针、政策、法规已很明确的问题,绝不能含糊其辞,折衷调和,必须做到令行禁止。

秘书和秘书部门协调的方式,常用的有以下六种:文件协调、情况协调(做好"通气"工作)、制度协调、会议协调、面商协调、现场办公等,可依据实际情况选用。

秘书和秘书部门要搞好协调工作,应切实做到以下几点:

(一)以准确、充足的信息作为协调的基础

信息是协调的基础。没有准确、充足的信息作依据,就不可能进行有效的协调。在一定意义上讲,协调的过程,就是信息沟通的过程。因此,在协调的各个阶段,秘书和秘书部门都必须十分重视信息的收集、整理、传递与反馈。在协调的初始阶段,主要是收集和协调内容有关的信息资料,熟悉协调对象的历史与现状;在协调的进行阶段,主要是收集对象的现实态度、意愿、情绪和要求,并及时在协调者与被协调者之间传递和反馈;在协调的结束阶段,主要是收集协调对象对协调结果的态度以及对协商决定的贯彻执行情况,并及时向领导和有关部门提供反馈信息。

(二)要一切从大局出发

需要协调的许多事项或问题,大多是局部利益与全局利益、眼前利益与长远利益之间的矛盾。局部与整体、当前与长远本来就存在着差异,加之一些部门和单位本位主义严重,因而往往影响到协调工作的正常开展。秘书和秘书部门作为协调者,必须站在全局的高度,从全局利益、长远利益和总体目标出发,切实处理好局部和整体、眼前与长远的关系,晓理明义,统筹兼顾,努力使局部利益统一到全局利益、眼前利益统一到长远利益上来。

(三)要坚持实事求是

坚持实事求是、一切从实际出发是辩证唯物主义的思想路线,也是协调工作的指导方针。工作上各种不协调现象的产生,往往不是单个因素引起的,可能有思想因素、认识因素、知识结构因素、性格因素,或是有实际困难,或利益分配不公平、不合理,或法律、法规不健全,或分工不明确等。秘书和秘书部门在协调时,一定要坚持调查研究,掌握实际情况,分析问题的原因,找准问题的症结,才能有效地进行协调。如果情况不明,就着手进行协调,那是很难奏效的,还可能由此引起新的不协调。只有坚持实事求是,一切从实际出发,才能掌握协调的主动权。

（四）要坚持平等协商的原则

秘书和秘书部门协调的性质和特点，要求必须坚持平等协商的原则，即把自己与协调对象摆在平等的位置上，待人以诚，商量共事，公平合理地处理各种矛盾。要努力做到：尊重被协调的各方，虚心听取并采纳他们的合理要求；理解被协调的各方，设身处地地为他们的利益着想；支持被协调各方的正当要求，真心诚意地为他们服务；即使在协调过程中出现了新的分歧或冲突，也要平等待人，商量办事，切不可做强加于人的事情。另一方面，又要防止协调中不讲原则、不分是非曲直的不良作风，一定要避免"各打五十大板"的现象发生。

（五）要从维护团结出发

矛盾无处不在，无时不有。没有矛盾就不成其为社会。在工作中产生某些矛盾，这完全是正常的事情。秘书和秘书部门进行协调时，应引导矛盾各方从大局出发，从维护团结出发，正确对待矛盾，认识到大家在根本利益上是一致的，存在的矛盾是可以解决的，通过沟通信息，消除隔阂，增进了解，融洽关系，多为对方着想，寻求解决矛盾的办法，而不要斤斤计较，寸权必争，寸利必得，造成矛盾的激化和升级。

（六）要分级进行协调

按管理科学的能级原理，哪一级的矛盾，应该由哪一级负责协调，上级组织不得越级处理下级组织职权范围内的问题；同样，下级组织也不得将自己职权范围内的问题上交给上级组织处理。但在实际工作中，下级组织常把矛盾上交，找上级领导仲裁，把本来职能部门可以互相协商解决的问题，推给上级领导，这样既加重了上级领导的负担，又不利于发挥各级职能部门的积极性，而且会助长扯皮推诿的不良作风。为纠正这一弊端，秘书和秘书部门应主动协助领导，坚持协调工作分级负责的原则，该哪一级解决的矛盾，就由哪一级协调解决，最终解决不了时再逐级向上级领导请示。为此，秘书和秘书部门一定要按法规和制度办事，把分级负责的协调制度建立和健全起来。

第五节　保守秘密

保守秘密关系到党和国家的根本利益，关系到国家的安全和社会主义现代化建设的顺利进行。保守秘密具有普遍性，是每个公民义不容辞的责任，而处于枢纽地位的秘书和秘书部门则显得尤其必要和重要，它不仅是秘书和秘书部门的重要职能，而且还是秘书工作的重要原则和重要纪律之一。作为一名称职的秘书，必须强化保密意识，明确新时期保密工作的方针和特点，遵守保密纪律，执行保密制度，切实做好保密工作。

一、秘密及其相关概念的含义

秘密的含义，有广义和狭义之分：广义的秘密，泛指有所隐蔽，不能公开的一切事项；狭义的秘密，是指为某人或少数人所知，但不准或不宜公开的事项。

国家秘密，指的是关系国家的安全和利益，依照法定程序确定，在一定时间内只限于一定范围的人员知悉的事项。

保密，指人们把不让外界知悉的秘密加以保藏、保全、保守、保护和保卫，使之不外泄的行为。

保密工作，指对国家秘密加以管理和保卫，使其有效地控制在一定的范围内，防止丢失、泄露和被窃的一系列工作。

二、新时期保密工作的特点和方针

我国新时期的保密工作，随着对外开放、对内搞活政策的不断深入贯彻和实施，在保密的范围、内容、方法和手段等方面，都发生了很大的变化，有着与闭关锁国时期显著不同的新特点。这主要表现在以下几个方面：

（一）保密的范围和内容趋于扩大

党的十一届三中全会以来，我国实行了对外开放的政策，和190多个国家和地区建立了外交和经济合作关系，涉外活动遍及各个领域。随着涉外活动的不断扩大，保密的范围和内容也扩大了，不仅涉及到政治、军事、经济方面，而且涉及到科技、文化等方面，尤其是高新尖端技术和商贸秘密，则成了窃密和反窃密的重点。过去属于保密的范围和内容，现在可能成为非密，或降低了密级，使知密的范围扩大了。这是新时期保密工作的一个很大的变化。

（二）泄密渠道日趋增多

随着我国对外开放的扩大，国际交往、经济合作、科技交流、贸易往来日益增多，各行各业对外联系更加频繁。然而，我们的一些涉外人员，包括一些领导和秘书在内，对新时期保密工作的新情况、新问题，缺少必要的思想准备和实践经验，他们在与境外人员打交道时，不注意内外有别，不该谈的向人谈了，不该看的让人看了。有的将秘密文件、资料带到洽谈场所，造成丢失；有的擅自将文件、资料交境外人士查阅，甚至允许境外人士将原件和复印件携带出境；在公开发行的报刊上，一些不该报道的秘密却报道了；还有极少数人腐化堕落，为了出国、金钱或出于某种不正当动机，出卖党和国家的秘密，这类事件屡有发生。此外，保密工作自身也存在一些问题，如组织机构、规章制度不够健全和完善，技术设备落后，秘书和保密人员政治业务素质不能适应新时期保密工作的需要等，都有可能造成泄密。

（三）窃密手段变化多端

由于现代科学技术的迅猛发展，窃密手段变得更先进、更狡猾、更隐蔽，窃密的方法更加多样化，几乎人类已有的一切科学技术研究成果都应用到窃密活动中来了。如遥感技术、人造高空侦察、电脑"黑客"等。敌人千方百计利用一切先进技术对我们进行窃密，且不时变换手段，而我们的保密措施、保密手段、保密技术设备还较落后，这就增加了防范的难度。

因此，尽快实现保密手段的现代化，已经成了我国新时期保密工作极为迫切的课题。

（四）窃密活动十分猖獗

在改革开放的新形势下，境外各种势力也乘机加强了对我国各方面的情报窃密活动，达到了十分猖獗的地步。如有的境外间谍机关，派遣间谍以外交官、商人、旅游者、探亲者、专家、学者、记者、海员等合法身份为掩护，通过各种渠道窃取国家秘密；有的驻华机构人员，本人就是负有特殊使命的间谍，利用常驻的方便来搜集情报，甚至利用被其雇佣的个别人为其搜集情报；有的外国商社和公司，利用各种手段搜集我经济、技术秘密，甚至在我内部安插坐探；还有的利用金钱收买、色情引诱及抓把柄等手法，在我内部人员和出国留学、进修、公务和探亲、旅游等人员中开展策反活动，等等，不一而足。可以说，当前，境外各种势力对我们的窃密活动，比任何时候都要猖獗，已经达到了无孔不入的地步。如防范不严，将给党和人民的利益带来极大的损害。

根据新时期保密工作的新特点，《中华人民共和国保守国家秘密法》第四条明确规定："保守国家秘密的工作，实行积极防范、突出重点，既确保国家秘密，又便利各项工作的方针。"在这里，所谓"积极防范"，是指保密工作要把立足点放在"防"字上，以防为主，防患于未然，将防患工作做在前面。所谓"突出重点"，是指在保密工作中，要在密级、部位和人员等方面，区别情况，确保重点，带动一般。保密工作的重点是：从秘密的层次说，国家秘密是重点；从秘密的等级说，绝密级是重点；从秘密的部位说，党政首脑机关、机密要害部门、外事部门、外贸部门是重点；从涉密人员说，接触国家秘密较多的党政军领导人和经管国家秘密事项的职人员是重点。此外，还有不同时期、不同条件下保密工作的重点。只有确保了重点，才能保住党和国家核心秘密的安全。所谓"既确保国家秘密又便利各项工作"，是指要正确处理保密工作与其它工作的关系。保密工作是体现在各项业务当中的，各项业务工作又必须保守国家秘密，使二者相互兼顾，融为一体。如果孤立地强调保密，不允许依法接触、利用国家秘密，就不利于改革开放和社会主义建设事业顺利进行；如果片面地强调工作需要，不严守国家秘密，甚至泄露国家秘密，就会使国家的安全和利益遭受损害。二者必须统一，不可有所偏废。

三、密级的划分和保密的范围

《中华人民共和国保守国家秘密法》第九条明确规定："国家秘密的密级分为'绝密'、'机密'、'秘密'三级。"

"绝密"是最重要的国家秘密，泄露会使国家的安全和利益遭受特别严重的损害；"机密"是重要的国家秘密，泄露会使国家的安全和利益遭受严重的损害；"秘密"是一般的国家秘密，泄露会使国家的安全和利益遭受损害。

划分国家秘密不同等级的标准，是根据国家秘密泄露后会使国家安全和利益遭受损害的

不同程度来确定的。为了统一对"损害"一词的理解,《保密法实施办法》作了如下规定:

(一)危害国家政权的巩固和防御能力;

(二)影响国家统一、民族团结和社会安定;

(三)损害国家在对外活动中的政治、经济利益;

(四)影响国家领导人、外国要员的安全;

(五)妨害国家重要的安全保卫工作;

(六)使保护国家秘密的措施可靠性降低;

(七)削弱国家的经济、科技实力;

(八)使国家机关依法行使职权失去保障。

具有以上八种后果之一的,都会使国家的安全和利益遭受不同程度的损害。

关于保守国家秘密的范围,《中华人民共和国保守国家秘密法》第八条分别从政治、军事、外交与外事、国民经济与社会发展、科技等方面,作了较为切合实际的规定:

(一)国家事务的重大决策中的秘密事项;

(二)国防建设和武装力量活动中的秘密事项;

(三)外交和外事活动中的秘密事项以及对外承担保密义务的事项;

(四)国民经济和社会发展中的秘密事项;

(五)科学技术中的秘密事项;

(六)维护国家安全活动和追查刑事犯罪中的秘密事项;

(七)其它经国家保密工作部门确定应当保守的国家秘密事项。

中国共产党和各民主党派在其党务活动中产生的秘密事项,凡符合《保密法》第二条规定的,也属于国家秘密。

四、秘书部门的保密事项

毛泽东曾对保密工作说过一句名言:"必须十分注意保守秘密,九分半不行,九分九也不行,非十分不可。"江泽民则强调了办公厅保密工作的重要性:"办公厅的重要性还在于它是一个重要部门,是一个核心要害部门。它在领导身边工作,机密知道得比较多。所以,办公厅工作人员要有政治上的警惕性,要注意保密,遵守保密纪律。因为你们在领导身边,会有很多人围着你们打听消息,你们一定要守口如瓶。"①办公厅即秘书部门,它作为一个岗位特殊的部门,每时每刻都与党和国家的秘密打交道。这种特殊的工作环境决定了它必然成为保密工作的重点。秘书部门的保密事项主要有:

---

① 江泽民:《在省、自治区、直辖市党委秘书长座谈会上的讲话》,载《秘书工作文萃》,中国大百科全书出版社1992年版,第2页。

（一）文件保密。文件保密包括秘密文件、资料、图表等的保密和密码、密码电报以及传真、电子邮件的保密。这是秘书部门保密工作的重点。

（二）会议保密。重要会议都要有必要的保密安排。会议召开之前、会议期间或会后，对会议是否公开，何时公开，都应由机关、单位和领导人作出决定；在未正式公开之前，秘书不得泄露。对领导人在会上的重要讲话和重要的会议内容，都不准随意扩散。

（三）经济情报的保密。秘书对于重要的经济动态，机关、单位内部准备采取的经济措施在未公开前，都要进行保密，不准泄露于外，更不准泄露于国内外奸商和投机倒把者，以防引起市场混乱。

（四）科技发明创造保密。在改革开放的新形势下，科技发明创造是窃密的重要方面，秘书和秘书部门必须采取切实有效的措施，严防科技发明创造情报机密的泄露。

（五）电讯设备及通讯设备保密。秘书和秘书部门使用各种有线和无线电讯设备，要遵守有关保密规定，防止被人窃听。

（六）新闻出版的保密。秘书和秘书部门要经常注意新闻报道的口径，避免涉及本单位、本机关的机密事宜，严防敌对势力通过收集报纸获得机密。

（七）电子计算机的保密。电子计算机的信息储存量大，往往是机密集中的地方，计算机中数据库，必须确保安全，严防被"黑客"侵袭。

（八）档案保密。机关档案室是机关机密的大本营，要采取切实有效的保密施，防止泄密的现象发生。档案要划分密级，建立查阅审批制度。档案材料未经有关部门的领导人批准，不许公开，不准复制。

（九）公文内容的保密。公文的拟稿、修改、讨论过程中，要注意保密；印刷过程中也要注意机密的安全，特别是绝密件应尽量减少接触人员；不得擅自复印、复制文件，严格执行保密纪律；收发、阅办、递送、保管、清退、销毁过程中，同样要遵守保密制度，不得违反。

（十）印信保密。印信管理要严格，严防疏忽和丢失。

五、保密纪律和保密责任

保守秘密特别是保守党和国家秘密，是每一位公民、国家公务人员和党员的基本义务，法律、法规对此作了明确的规定：

我国《宪法》规定："中华人民共和国公民必须遵守宪法和法律，保守国家机密，……"

我国《保密法》规定："一切国家机关、武装力量、政党、社会团体、企事业单位和公民都有保守国家秘密的义务。"

我国《安全法》规定："任何公民和组织都应当保守所知悉的国家安全工作的国家秘密。……任何个人和组织都不得非法持有属于国家秘密的文件、资料和其它物品。"

《中国共产党章程》规定："……自觉遵守党的纪律和国家的法律，严格保守党和国家的秘密，坚决保卫党和国家的利益。"

《关于党内政治生活的若干准则》规定："每个党员都必须严守党和国家的秘密，并同泄露党和国家秘密的现象作坚决的斗争。"

《国务院工作人员守则》规定："提高革命警惕，严守国家秘密，维护国家的尊严和荣誉。"

秘书特别是机要秘书，要严格遵守《党和国家工作员保密守则》的具体规定，切实做到：

（一）不该说的机密，绝对不说；

（二）不该问的机密，绝对不问；

（三）不该看的机密，绝对不看；

（四）不该记录的机密，绝对不记录；

（五）不在非记录本人记录机密；

（六）不在私人通讯中涉及机密；

（七）不在公共场所和家属、子女、亲友面前谈论机密；

（八）不在不利于保密的地方存放机密文件、资料；

（九）不在普通电话、明码电报、普通邮局传达机密事项；

（十）不携带机密材料游览、参观、探亲、访友和出入公共场所。

国家公务员，包括秘书在内，在工作中如果违反了保密法规和有关法律，就应当追究其行政责任和法律责任。

一是行政责任。我国《保守国家秘密法》第三十一条规定："违反本法规定，泄露国家秘密，不够刑事处罚的，可以酌情给予行政处分。"行政处分有：警告、严重警告、记过、记大过、降级、撤职、开除留用察看、开除。

二是刑事责任。我国《保守国家秘密法》第三十一条规定："违反本法规定，故意或者过失泄露国家秘密，情节严重的，依照刑法第一百八十六条的规定追究刑事责任。"第三十二条规定："为境外的机构、组织、人员窃取、刺探、收买、非法提供国家秘密的，依法追究刑事责任。"我国《安全法》第二十九条规定："非法持有属于国家秘密的文件、资料和其它物品，构成泄露国家秘密罪的，依法追究刑事责任。"《刑法》第一百八十六条规定："国家工作人员违反国家保密法规，泄露国家重要机密，情节严重的，处七年以下有期徒刑、拘役或者剥夺政治权利。""非国家公务员犯前款罪的，依照前款的规定酌情处罚。"

第五章　秘书职能环境

　　"环境"是一泛指名词，由"环"和"境"两个字组合而成："环"，指环绕、环合；"境"，指境地、境况。"环境"，指周围的地方，或指周围的境况和条件。如果要给环境下一科学的定义，可以这么概括：所谓环境，指的是环绕人们并促使人们活动的外部条件。

　　环境是人类生存和发展的基本条件。我们每一个人，每时每刻都生活在一定的环境当中。离开了一定的客观环境，人就无法生存，也就更谈不上什么发展和开拓了。人类的全部活动都是在一定的环境条件下进行的，反过来又影响和改变着环境。秘书是由于社会分工而形成的一种社会职业，他也时刻生活在一定的环境当中。他要履行自己的社会职责，就必须有一个适宜于发挥他的职业专长的职能环境；职能环境的好坏优劣，直接影响和制约着秘书社会职能的发挥。这也就是说，秘书的职能环境是他从事职业活动、履行社会职能的基石。因此，现代秘书学不仅要研究秘书的基本职能，而且还要研究秘书活动的职能环境，才能正确认识和把握职能环境的本质、特点和发展变化规律，自觉地创造良好的职业环境氛围，与各方面建立正常、稳定的职能关系，并主动依靠和强化这种职能关系，从而有效地行使和实现自己的社会职能。

第一节　秘书职能环境的含义及其重要性

　　社会生活的多样化，决定了社会上的每个成年人都有一定的职业分工并承担相应的社会职责，在社会上扮演不同的角色，如有的人的社会职业是工人，有的人的社会职业是教师，有的人的社会职业是军人，有的人的社会职业是医生等。这不仅是每个成年人谋生的需要，也是他(她)作为社会的一员对社会应尽的职责和义务。任何职业个人，他(她)要正常地履行自己对社会的职责和义务，完成自己的本职工作，即社会职能，都必然处于一定的环境中，必须具备相应物质生活条件，必须同与之相关的职业个人发生相对稳定的关系。也就是说，任何职业个人的活动都不是孤立的，都是与其它某些职业个人直接或间接地关联着，构成为社会管理系统中的一个子系统。离开了一定的物质生活条件和与其它职业个人的关联，那是根本无法实现其社会职能的。由此可知，所谓职能环境，指的是职业个人在他履行其社会职能时必须具备的物质生活条件和与之发生职能关系的相对稳定的职能对象的统称。

　　秘书作为一种社会职业，其职能是以综合、辅助性的中介活动，服务于领导和领导班子，作用于社会管理系统。秘书要实现自己的社会职能，必须具备相应的物质生活条件，有一个优美、和谐、整洁、舒适和安静的工作场所，保证其身心健康。同时，秘书职能作为社会管理职能的子系统，它建构在为之服务的管理大系统之中。秘书作为职业个人，处于多元、多层、多能的职能集体中的一个特定位置上，在同各种职能个人的密切关联中，进行他（她）既定的职能活动。秘书的职能环境，主要指自然环境中的地理环境、工作场所环境和社会环境中的人际关系环境（包括血缘关系、亲友关系、上下级关系、同事关系、群众关系、邻里关系、临时关系等，其中主要为上下级关系、同事关系和与群众的关系）。但这并不是说，整个的自然环境（尤其是生态环境）和当时的政治环境、经济环境、文化环境、科技环境对秘书实现其职能并不重要，这些"大气候"环境是至关重要的，它对一切社会职业和社会职能都是重要的，起着决定性的作用，是切切不可忽视的。如在"大跃进"年代，到处刮"共产风"，虚报浮夸成风，全民炼钢，大放"卫星"，自然环境遭到严重破坏；又如在十年浩劫时期，林彪、"四人帮"反革命集团倒行逆施，到处制造冤假错案，政治生活极不正常，经济上处于崩溃的边缘，文化科技一片荒芜，在这样的自然环境和社会环境下，又哪里谈得上实现秘书的社会职能呢？我们在这里所说的秘书职能环境，是在"大气候"环境正常情况下的"小气候"环境，是在自然环境和社会环境基本正常下的秘书职能环境。综上所述，所谓秘书职能环境，指的是从事秘书工作的秘书个人，在履行秘书职能时的有利于自身健康、成长和提高工作效率的物质生活环境和与之发生职能关系的相对稳定的职能对象的总称。

秘书要正常履行自己的社会职能，必须充分认识职能环境的重要性，遵循环境优化的规律和原则，不断改善物质生活条件和工作条件，优化各种职能关系，为自己的事业创造"天时、地利、人和"的客观环境，使自己的工作能得到各有关方面的理解、信任、支持和合作，这样才能正常、顺利、有效地行使自己的社会职能。

秘书职能环境优化的标志很多，主要体现在两个方面：

一是环境信任度，指的是秘书职能活动对象对秘书人员的信赖程度。秘书在机关领导、单位、群众中的职能形象越好，则越可能得到多元、多层职能活动对象的信赖与亲近。较高的环境信任度，是秘书履行本职任务、取得理想工作成绩的基本因素。秘书的环境信任度还具有全方位性。也就是说，秘书必须同时获得多元、多层职能活动对象的信任，不能顾此失彼，更不能将某一单元、单层的信任同其它对立起来，如致力于某一方面博取领导人的好感。此种片面的信任度，于己、于人、于机关都会产生不良影响。

二是环境谐振度，指的是秘书在完成其职能任务过程中，所得到的其职能活动对象的支持及配合程度。环境谐振度越强，职能活动对象给予的具体支持与配合越积极，秘书实际工作的质量与效率当然也就会越高。谐振关系失调，则反之。此种状况，均是秘书在进行实际工作之前和之中，必须排除的障碍。谐振具有双边共同性。秘书要取得较高的环境谐振度，较好较快地完成任务，当然首先在于以自身为主体，积极利用较高的环境信任度。同时，还得审时度势，从实际出发，或调整要求，或迂回处理，或给予理解体谅，通过主动及时的主观努力，去化解、排除可能出现的干扰因素，尽可能争取对方的积极支持与配合。秘书在这方面卓有成效的主观努力，构成秘书特有的一种素养和能力，是秘书获取环境信任度、创造环境谐振度的前提条件之一。秘书职能环境优化的标志很多，综观起来，主要体现在两个方面：秘书职能环境优化的程度愈高，秘书的职能活动也就愈见顺畅，效用也就愈见显著；反之亦然。两者之间呈正比效应。因此，秘书一定要关心和重视自己所处的职能环境，切切不可轻视对职能环境的建设。

第二节　营造优美的工作环境

各级各类机关、单位，为秘书的工作、学习和生活创造良好的物质条件，营造优美的室内外环境，不仅是预防疾病和伤害、保障秘书身心健康和安全所必需，也是秘书正常地开展职能活动所必需，还是社会主义精神文明建设的重要内容。实践证明，优美的工作环境，可以激发人们愉快、高昂的情绪，使其专心致志地投入工作，还有利于消除紧张和疲劳。一般说来，在人员和设备大体相同的情况下，如果物质条件优越，工作环境优美、舒适、整洁、和谐、安全、安静，就会使人们感到心情欢愉、舒畅、惬意，工作的积极性和创造性就会得到充分的发挥；相反，如果物质条件很差，工作环境杂乱、肮脏、嘈杂，就会使人们感到烦躁、气闷、压抑，工作积极性就会低落，因而必然影响到工作的效率和质量。

工作环境主要指秘书的工作场所，即各机关、单位的秘书按照一定制度、并借助于一定手段处理公务的地方。任何工作，总是在一定的工作环境即工作场地进行的，这是秘书处理公务的基本物质条件。虽然秘书不是所有的公务活动都在办公室里进行，但无可否认，秘书主要的或大部分的公务活动是在办公室里进行的。工作场所有基本工作场所和辅助工作场所的分别，前者指秘书经常从事公务活动的场所，后者指秘书从事公务活动之外（休息、阅览等）的场所。秘书的工作场所同所有其它的工作场所一样，一般由工作地点、工作人员、工作空间、物质条件、办公制度等五个要素所构成。

秘书的工作场所，应根据秘书工作的性质、特点和基本职能，特别应根据服从并服务于领导工作的需要和外来人员办事、联络的需要来合理设计，力求功能齐全。在对秘书工作场所进行具体设计时，应考虑到秘书的活动范围、作业姿势和办公用具的安置以及物理方面（如气候、光线、声音、颜色等）的因素，做到各办公室的位置排列科学、房屋的面积适当、室内空间适度，座位应按工作流程顺序同向列，不宜紊乱无序或任人自由选择，以免相互干扰。具体地说，可从工作场所的布局和布置两个方面来精心加以设计。

秘书工作场所的布局，指的是根据秘书部门的性质、职能和分工，将机关、单位分配给秘书部门的办公房间进行统一、合理的安排，使秘书便利于服务，有益于工作。秘书工作场所布局的类型，大体上可分为两种：一种是总体办公型模式——综理制；另一种是职能分工型模式——分理制。本书在第三章第二节中已作具体介绍，此处从略。

　　秘书工作场所的布置，指的是在秘书的同一专门房间里人员和设备如何科学、合理地进行安排的问题。工作场所布局属于整体设计的范畴，工作场所布置则属于局部设计的范畴，二者的要求和目的是不尽相同的。我们所说的秘书工作环境，主要说的就是秘书工作场所的布置。

　　秘书工作场所布置的目的，在于使秘书的办公室空间和各种设备能得到有效的利用，为秘书处理公务营造一个优美、舒适、整洁、和谐、安全、安静的工作环境，优化"人—机—环境"系统，以充分发挥秘书的主动性、积极性和创造性，促进工作效率和质量的提高，保证机关、单位秘书职能活动的正常开展。

　　秘书工作场所的布置，按照开放的程度来划分，大体上可分为三种类型：其一，敞开式。也称全开放式，就是将秘书集中在一间大的办公室里，按照工作流程，以工作台为中心进行排列。敞开式办公室又可分为对称型和不对称型两种，其中以对称型较为普遍。在西方国家，在我国的外国商社和三资企业，敞开式的秘书办公室布置十分流行，当前我国的有些企事业单位，主要是基层单位，也开始试行秘书敞开式办公室布置。实行秘书开放式办公，便于集中管理，节约了行政开支，节省了办事时间，有利于相互合作，但容易相互干扰，也有碍于身体健康。其二，半封闭式。也称混合式，即在敞开式的办公室内，用组合式家具或其它材料，将分工不同的秘书部门的小单位和人员隔开，形成以工作台为中心的若干"工作单元"。半封闭式办公场所除有敞开式的优点外，还可减少相互之间的干扰，其缺点是经费开支较多，也不便于管理和监控。其三，分散式。就是将秘书部门的各小单位和人员，分散地安排在机关、单位领导人办公室周围的专门房间里，从事其职责范围内的秘书职能活动。这种封闭式办公是我国传统的工作方式，为秘书部门所广泛采用。这种办公场所的布置，有利于密切人际关系，有利于分级管理，也有利于保持工作环境的安静，但它不便于信息沟通，不便于工作协调，不便于监督检查，也不利于提高工作质量和效率。

　　秘书的工作环境大体上可分为最舒适的、舒适的、不舒适的、难以忍受的四种类型。舒适的工作环境是建立在环境科学和人体工程学的基础上，坚持"以人为本"的原则，从有利于效率的提高和卫生保健的需求出发的工作环境。任何机关、单位，都应尽力为全体员工（包括所有的秘书在内）营造一个最舒适的或起码是舒适的室内外工作环境和条件，这是机关、单位行政管理工作的最基本的任务之一（而这一任务的实现又主要落在秘书和秘书部门身上）。那么，在秘书工作环境设计方面应注意些什么问题呢？

　　一、空气环境

　　空气是人类生存最重要的环境因素之一，空气的正常化学组成是保证人体生理机能和健康的必要条件。如果在空气污染的条件下工作，可引起上呼吸道炎症、慢性支气管炎、支气管哮喘和肺气肿等末梢气道疾病，还成为了肺心病、动脉硬化、高血压等心血管病和肺癌的重要致病因素，并且损害人体的免疫功能，造成抗病力下降。因此，在机关、单位工作环境的管理和监测中，应十分重视空气环境的管理和监测。一般说来，办公室要远离空气污染源，并保证正常的温度、湿度、通风、热辐射和气压。现代科学实验表明，温度可直接影响人的思维活动。气温在18℃左右时，人脑思考问题最为敏捷；气温高于27℃时，人就会感到烦躁不安，精神倦怠；低于10℃气温，也会使人委靡不振。秘书办公室的温度，在经济条件许可的情况下，可安装冷暖气设备、通风空调设备、遮阳隔热设施和温度调节装置，以及电风扇和电离子发生器等，使温度夏天保持在25℃左右，冬季保持在20℃左右。湿度指空气中所含水分的多少，湿度过高或过低，都于身心健康不利，会引起头痛、心慌、胸闷、四肢无力等症状，有病者甚至会引起旧病复发。秘书办公室的理想湿度为40%～60%。通风指空气的流通及其速度（风速），工作的风速与通风设备及温差、风压形成的对流有关。如果室内风速适中，会使人感到神清气爽；如果密不通风，就使人感到头晕恶心；风速过大，也会使人感到不适。秘书办室应有良好的通风条件，空气流速最好为0.3m/s～0.4m/s；室内温度和湿度很高时，空气流速最好为1～2m/s。热辐射指热量从某一物体向周围环境的流动，通过辐射的热交换，依赖于辐射与照射的温度差。现代化城市总是与密集的高楼大厦、广布的公用设施、林立的烟囱和纵横交错的柏油街道相联系的。这样的结构大多导热性能好，受热传热快。白天，在太阳的辐射下，结构面很快升温，滚烫的路面、墙壁、屋顶把高温很快传给大气；日落后，加热的地面、建筑物仍缓慢地向市区空气中播散热量。此外，人口密集、耗能集中、排热量大，也使气温上升，从而形成了"热岛"效应，使人闷热难耐。因此，机关、单位的办公场所应有防热辐射的设施，洒水降温，在庭院内植树种花，形成隔离热辐射层，并根据季节变化适当调整作息时间表。气压指大气的压强。气压变化与人的精神和疾病也有密切关系。国外警察局在调查犯罪频率中发现，许多犯罪案件都是在大气压低于730毫米汞柱（1毫米汞柱＝133.322Pa）时发生的。患有关节痛、哮喘病和胃溃疡的人，自身往往就是很好的"气象仪"，天气变化往往首先给他们带来痛苦的反应。气压虽然不能人为地改变，但在室内环境设计时可考虑这一因素，添置相应的设备，以维护秘书的身心健康。此外，窗户要宽敞明亮，开关方便，以保持室内的空气新鲜。

二、光线环境

光线环境和色彩环境合称为视觉环境，是通过人的视觉器官（眼睛）所感知的空间性环境。科学实验表明，人们从外界所获取的信息，有80%左右是通过视觉渠道提供的。在室内工作环境中，光线和色彩对人有着直接的影响，不仅会在生理上引起不同的感觉，而且还会在心理上产生情绪和情感上的变化。

所谓光，通常指的是照在物体上，使人能看见物体的那种物质，如太阳光、灯光、日光等。没有光，就没有物体的形象特征和形态特征，因而也就无法识别不同的物体。光是一种电磁波，故也叫光波；又因它是呈束状的光波，故又称光线。可见光是波长 0.77～0.39 微米的电磁波，此外还包括看不见的红外光和紫外光。光的来源大体有两种：一是自然光，即日光和太空光；二是人工光，即由各种灯具发出的光。在一般情况下，自然光优于人工光。

任何室内工作环境，都应有充分、合理的采光照明系统。光线的方向和亮度，应根据工作的性质、时间的长短、空间的大小、位置的不同，进行科学、合理的安排，才能保证工作人员有良好的感觉和愉快的心情，使办公舒适、准确、可靠。秘书的室内工作环境应尽可能利用自然光，因为这种光最为经济，不需花钱，而且柔和明亮，光线宜人，对人体生理机能有利。自然光如能巧妙地与各种窗户结合应用，还具有很强的装饰效果。水平窗可使人感到视野舒展开阔，垂直窗使人犹如从室内观看条屏挂幅式构图景物，落地窗不仅增添房间的明亮程度，尤其在低层建筑中使人感到亲切，并给人以室内外浑然一体的感觉等。但自然光有着一定的局限性，如受早晚、季节、天气的影响，因而，秘书室内工作环境宜采用自然光与人工光相结合的混合光，以保持稳定的光亮。人工光按光源分类有钨丝灯、日光灯、炭精弧光灯、碘钨灯、溴钨灯等。秘书工作场所在照明设备的选择上，宜采用日光灯，它既接近自然光，又比较经济；而在办公桌上，则宜采用钨丝灯或小型日光灯，光线的强弱可自由调节。

人工光的照明方式，可分为整体照明、局部照明、综合照明和特殊照明四种。秘书的室内照明，一般宜采用整体照明；如房间过大，也可采用局部照明或综合照明；而某些特殊的工作，如绘图、制表、打字等，则可采用特殊照明。秘书工作场所的照明，应有合理的亮度，太强或太弱，都不利于工作，也有损视力和健康。在工作目标和背景之间的照明程度上，应有明显的对比，同时，还要在工作场所注意避免闪耀的光源。此外，选用合适的照明设备以及对照明设备加以适当的装饰美化也是不可忽视的。

三、色彩环境

人的视觉感官不仅能够辨别光，而且能够辨别光的色彩。色彩是由波长不同的光照产生的。所谓色彩，指的就是光波刺激人眼所产生的视感觉。1666 年，英国科学家牛顿利用三棱镜的折射，将太阳光析解为红、黄、橙、绿、蓝、紫、青（靛）七种光带，加上黑、白两色，共为九色。到了 19 世纪初，英国物理学家托马斯·扬进一步提出了"三原色"的学说，证实了通过红、黄、蓝三种基本色之间的相互调和与渗透，可以调配出光谱上的各种各样的色彩。实验证明，人在观察各种物体时，首先引起反映的不是别的，而是色彩。人乍看物体，色彩与形体比较，人眼对色彩的注意力占 80% 左右，而对形体的注意力只占 20% 左右。这种状态可持续两分钟。当时间延续两分钟以后，人对形体的注意力可增加到 40%，而对色彩的注意力则降低到 60%。5 分钟后，形体和色彩就各占 50% 了。可见，对色彩的辨识，是人们区别各种事物、认识客观世界的重要依据。

　　色彩对人的生理、心理产生特有的视觉效果，不同的色彩往往给人以冷暖、轻重、宽窄、大小、厚薄、远近和动静等特异感受。红、橙、黄色具有热烈、温暖的视觉效果，是为暖色；蓝、绿、紫色具有寒冷、沉静的视觉效果，是为冷色。黑、红、橙色给人以重的感觉，白、绿、蓝色给人以轻的感觉；同一颜色，深色的使人感到重，浅色的使人感到轻。一般说来，深颜色有收缩感，使人感到大、厚、近，浅颜色有扩张感，使人感到小、薄、远。还有，黄色圆圈会显示从中心向外部扩的动势，蓝色圆圈会造成向中心收缩的动势。在不同的光照下，色彩还可以造成眼的各种错觉。

　　色彩大体上可分为天然色和人工色两大类：前者指大自然所呈现的所有客观外界存在的色彩，后者指经过人为加工调配出来的色彩。色彩可分为原色、间色和复色；按色彩的性质和应用，则可分为补色、调和色和极度色。色彩构成的三要素为色相、明度和纯度，由这三要素相结合而某一因素起主导作用，就构成了不同的色调。色彩和物体是不可分割的整体。色彩一方面离不开光，另一方面也离不开实实在在的物体。没有物体，也就没有吸收和反射光波的实体，当然，也就不可能有色彩了。

　　秘书室内工作环境的设计、管理和监控，应懂得起码的色彩学基础知识，并创造性地应用于实践。根据不同的地区、季节和办公室的不同用途，办公场所可采用不同的色彩。按地区，我国南方或平原地区，秘书办公室宜采用冷色，如绿、蓝、白等色；北方或山区宜采用暖色，如红、橙、黄等色。按季节，夏季宜用冷色，冬季宜用暖色。按工作用途，研究思考问题的办公室，宜用冷色；会议室和接待来访的会客室，则宜用暖色，使人感到温暖、亲切。室内的色彩设计一般分为背景色、主体色和强调色。背景色指室内天花板、墙壁、门窗和地面的大面积色彩，应以纯度较弱的沉静色为主，发挥其作为背景的烘托作用；主体色指室内可移动的办公桌和其它办公设备的色彩，应以中等面积的中性色彩为主，以显示处理公务活动的主体地位；强调色指室内需显示其特殊地位的小面积色彩，往往采用强烈的色彩来发挥它的强调功效，在国外的公司、国内的外国商社、三资公司中采用较多，我国党、政、军、群机关和企事业单位的秘书部门很少采用。

　　秘书的室内工作环境，还要善于运用色调，对色彩加以合理的调理、调配、调和、调控与调节，尽可能地做到协调统一。一般说来，色调宜明亮、和谐，以白、乳白、浅黄、天蓝、浅蓝为基本色。室内不可只用一种色调，而应让不同色彩和不同色调加以平衡、协调，使人的生理和心理产生有益的反应。在办公室正确地运用色彩，尤其是科学地运用色调，不仅能减轻人眼的疲劳，提高识别事物的能力和速度，提高工作效率和质量，而且还能使室内环境变得赏心悦目，给人带来精神上的轻松感、愉快感和舒坦感。

四、声音环境

　　声音环境又称听觉环境。听觉，指声波振动动物耳朵鼓膜所产生的感觉。声音的物理本质是发音体(声源)的振动通过它周围的介质(如空气)生成的一种声波。声波的三要素是频率、幅度和波形。声音的特点是：无形无色，随生随灭，散布在空气中，流动于时间过程，作用于动物的耳膜(振动器)而形成听觉。人耳可听声音频率范围大约在 20 ~ 20000 赫兹之间，低于或超过这个范围的声音就不能接收。人通过不同的声音，大致可判断出物体的类别、体量和所处的方位。

声音一般可分为乐音和噪音。乐音是物体有规则的振动，各纯音频率成整倍数关系，具有周期性和可重复性的波形，使人感到和谐悦耳的声音。莺歌燕语，各种奏鸣乐器和歌唱家的歌唱等都是乐音。乐音悦耳动听，赏心怡神，有助于身心健康和延年益寿。噪音指含有各种不同声强和声高的无规则的组合音。噪音是现代城市的主要污染源之一。潮涌般的人流，隆隆的机车声，嘈杂的工地，刺耳的汽笛声，轰隆的飞机，等等，这一切成了现代城市的基本特征。衡量噪音强弱的单位用"分贝"。50 分贝以下的环境是安静的；75 分贝以下对人体健康没什么影响；85 ~ 90 分贝对人有轻度影响；95 分贝以上的噪音对人可构成危害；130 分贝会引起病态感觉；150 分贝是人体忍受的界限；180 分贝能够破坏金属；再高 10 分贝，就足以把铆钉从金属结构中拔出来。噪音是看不见的祸害，它干扰人们的休息和工作，有些疾病是直接或间接受噪声影响而发生的。一个人如果长期在噪声环境中生活和工作，就会患噪声病，如头痛、头晕、耳鸣、眼花、失眠、嗜睡、易疲劳、易激动、记忆和听力减退、恶心呕吐、消化不良、高血压等。如果长期持续不断受强噪音的刺激，日长天久，听觉就会受到损伤，形成噪音性耳聋。噪声对神经系统、心血管系统、听觉、视觉器官、消化系统都有不同程度的影响和损害。

秘书室内工作环境的基本要求是保持安静，要尽一切可能加强对工作场所噪音的控制，并在工作间隙进行适当的音乐调节。科学实验表明，人在安静的办公室工作，可提高效率 25% 左右。为了防止噪音，办公室的天花板及墙壁，应采用吸音、隔音建筑材料，临街窗户宜装双重玻璃；对易产生噪音的办公用具，应尽量设置软垫，有条件的可在办公室内饰设地毯。利用工作间隙播放经过选择的音乐，可以使人心情舒畅，劳动轻松，保持良好的工作态势。但播放音乐的时间和次数要有严格限制，而且音乐的旋律和速度不得引起神经过分兴奋或注意力不集中。据调查，人们在上午的十时半及下午的三时半，工作情绪处于低潮。如能在这期间有选择地播放音乐，就会振奋精神，消除疲劳，使注意力集中，有利于提高工作效率。

五、室外环境

室外环境是相对于室内环境而言的，指的是秘书所在机关、单位的整个自然环境状况，即庭院环境。室外环境是人们日常生活和进行户外活动的场所，对人们的生理、心理状态和身心健康有着直接的影响，也是秘书和所有公务人员实现自身职能的重要物质条件。室内环境和室外环境是密切相关的，室外环境的好坏直接关系到室内环境的好坏。因此，各机关、单位在注重室内环境设计和建造的同时，切不可忽视对室外环境的设计和建造，应根据环境美学和人类生态学的规律和要求，创造机关、单位的自然环境美，为秘书和所有员工提供一个卫生、整洁、安全、安静、方便、舒适、优雅、美观的生存和生活环境。

机关、单位要有一个好的室外环境，选址十分重要，一定要将机关、单位选在远离各种污染源的地方。在此基础上，还要千方百计配合当地政府，防止和治理大气、水体、土壤、噪音、垃圾、辐射、化学的污染。就机关、单位本身而言，则应使机关、单位内各建筑物之间保持一定的空间，形成序列化和规整化，并注重机关、单位的整个布局和格调，而更重要的，则是做好机关、单位的绿化、净化、美化工作，建设"花园式"的机关、单位。

绿化，就是在机关、单位院内广种绿色植物，如树竹、花卉、草皮等。绿化具有吸碳、吐氧、去污、灭菌、防尘、调节温湿度、防风固沙、降低噪音、改善小区气候等方面的功能。据测定，夏季草地表面温度比裸露土表温度低 6～7.5℃，比柏油路表温度低 8～20.5℃。墙面有藤本植物垂直绿化的表面温度比红砖表面温度低 5.5～14℃，夏季树阴下的太阳辐射温度比阳光直射的太阳温度低 30℃左右。1 公顷森林，每天可吸收二氧化碳 1 吨，生产氧气 0.3吨，可供 1000 人呼吸用。每 10 平方米绿地，一天约吸收 1 公斤二氧化碳，放出 0..7 公斤的氧气，与人一天的呼吸量相当。1 公顷柳杉树，每年可吸收二氧化硫 720 公斤。刺槐每平方米叶面可滞尘 6 克多，夹竹桃可滞尘 5 克，而榆树则能滞尘 12 克。紫薇、臭椿、香樟、茉莉等，还能分泌出某种挥发性物质，有很强的杀菌能力。在种植这些树木的地区，空气中的含菌量要比没有绿化的环境减少 50% 多。绿化园林享有"天然除尘器"、"天然隔音墙"、"净化空气的肺脏"等美称。在机关、单位的庭院内，凡建筑物周围和可利用之处，都应栽种绿色植物，即使是光滑的墙壁，也不应让它空无一物，可栽上藤本植物进行绿化。甚至连公共厕所四周都围上一层绿篱，既雅观悦目又增加了绿化面积。

净化指机关、单位庭院的整洁性。俗话说："整洁先有三分美。"整洁是机关、单位自然环境美的基础。要净化，就要及时清除垃圾、杂物，对空气、水体、土壤、建筑设备等进行处理，去除其中的杂质、脏物，尤其要注意对"三废"（废气、废水、废渣）的清除，使其达到清洁卫生标准，实现空气清新、水质洁净、土壤干净、建筑设施井然有序的目标。环境净化了，人就会心清气爽，舒适愉悦，工作情绪自然好了，工作效率和质量也就提高了。

美化，指对机关、单位院内的装饰、点缀和艺术加工。建筑物的外部色彩不宜过于"抢眼"，应以纯白或浅黄色为宜，并作适当的装饰。如条件许可，在适当区域，可开辟小型荷塘，修建流洒的喷泉，堆砌嶙峋的假山，设置纪念性或观赏性的雕塑等，对路标、路灯、垃圾箱、停车房、长椅、石桌、石凳等的造型和安置，应在充分发挥其功能的基础上与周围的环境和谐一致，使之符合人们的审美心要通过整体的有机布局，使人为的物质环境与自然环境融合为一，使建筑物与自然风光融合为一，集绿化、净化、美化于一体，形成为一种综合的立体造型艺术，实现机关、单位的庭院化，为秘书和所有员工营造一个优美、舒适、和谐、整洁、安全、安静的工作、学习和生活环境。

第三节　秘书人际关系环境的优化

人际关系环境是社会环境的重要方面，也是秘书职能环境的中心内容。从某种意义上说，人际关系环境比工作环境对秘书实现其社会职能有着更重要的意义和作用。党、政、军、群机关和企事业单位，它们既有一定的封闭性，又有相对的开放性，其下辖的秘书部门亦是如此。随着社会变得越来越复杂，动态性越来越大，机关、单位及其下辖的秘书部门在其运行的过程中开放的程度也在不断地扩大。在行政管理系统中，秘书和秘书部门的特定职能，规定了其特定的地位和作用，这就是环绕领导和领导工作，沟通上下、左右、内外，通过相对独立的秘书活动，在各个层次、各个方面之间，发挥中介和纽带作用。机关、单位及其下辖的秘书部门，理想的人际关系环境，应是一种充满亲密、和谐、团结、协作的氛围，具有凝聚力、向心力和感召力的集体。这就要求：全体员工都明确机关、单位的职责、任务和奋斗目标，并为之而共同努力的共识度，具有产生内在凝聚力的互信度，具有足以密切上下、左右、内外相互关系的相依度，具有各层次、各方面共同发展的互促度。有了共识度，全体员工才能统一认识、统一步调；有了互信度，从领导、干部到广大职工才能相互理解、相互信任、相互支持，同心同德，团结协作，减少内耗，形成合力，紧紧地凝聚在一起；有了相依度，上下、左右、内外相辅相成，相互依靠，并肩携手，形成一种相依互补的关系，才能充分发挥各自的最佳社会功能；有了互促度，各层次、各方面和内部员工才能在公开、公平、公正的条件下相互竞争，争先向上，使机关、单位充满朝气和活力。在这种理想的人际关系环境里工作，秘书和秘书部门才能充分发挥其职能作用。

所谓人际关系，也称人群关系，指的是人们在进行物质交往和精神交往过程中发生、发展和建立起来的人与人之间的关系。秘书的人际关系是一种业缘人际关系（或称工作关系、业缘关系），是由于人们从事共同的或有关联的社会工作而结成的人际关系。构成业缘人际关系的媒介是人们在社会群体中所从事的职业。它主要的特点是：业缘关系本质上是人与人之间的直接角色联系，而是非私人性的人际关系；社会规范和角色规范是调节业缘人际关系的强制性杠杆；现实生活中具体的业缘人际关系融洽与否是关系各方在实际交往中所扮演的社会角色与其所表现出的角色行为（即人际角色）的综合变量；业缘人际关系往往具体表现为个人之间的情感关系。业缘人际关系是现实社会中人际关系的基本存在方式之一。良好的业缘人际关系对于社会主义物质文明和精神文明的建设，对于社会、集体和个人都有积极意义。对于秘书来说，处理和协调好业缘人际关系是履行其社会职责、实现其社会职能的基本条件。

　　一般说来，秘书的人际关系环境氛围大致可区分为和谐型、淡漠型和紧张型三种情况。和谐型指机关、单位各部门之间、各成员之间、以及与上下级和兄弟单位之间的关系协调、感情融洽，能相互理解、相互信任、相互支持、相互照应，各项工作都能默契配合，步调一致，因而心情舒畅，工作干劲大，显示出一种"水乳交融"的状态，使整体功能得到充分的发挥。淡漠型指机关、单位各部门、各成员之间以及与上下、兄弟单位之间缺乏感情联系和思想沟通，除了工作上的一般接触外，就再没有其它的什么接触了，各职能部门之间只是业务上的往来，按程序办事，工作人员虽有明确分工，也能按时到位，但公事公办，不求有功，但求无过，事不关己，高高挂起，谈不上相互支持和协作，很少有人考虑组织总体目标的实现进程，也很少有人关心人与人之间思想感情的交流与沟通，显示出一种"平淡如水"的状态，人们的工作主动性和积极性都不高。紧张型指的是机关、单位处于一种摩擦不断、矛盾突出的人际关系环境氛围。在这种环境氛围中，或由于领导班子不团结，互不买帐，各吹各的号，各唱各的调；或是职能部门从各自的小集团利益出发，相互掣肘，推诿扯皮；或是同一职能部门的成员之间人际关系紧张，"各人自扫门前雪，不管他人瓦上霜"，配合失调；或由于人们价值观念的不同而造成认识上的分歧；或由于个人恩怨和利益冲突而戟指怒目；或由于领导偏听偏信、处事不公而产生埋怨心理；或由于机构臃肿而"人闲出是非"，等等。在这三种人际关系环境氛围中，和谐型对秘书的职能活动最为有利，工作效率和质量也最高；而紧张型是最为不利的，秘书干什么工作都难度很大，办什么事都极费周折，而且往往会费力不讨好。

　　秘书为充分发挥自己的职能作用，都希望能处于和谐型的人际关系环境氛围中。在这种环境氛围中，共识度、互信度、相依度和互促度都较高，形成了一种良性循环，使秘书能人尽其才，才尽其用，从而高效率、高质量地完成自己的本职工作。

　　秘书要建立良好的业缘人际关系，有一个和谐型的职能环境氛围，必须把握以下一些原则：其一，待人以度，即讲究原则和分寸；其二，待人以诚，即讲究真诚和恳切；其三，待人以信，即讲究信用和守诺；其四，待人以厚，即讲究自律和宽厚。

　　就秘书本身而言，要优化人际关系环境氛围，最重要的是要协调和处理好与领导者和领导班子的关系，因为秘书和秘书部门就是为领导和领导工作的需要而设置的，正因为它处于主导的、十分关键的地位，本书专列第二章已翔实地加以论述，此处只是再一次强调提出来，论述从略。此外，还要协调和处理好以下两个方面的关系：

一、秘书与职能部门的关系

　　在任何组织系统中，职能部门是领导层与执行层之间的直接职能组织中介环节，是任何机关、单位中不可缺少的有机组成部分。职能部门各担负某一方面的明确、具体的业务职能，如组织、人事、计划、财务、监察、治安等。机关、单位最基本的日常职能活动直接依赖它们分工进行。职能部门介于领导与群众之间，承上启下。对上，直接领受领导意图；对下，直接宣传群众、组织群众，在本职业务范围内，将领导意图化为群众的行动，从一个方面去实现机关、单位的社会职能和总体目标。它们相对地自成一体，负责各自职能范围内的工作，其职能作用的正常发挥，综合为全机关、单位总的职能作用。它们是机关、单位管理系统方面的子系统，是机关、单位运转网络中的分支纲绳。

秘书部门也属于机关、单位中介的职能部门之一，但它同其它职能部门相比，其中介对象有异，秘书以领导为主体，同时涉及职能部门；中介内容有别，秘书中介内容多表现为无定向的综合形态，不限于某一专指业务；中介方式不同，主要采取传达、沟通、协调、催办的形式；中介效应性质也呈现差异，表现为被动辅助作用。

基于秘书的地位和职能，秘书同职能部门之间的联系，是一种同层次业缘人际关系的联系，即在同一机关、单位处于相同地位的人们在交往过程中结成的业缘人际关系。它主要表现为两种形态：

其一，辅助形态。即以综合辅助领导和领导工作为中心任务，同职能部门所发生的业缘人际关系。秘书要履行其综合辅助领导和领导工作的职能，就要在机关、单位下辖的各职能部门范围内，针对辅助任务的需要，同各职能部门进行交往，在领导与各职能部门之间架起一座桥梁，纵向地往返输送、反馈各种信息。这时，职能部门是秘书发挥其职能作用的一端，秘书的作用是通过一条与领导直接指挥的主线相平行的辅线，而介于领导与职能部门之间。

其二，协调形态。在机关、单位的日常工作中，有一些属于综合性的或交叉性的事项，关涉到几个职能部门的业务范围，这就需要秘书和秘书部门从中进行协调，按照领导的意图，确定由某一职能部门主要负责，其它职能部门协助办理，同心协力完成这一综合性或交叉性的事项。这时，各职能部门成了秘书发挥其职能作用的直接对象，各职能部门之间是以秘书为交点，通过平行主线并联在一起，同心协力地完成这一任务。然而，尽管秘书的这种职能作用表现为秘书同职能部门的直接交往，实际上秘书是在领导意图及授权之下所进行的职能活动，因而仍属于辅助领导活动的范围。

由此看来，秘书和秘书部门要有效地辅助领导和领导工作，全面履行本职任务，必须协调和处理好与机关、单位各职能部门的职能关系，建立起宜于秘书工作的业缘人际关系环境氛围。离开了各职能部门的信赖、支持和配合，秘书是很难又快又好地完成本职任务的。为此，要求秘书做到以下几点：

第一，树立"一盘棋"的整体观念。

秘书和各职能部门人员都应该认识到，对任何一个机关、单位而言，机关、单位是大局，职能部门是小局，机关、单位是"一盘棋"，职能部门是这个棋盘上的一个"棋子"。秘书和各职能部门的人员必须树立整体观念，以全局利益为重，小局服从大局，"棋子"服从整盘棋的调度。有了这种认识，秘书和各职能部门之间的关系就容易协调和处理了，存在的误会也就容易解决了。

第二，强化职能部门观念。

机关、单位的职能部门是机关、单位直属的不同业务的具体执行环节，机关、单位最基本的日常职能活动，直接依赖他们分工进行。秘书虽然贴近机关领导，秉承传达领导意图，在职能部门眼中占有特殊位置，然而无论何时，秘书都得正视其地位与作用的辅助性质，恪守谦虚谨慎的职业道德，体谅职能部门的难处，强化为职能部门服务的观念，以平等的态度待人，切不可自视高人一等，以"二首长"自居，盛气凌人；或依仗领导权威，颐指气使；或假传领导旨意，谋取私利；或擅用自身的职能条件，损人利己。

第三，体谅职能部门的难处。

机关、单位的职能部门各当一面，要直接承上启下，工作头绪繁多，自然会有各种难处，需通过秘书了解、领会领导意图，反映情况、要求，对秘书常有所求。秘书之于职能部门，既要忠实地按领导意图办事，又要理解职能部门的难处和苦衷。秘书在发挥对职能部门的职能作用时，应本着对工作高度负责的精神，原原本本地传达领导意图，转述要求完成的任务，以便于职能部门正确理解和执行；要尊重和体谅职能部门的实情，少给职能部门施加压力；要广泛搜集各方面的信息，乐于为职能部门服务；要发挥秘书的特有职能优势，多为职能部门排忧解难；要注意同等对待各职能部门的人员，切不可厚此薄彼。

第四，讲究协调策略。

秘书在协调各职能部门的关系时，一定要根据职能部门的职责、特点和具体情况，讲究协调策略，注意方式方法，多采用思想沟通、感情交流、信息传输和正面疏导的方法，切不可采用命令、强制、斥责的方法。各职能部门的人员，则应以真诚合作的愿望，与兄弟职能部门交换意见、沟通信息、联络感情、消除误会，以求得对方的理解、信任、支持、帮助和合作。如在认识上、行动上、做法上一时难以统一，秘书在协调时则不必急于求成，只要不影响工作，可以求大同、存小异，允许保留不同意见，做到严于律己，宽以待人，与人为善，以大局为重，以友谊为重，以团结为重，从而有利于今后工作的开展。

二、秘书与同事的关系

从广义上说，秘书的同事，既包括本机关、单位的领导，也包括同一机关、单位其它职能部门的人员。我们这里所指的秘书的同事，是从狭义上理解的，指的是秘书机构内部的其它人员，除其它秘书外，还包括收发员、通讯员、打字员、文书人员、档案工作者以及办公厅（室）的有关人员等。秘书与秘书机构内部同事的正常交往，保持良好的关系，这是做好秘书工作的基础。如果没有秘书机构内部同事的大力支持和积极配合，就会举步维艰、寸步难行。秘书与秘书机构内部同事的关系，是一种因工作相联而结成的人与人之间的关系，彼此相互依存，相互协助。秘书与秘书机构内部的同事保持友和、合作的良好关系，是做好秘书本职工作的基础。这种同事之间的关系，具体表现为职业上的同行关系，业务上的协作关系，生活上的互助关系等。由于秘书机构内部的秘分和其它同事合作共事，身份、心理、情感比较接近，一般地说，彼此间的关系大都比较密切，但也不可一概而论。从现实情况看，秘书与秘书机构内部同事的关系非常微妙，并非都处理得和谐、融洽。如处理得不好，就会助长互不服气，互相掣肘，互相扯皮，互相推诿，互相攻击和刁难的内耗关系，就会给工作带来困难和损失。

秘书与秘书机构内部同事的关系是一种平级关系，谁也不必服从谁，因而表现为以下两种形态：

其一，协作形态。秘书机构内部的人员，各人的工作任务虽然有所不同，但分工是相对的，共同目标都是为的搞好"三个服务"，尤其是要搞好为领导服务。因而秘书要自觉加强与同事团结协作，积极探讨工作，共同解决问题。秘书要与秘书机构内部的同事互相交流思想，学习业务，取长补短，提高工作能力和内部合力，共树秘书和秘书机构的美好形象。秘书在履行职责时，应善于与同事合作共事。遇事应主动收集和听取同事们对工作的意见，互相信任，互相尊重，互相支持，同心同德，搞好本职工作。当同事要求你给予支持、帮助时，应满腔热情地站出来；当同事要求你一起完成某一工作时，应积极主动，勇挑重担，切不可推三阻四，袖手旁观。

其二，"等边形"形态。所谓"等边形"形态，它的意思是秘书要与秘书机构内部的任何同事都保持等距离，一视同仁，切不可厚此薄彼。同在一个机关、单位的秘书机构工作，同事之间的利害攸关，在提拔任用、评模选优、职称评聘、工资晋级、岗位津贴、奖金发放等问题上难免互相撞击，"同室操戈"。于是，有的人由于情感相近、利害相同、个性接近、志趣相投、老乡关系、同学关系等因素的影响，就搞宗派，拉山头。对此，一个优秀的现代秘书，应严于律己，应该坚决拒绝，而应与每个同事都保持友善态度，同时保持等边距离，这样做，既有利于团结，也有利于合作。

秘书与秘书机构内部同事的关系，是秘书人际关系的重要部分。而要与同事经常保持团结友好的关系，要求每一秘书做到以下几点：

第一，加强与同事的交往。人际交往能否成功，交往的态度和频率起着重要的作用。真诚是人际交往的最基本的要求。所有的人际交往的手段、技巧都应该是建立在真诚交往的基础之上的。秘书与同事相处应切忌以下几点：忌讳拉小圈子，互相散播小道消息；忌讳情绪不佳，牢骚满腹；忌讳趋炎附势，攀龙附凤；忌讳逢人诉苦，没完没了；忌讳故作姿态，举止特异。从某种意义上说，人们交往的次数越多，相似因素也就越多，关系也就越好。所谓"同声相应，同气相求"，正是此意。由于秘书是领导的参谋和助手，比起一般工作人员来说是大忙人，经常都无闲时，弄不好就只会在领导背后转而将同事抛在了一边。因此，秘书应主动加强与同事的交流，和同事经常交流信息，互通情报，参加文体活动，谈谈自己的工作和家庭情况。同事之间不能协调，结成疙瘩，大多数都是缺少相互之间的交往所致。

第二，经常关心、帮助同事。只有经常地真心实意地关心人、帮助人，才能取得好感。秘书要满腔热情地去关心同事、帮助同事。当看到同事工作忙不过来时，应尽力为其做些辅助性工作；当看到同事的工作有困难时，应主动为其排忧解难，同时还要报告领导给予解决。对新来的同事更要多方面关心，给予特别辅导，使他很快适应新环境，感受到集体的温暖，安下心来工作。

第三，正确对待同事的优点和成绩。每个人都有自己的优点，都会取得成绩，甚至这些优点和成绩还会超过自己。这就需要秘书能够正确对待同事的优点和成绩。作为一个有作为、有创新意识的现代秘书，应欢迎同事强于自己，超过自己；勇于承认差距，虚心学习他人的长处，并以此为动力，激励自己赶上并超过他们。还有，对同事的优点要不失时机地进行肯定和赞美。应该将自己看到的、了解到的同事的优点和成绩及时向领导报告。而当你与同事一起取得工作成绩的时候，要把名利功劳让给同事。这样既履行了自己的职责，又使群众感到你很公道、正派、正直。

第四，妥善地处理矛盾。与秘书机构内部的同事相处，难免会因种种原因而产生一些矛盾。面对产生的矛盾，秘书应当先冷静地作出分析，然后根据矛盾的性质予以处理。是自己的责任，就应主动地检查自己；是他人的原因，则应大度地进行批评和解释。如果发生原则性的矛盾，应该毫不客气地批评，以维护原则。处理与同事之间的矛盾一定要稳妥，决不可有小人见识。这就要注意以下几个方面：不在领导前面诋毁和贬低对方；不扩散矛盾的知悉范围；不在大庭广众之下对对方评头论足，为自己辩护；不能以散布对方的隐私和秘密来换取自己心理上的快慰。当对方的利益受到损害时，虽然与对方有矛盾，即使对方不在，也不能幸灾乐祸，面应挺身而出进行维护。

三、秘书与群众的关系

秘书业缘人际关系的又一重要方面是与广大群众的关系。秘书辅助领导推行公务的过程，从某种意义上说，就是协助领导宣传群众、组织群众、服务群众的过程。领导活动的成果必然体现在群众的实践之中。作为秘书经常性的业缘人际关系，秘书与群众的交往是必然的、高频率的和长期的，在其交往过程中双方地位平等，但角色不同，一方是服务者，另一方是被服务者，他们是服务——被服务的业缘人际关系。他们对对方的角色期待也不同，服务者（秘书）要求被服务者（群众）对自己以及自己的劳动给予理解和尊重，被服务者（群众）则要求服务者（秘书）履行其服务者的职责，为自己提供高质量的优质服务。可见，群众是秘书职能活动的业缘人际关系中不可忽视的重要因素。

就广义的机关、单位而言，秘书与群众关系中的"群众"，既包括机关、单位之内职能部门与基层单位的一般干部、职工及其它人员，也包括机关、单位之外秘书可能与之发生职能关系的干部、职工及其它人员。

群众是秘书职能活动的重要对象，是有效辅助领导活动的重要依靠，是秘书工作的"三大服务"内容之一。秘书同群众的职能关系，通常表现为两种主要形态：

其一，被动形态。即秘书为领导临时指派或作为受权代表而受制领导而与群众所发生的一种职能关系。如领导因决策需要让秘书深入群众了解和掌握第一手情况和意愿，领导为处理信访或其它有关事项而授权秘书对群众进行调查或作复，群众把秘书视作领导的代表向秘书来信来访而秘书代领导接受并遵照领导具体意向进行处理，等等，均属秘书要受领导明确制约、带有明显被动色彩的同群众的一种职能关系。

其二，主动形态。即秘书在自己的职能权限内自行同群众所发生的职能关系。如秘书为履行其职能，作为有心人，随时随地在群众中了解各种情况，听取各种反映；或秘书为积累有关资料，自行定向地向群众调查研究；或为协调某一工作、处理某一事项，主动同群众交往，了解和掌握有关情况等，均属秘书不明显受制于领导、而带有主动色彩的一种同群众的职能关系。加强同群众的这种职能联系，优化与群众的业缘人际关系，是秘书在职能活动中发挥主动性、积极性、创造性的集中体现。

秘书要在职能活动中优化同群众的业缘人际关系，建立良好的职能环境氛围，应从以下几个方面努力：

第一，全面了解群众的基本情况。

群众是机关、单位存在的基础，是组织直接面对的对象，因此，秘书对机关、单位的所有群众，包括干部、工人、技术人员、管理人员等，以及机关、单位以外的群众的基本情况，如家庭情况、文化程度、政治面貌、思想品德、业务能力、专业特长、经济收入、生活水平、实际困难、具体要求、身体状况、心理状态等，都应全面地了解和掌握，做到心中有数，这样，才能把握群众的脉搏，了解群众的心愿，有的放矢地开展工作，密切与他们的关系，取得他们对机关、单位各项工作的支持，尽职尽责地完成自己的本职工作，为实现机关、单位的总体目标努力奋斗。

第二，强化为群众服务的观念。

全心全意为人民群众服务，是我们一切工作的出发点和落脚点。秘书要从思想上正视自己、正视群众，把自己视作人民群众的公仆，自觉地树立群众观点，将自己置身于群众之中，真心实意地为群众服务，并自觉接受群众的监督和批评。秘书要全面把握秘书的职能，不能将服务群众与服务领导、服务机关工作对立起来，而应看到三者本质上的一致性，将三者有机地结合在一起。要坚决批判封建等级观念，切不可有高人一等的想法，以谦虚、平等的态度对待群众，诚心诚意地与群众交朋友，甘当群众的学生，虚心向群众学习，关心群众疾苦，为群众多办实事、好事，好群众之所好，恶群众之所恶，急群众之所急，真正从思想感情上密切同群众联系。

第三，加强领导与群众之间的信息沟通。

秘书是机关、单位领导与群众之间一条重要的沟通渠道。而且，出自秘书职能的特点，秘书的这种沟通作用，无论对群众还是对领导，又都有其相对直接、可信的特征。秘书应重视并有效地做好这种沟通工作，这对于密切同群众的关系，进而密切群众同领导的关系，都具有积极的意义。在这种信息沟通中，秘书应全面、准确地了解和把握领导意图，原原本本、不折不扣地传达给有关群众，一定要防止片面、曲解，更不得添枝加叶甚至违意误传；面对群众的来信来访，态度要热情、周到，要耐心地听取他们的意见或申诉，按政策给以答复或处理，或依据职权范围，及时将群众的意见或申诉反映给领导或有关职能部门，交由他们答复或处理。在沟通领导与群众之间的信息时，一定要防止对群众简单、轻慢、粗疏和阻滞的不良态度。

第四，营造亲密、融洽的"家庭式气氛"。

在机关、单位内部，群众主要为广大员工及其家属。要使员工心情舒畅地投入工作，秘书应协助领导培养员工对机关、单位的热爱和忠心，营造一种亲密、融洽的"家庭式气氛"，使员工视机关、单位如家庭，爱机关、单位如家庭；同时做好员工的家属工作，造就一批关心和热爱机关、单位的"贤内助"，全力支持员工的工作，作员工的坚强后盾，解除员工的后顾之忧。"家庭式气氛"是在员工及其家属对机关、单位热爱和忠诚的基础上产生的一种良好的集体环境氛围，有助于集体主义精神的发挥，引导广大员工及其家属萌发和维系对机关、单位的依附感和归属感，增进机关、单位本身的凝聚力、向心力，使广大员工自觉地为实现机关、单位的总体目标而贡献出自己的全部智慧和精力。

第六章　秘书基本素养

　　世界上的任何工作，都是靠人做的。工作做得好坏，关键在于人的素养。人的素养偏低，尽管将工作的目标、意图、策略、方法反复交代，他也领悟不了，工作也难以做好。秘书工作同样如此。秘书要胜任并做好自己的本职工作，最根本的是要有较高的素养。这是秘书能出色完成任务的根基之所在。素养是素质和修养的合称，它包括了心理素质、基本修养、职业道德、知识结构（秘书的知识结构，在第三章第三节已作论述，此处从略）、能力构成等。这些基本素养，有的可在走上工作岗位之前，在学校里从事专业培养和训练时学到，但那只是停留在理论上的初步认识，更重要的是在走上工作岗位后，通过工作实践去学习和加深体会，进一步加以提高、巩固和完善。没有经过学校专业培养和训练而具有一定实践经验的秘书，则应结合自己的业务工作加强自学或参加短期专业培训，理论结合实际，将感性认识升华为理性认识，全面地提高自己的基本素养。

第一节　秘书必备的心理素质

　　心理，是人脑的机能，指感知、记忆、思维、情感、意志及个性心理特征观念组成的总体；素质，又称天资、禀赋、天分、资质，指有机体以遗传为基础的生理—心理特点，是个人身心条件的综合表现。心理素质，指在社会环境和社会实践中形成和发展的，主要是指人自身表现出来的稳定的、经常性的、本质的个性心理特征，包括人格、信念、气质、意志、情绪、性格、动机、兴趣等。应该承认，人与人之间在心理素质上存在着先天（遗传）的差异，但决定人的心理素质的主要因素，则是来自后天的社会环境和社会实践。

　　秘书的心理素质，指秘书在心理过程和个性心理特征方面表现出来的稳定的、经常性的、本质的心理特点的总和。秘书心理特征既有稳定性、经常性，又有可变的、可塑性。良好的心理素质是现代优秀秘书必须具有的基本条件。当代秘书活动的竞争性、紧张性、快节奏和高压力等特点，都对秘书的心理素质提出了越来越高的要求。秘书在自我发展、自我完善的过程中，必须自觉地加强自我心理素质的训练和锻炼，才能适应现代社会发展的需要。

一、人格

　　人格，或称人品，是在一定社会中的地位与作用的统一，个人做人的尊严、价值和品格的总和，其核心内容是人的道德品质。人格是在社会生活中产生和形成的。人们在改造自然和改造社会的实践中逐渐认识了自己的地位和作用，因而便形成了对自己做人的尊严、人生的价值和道德品格的认识，这就是人格。人格一旦形成，就作为内部条件使外界的影响透过自身而起作用，不断调整自己的心理结构，使之趋于健康和完善。

同样作为秘书，但人格是大不相同的。秘书的人格具体表现在他的立场、观点、思想作风、人生态度、道德情操、志趣追求和一言一行、一举一动上，表现在一件一件的生活琐事上。有的秘书人格高尚，闪闪发亮、晶莹夺目，像巍巍的高塔，似郁郁的青山。如毛泽东的秘书田家英胸怀坦荡，不计个人得失，敢于坚持真理，勇于仗义执言，就是这方面的典范。有的秘书人格卑劣，丑陋不堪，狰狞可恶，像污泥浊水，如臭气刺鼻。如陈希同、王宝森的秘书，唯"主子"之命是从，专行小人勾当，干尽了坏事，成了人民的罪人。有的人人格高尚，并非天生如此，乃长期培养、严于律己而成；有的人人格卑劣，也不是生来如此，乃是长期放纵以致好逸恶劳不以为然，损人利己成了习惯。古人说："有德不敌。""人之情，服于德而不服力。"人格健全的秘书，他的工作容易得到领导和各方面的认同、理解和支持，他讲的话容易为人们所信服，他的人格魅力给人以权威感和信任感，因而在事业上容易取得成功。一个优秀的秘书，应时刻意识到自己对国家、对社会、对人民的崇高的使命感，努力塑造自身高尚、健全、完善的人格。

二、信念

信念，指激励人们按照自己的信仰和原则去行动的思想倾向。它是建立在认识和情感基础上的一种思想观念。信念具有前瞻性、稳固性和深刻性，是决定人们社会实践活动的巨大精神力量，是人们工作、学习和生活的一种精神支柱。它以理想为中心，并与情感、意志结合起来，表现为秘书的一定立场，支配着秘书的行动，使秘书具有坚定不移的目标和原则。在广大秘书心理素质的外显表现中，信念使秘书真切地认识到秘书工作的意义、地位和价值，起着关键的作用，它也是秘书工作实践创造性劳动的一大推动力和维持力。

在现代社会，信念只有在辩证唯物主义和历史唯物主义的科学世界观指导下才能建立起来。作为秘书，要把自己的命运与党、祖国、人民的命运紧紧地连在一起，坚信改革开放和社会主义现代化建设的大业必然成功，坚信社会主义制度的无比优越性，坚信共产主义的理想必然能够实现，在商品经济大潮中才能不偏离自己的人生坐标，才能对工作、学习、生活和人生价值有正确的认识，秘书工作也才有正确的导向。有一些秘书在商品经济大潮中私欲膨胀，犯这样那样的错误，有的甚至身陷囹圄，其根本原因之一，就是信念发生了动摇，迷失了方向。因此，不论在什么情况下，秘书都要把坚持正确的政治方向放在首位，树立崇高而远大的人生理想，坚信马列主义、毛泽东思想、邓小平理论，坚持四项基本原则，尤其要坚持中国共产党的领导和社会主义道路，在思想上、行动上始终与党中央保持一致。不管国际风云如何变幻，共产主义信念绝不动摇，否则，在所从事的秘书工作中，就有可能犯方向性、路线性的错误。

三、气质

气质，指人的心理活动动力特征的总和，或者说是典型、稳定的个性心理特征。动力特征包括心理活动的强度、速度、灵活性和稳定性等特点，具体表现在情绪发生的快与慢、激烈与深刻的程度、反应敏捷性及感受性高低等方面。秘书的气质，指秘书比较稳定的心理活动的动力特征。气质与秘书职业有着密切的关系，本书在第二章第三节"秘书机构人员的配备"中，专门谈了"气质结构"的问题，这里不再重复。

四、意志

意志，是指人自觉地确定目标，并根据目标来支配、调整自己的行动，克服各种困难，来实现预定目的的心理过程，是人的意识能动性的表现。人有了意志才能积极地改造主观世界和客观世界，成为现实世界的主人。秘书工作做得如何，效率是高是低，在很大程度上取决于秘书意志的强弱。意志具有自觉性、果断性、自制性和坚持性等积极的品质，也具有盲目性、顽固性、冲动性和脆弱性等消极的品质。秘书一定要努力培养自己对待工作任务的自觉性，克服盲目性；处理问题的果断性，克服固执己见的顽固性；面对不利环境的自制性，克服情感冲动性；遇到挫折、困难时的坚持性，克服心理上的脆弱性。

五、情绪

情绪，指人的情感较强烈、带冲动性的外部表现。它是一种高度扩散的兴奋或抑制状态。冲动性、情境性、短暂性和不稳定性是情绪的突出特征。情绪可以表现为喜悦或悲哀、爱慕或憎恨、惊奇或愤怒、恬静或烦躁、轻松或紧张、乐观或忧郁等。情绪直接影响人的意志、思维和言行，能决定人的工作效率或成败。

秘书的情绪，是秘书对客观事物是否符合其需要而产生的内心体验。它是秘书实践活动主观方面的前提条件，受到自然环境、自身健康状况和社会环境等因素的影响和制约。良好情绪的保持和巩固，需要客观刺激物不断去强化它，如社会环境、舆论评价、社会公认的标准等，对秘书有重要的作用；也要求秘书本身尽可能冷静地对待社会环境、舆论评价等的影响，能驾驭和控制自己的情绪，经常保持积极、乐观、平静的情绪，防止并善于克服消极、悲观、烦躁的情绪。

六、性格

性格，指人对现实态度及与相应的习惯行为方式中比较稳定的、独特的心理特征的总和。性格是一个人最鲜明、最重要、最核心的个性心理特征，是在人的自身生理素质基础上，通过具体生活环境的影响而逐步形成的。按照俄国生物学家巴甫洛夫的学说，性格的生理机制是高级神经活动类型和后天客观环境所形成的"合金"。人的性格千差万别，但归纳起来，大体可分为外向型和内向型两种。具有外向型性格的人，一般表现为开朗、活泼、善交际，但也容易信口开河、顶撞、争执，显得不够老练；具有内向型性格的人，一般表现为沉静、迟缓、不善交际，使人感到城府很深、难以接近等。秘书的性格，是秘书在个性生活过程中所形成的、对现实稳定的态度以及与之相适应的习惯化的行为方式，是表现在态度和行为上比较稳定的心理特征。秘书的工作性质，要求秘书具有外向型和内向型性格之长而弃其短，既要敏捷，又要沉着；既要活泼，又要严肃；既要善交际，又要保守机密。具体说来，对秘书的性格的基本要求是：

（一）自信。深信自己有能力完成自己所担负的各种工作。

（二）开朗。始终保持乐观饱满的情绪，面对复杂而艰巨的任务而无抱怨之心和牢骚之言。

（三）敏捷。不仅思维敏锐，容易接受新鲜事物，而且办事干练，不拖拖拉拉，文思敏捷，下笔千言，倚马可待。

（四）稳健。指秘书做事应沉着应对、细心观察、考虑周详、不贸然从事，不惊慌失措。
（五）坚毅。指秘书做事有百折不回、坚持到底的勇气和毅力。

（六）谦虚。要求秘书能定准位置，把握角色，尊重他人，不可居高临下，指手画脚，上恭下倨，甚至以势压人。

（七）幽默。幽默是对社会生活的一种喜剧性的反映，它使人在善意的微笑中明辨是非、区分美丑、启迪智慧、增长见识。秘书具有幽默的性格，不仅能化解繁琐、沉重的工作压力，使自己获得良好的心境，而且能创造轻松的气氛，成为人际交往的润滑剂。

（八）自制。秘书要善于控制自己的情绪和行为，不因某些成功而情绪冲动、忘乎所以，也不因某些挫折而垂头丧气、心灰意冷，在利诱面前不动心，在逢迎面前不自喜，在讽刺挖苦之时能镇静自若，在巨大压力之下能从容应付。

七、动机

动机，又称内驱力，指满足某种需要有关的活动动力，也就是推动人的行动的内在原因。需要产生动机，动机产生动力。人的一切行为都是受动机支配制约的。动机属于人的个性的积极性，也就是个性需要的具体表现。动机可分为物质性动机和精神性动机、天然性动机和社会性动机等。

秘书的动机，是促使秘书行动的动力和原因，是产生和维持秘书行动的个性心理倾向，是秘书心理活动的一种重要机能。作为秘书，从他（她）踏上这个工作岗位开始，就应该培养和确立为民族振兴，为国富民强，同时实现个人价值、追求个人幸福的正确动机，而不应该是只图个人名利，甚至是损人利己、损公肥私的动机。做每一件事情，都要把完成自己的职责与实现祖国社会主义现代化的宏伟大业的动机紧密地结合起来，才能产生巨大而持久的工作动力，奋发努力，积极进取，将工作完成得又快又好。

八、兴趣

兴趣，它是指人的意识中对事物所持的一种选择态度和积极探索的认识倾向，又是一种复杂的行为动机。兴趣是在社会实践活动中形成的，也可以在社会实践活动中改变。由于社会实践活动的丰富性，导致人的兴趣也多种多样。从与对象关系、效能水平与持续的时间来看，兴趣可分为直接兴趣与间接兴趣、积极兴趣与消极兴趣、短暂兴趣与稳定兴趣等。对于秘书来说，兴趣指秘书积极探究某种事物或从事某种活动的意识倾向，即通常所说的爱好。秘书应自觉培养对本职工作的兴趣，以百倍的精力、满腔的热情投入其中。有了浓厚的兴趣，就能够使秘书在工作中产生愉快、兴奋的积极情绪体验，自觉提高职业素质，高效完成工作任务；此外，秘书还有必要培养和发展职业外的兴趣爱好，如旅游、书法、绘画、音乐、摄影、集邮、体育活动等，兴趣广泛，可丰富精神生活，增进身心健康，陶冶情操，健全人格，提高秘书的整体素养。

第二节　秘书的基本修养

修养，指人们经过长期的学习和社会实践之后，在某一方面所达到的水平。修养和素质不同，素质主要是先天的，修养则全靠后天的培养。二者均对个性心理特征产生重大影响，而后者则起着决定性的作用。如有的人素质并不出类拔萃，甚至迟钝愚笨，但只要心理状况基本健全，通过后天的努力，完全可以弥补先天的不足，而成为一个有很高修养的人。秘书工作是处在机关、单位的中枢性工作岗位上，如不加强自己的基本修养，包括政治修养、理论修养、品德修养、作风修养，就会迷失方向，辨不清是非，严重脱离群众，显然也就难以完成繁重的本职工作，成为称职的秘书。那么，秘书究竟应具有怎样的政治修养、理论修养、品德修养、作风修养呢？

一、政治修养

政治是经济的集中表现，在阶级社会里，秘书总是处于一定的经济地位，从属于一定的阶级和政治集团，作为某一阶级或政治集团的忠实代言人，反映一定阶级或政治集团的利益、意志和理想，他的社会实践活动包含有丰富的政治内容，具有明显的政治目的。生活在现代社会里，从事各种职业的人，都要有政治修养。而秘书工作具有很强的政治性、政策性，这就要求秘书更要加强政治修养，具有较高的政治水平。

秘书要加强政治修养，要做到以下几点：

首先，必须具有忠诚于共产主义事业的崇高理想，具有为党和人民的事业奋斗不息、一往无前的献身精神，这是秘书的立身之本，职业之魂。

其次，要有坚定正确的政治方向，以马列主义、毛泽东思想、邓小平理论和"三个代表"重要思想为指针，坚持四项基本原则，坚持科学发展观，始终与党中央在政治上保持一致。秘书的高度政治觉悟和崇高的政治品质，是建立在坚持四项基本原则和科学发展观的基础之上的。这是秘书工作最大的纪律。在大是大非面前，秘书始终要保持清醒的头脑，坚持坚定正确的政治方向，坚持党性原则。在这个根本问题上不能有丝毫的含糊，否则，就会犯方向性、路线性的错误。

第三，要有强烈的忧患意识。秘书辅助领导决策，协助领导管理，他通过自己的意见、建议和提供信息等来表达自己的政治倾向和意图，影响着领导和领导工作。从一定意义上讲，秘书的忧患意识，反映着秘书的思想感情和行为立场，是秘书的政治、思想、道德基础。正确的忧患意识，就是忧党和人民之所忧，急党和人民之所急，以党和人民的政治利益为自己的第一生命，坚定地站在党和人民的立场上，尽心尽力地做好为领导服务的各项工作。

第四，秘书必须具有较高的政策水平。政策体现党和国家的意志，体现大多数人民的利益，是为实现一定历史时期的路线和任务而制定的行动准则。党、政、军、群机关和企事业单位所制发的一切文件，所开展的一切工作，都涉及党和国家的各项政策，都具有强烈的政策性。政策性与实践性的高度统一，是秘书工作的重要特点。这就要求秘书必须具备较高的政策水平，能够全面认识和准确把握党和国家的路线、方针、政策，自觉成为正确贯彻执行党和国家路线、方针、政策的模范，以党和国家的路线、方针、政策指导自己的实际工作，用党和国家路线、方针、政策开展活动，处理事务，解决问题，高质量高层次地完成辅助领导决策、服务领导工作的各项任务。

第五，秘书还要具有较强的法制观念。秘书在工作中时刻都要与国家法律、法规打交道，经常起草或承办各种有关法律、法规文件，随时解答或处理各种有关法律、法规的问题。因此，秘书必须认真学习并切实掌握国家的各项法律、法规，具有较强的法制观念和较高的法规水平，懂法知法，尊重法律。秘书只有认真学习并切实掌握了国家的法律、法规，才能在协助领导制定和实施决策时，不违反法律、法规的规定，在实际工作中正确地贯彻执行党和国家的路线、方针、政策。秘书只有认真学习并切实掌握了国家的法律、法规，才能在工作中做到时时刻刻用法律、法规来规范自己的活动和行为，决不能违反党纪、政纪，违反国家法律、法规。

最后，还要强调一点，就是正确地服从领导。服从领导，严格遵守组织纪律，是秘书政治修养方面的要求之一。秘书是为领导工作服务的，必须按照领导的意图进行工作。在工作中，一切要以中央的路线、方针和政策为行动的准则。一旦遇到领导作出不妥的决定或者明显失误时，秘书应该出以公心，予以提醒或谏议，切不可为博得领导的欢心而迎合屈顺，使自己变成一个吹牛拍马、阿谀献媚、卑躬屈膝的势利小人。当领导陷入错误路线的泥坑而相劝不成时，也绝不能沆瀣一气，同流合污。

二、理论修养

理论，指人们由实践概括出来的关于自然界和人类社会的知识的有系统的结论。科学的理论是对客观世界本质及其规律的反映，其任务在于揭示客观事物的发展规律，并用以指导人们的实践活动。俗话说，秘书是一种从政的职业，这种职业的特点，决定了秘书必须具备一定的理论功底和理论水平。因此，加强理论学习和理论修养，就成了秘书自身革命化建设的一项经常性的任务。

政治理论主要指马克思主义经典作家的著作和马克思主义哲学、政治经济学和科学社会主义理论。马克思、恩格斯、列宁、斯大林、毛泽东、邓小平、江泽民、胡锦涛等人的著作是社会主义革命和社会主义建设实践经验的科学总结，是我们一切行动的指南。秘书应该认真学习马克思列宁主义、毛泽东思想、邓小平理论、"三个代表"重要思想以及党和国家领导人的重要文章和讲话，掌握其精髓，并将学习马克思主义经典作家的著作与学习现行路线、方针、政策、法律、法规有机地结合起来，这是提高政治理论修养最重要的方法。马克思主义哲学即辩证唯物主义和历史唯物主义，是无产阶级的世界观和方法论，是关于自然界、人类社会和思维发展的一般规律的科学，是无产阶级及其政党认识世界和改造世界的强大思想武器，也是马克思主义全部学说的哲学基础。秘书要加强政治理论修养，打好理论功底，应该从学习马克思主义哲学入手，树立无产阶级世界观，学会运用辩证唯物主义和历史唯物主义的立场、观点和方法去观察问题、分析问题和解决问题，使之在纷繁复杂的事物面前，头脑清醒，抓住关键，根据实际情况处理问题。马克思主义的政治经济学，是研究社会生产关系及经济关系的科学，论证了资本主义社会生产化与生产资料私人占有的矛盾，必然导致资本主义的灭亡和社会主义的胜利。科学社会主义奠基于对社会发展规律的科学认识之上，使社会主义由空想变成了科学。秘书要提高自己的政治理论修养，了解和掌握马克思主义政治经济学和科学社会主义的理论是必不可少的。政治理论修养是决定秘书思想水平和政策水平高低的主要因素之一。一般地说，政治理论修养越高，理解和执行政策的水平也就越高。因此，秘书切不可放松对政治理论的学这样，才不会在改革开放的新形势下迷失方向。

其次，秘书还要加强经济理论的学习，提高经济理论修养。秘书的相当一部分工作都直接或间接地与经济工作有关。十一届三中全会以来，党和国家的工作重心转移到经济建设上来，各级领导都要抓好经济工作，因此，作为领导参谋、助手的秘书，也必然要同经济打交道。随着经济体制改革的不断深入，各种新情况、新问题层出不穷。秘书要做好本职工作，当好领导的参谋和助手，就要有经济理论的指导，不断提高自己的经济理论水平。学习经济理论，应以学习社会主义的经济理论为主，同时还要学习西方资本主义经济理论，批判地吸收其有用的成分，为建设有中国特色的社会主义事业服务。

还有，秘书要加强专业学习，提高业务理论修养。由于社会分工不同，人们从事各不相同的职业。为胜任本职工作的需要，在不同岗位工作的人们必须具有相应的专业知识和技能。秘书作为一种职业，为搞好秘书工作，必须加强专业学习，具有较高的秘书业务理论修养。秘书业务理论一般包括两个方面：一是有关秘书学的基本原理和基础知识，二是有关秘书实务的知识和实际的操作方法、技巧，从而构成了这一专业领域完整的业务理论知识体系。

三、品德修养

品德指的是品质和道德。所谓品质，是指一个人的行为、作风上所表现的思想、认识、品性、品格等的本质；所谓道德，是指人们共同生活及其行为的准则和规范。品德是一个人在一系列社会实践行为中所表现出来的比较稳定的特征和倾向，是从自觉认识到行动实践的过程。品德是秘书修养素质的重要因素。它由政治品质、思想品质和道德品质所构成。政治品质指秘书的政治立场、观点、行为的统一；思想品质指秘书的思想认识水平和世界观、人生观、价值观、荣辱观、幸福观、审美观、节操观、使命感、责任感等的总和；道德品质指社会道德准则和规范在秘书道德意识、道德行为中的体现。秘书要完成自己的使命，就必须加强自己的品格修养，有高尚的政治品质、思想品质和道德品质。

秘书为其工作的性质和特点所决定，除应具有高尚的政治品质、思想品质和道德品质以外，还对其职业道德有着明确而具体的要求。什么是职业道德？职业道德又称行为道德，指从事一定职业的人在职业活动中应遵循的道德规范和行为准则，以及相适应的道德观念、情操和品德。职业道德同人们的职业活动相联系，它是社会道德和阶级道德在职业生活中的特殊表现，带有具体职业或行业的特征。对秘书的职业道德的要求是：热爱工作，忠于职守；摆正位置，默默奉献；忠诚老实，实事求是；平等待人，谦虚谨慎；正直无私，廉洁奉公；恪守信用，善于合作等。

有人形容秘书干的是"顶天立地"的工作。"顶天"，就是为领导服务；"立地"，就是为广大人民群众服务。秘书的工作要使领导满意，"天"才顶得住；还要使群众满意，"地"才立得牢。为此，秘书就要重视自身的品德修养，尤其是职业道德修养。日常的秘书工作，既艰苦又琐碎，不易为人们所重视，也不容易做好。尤其是当前，我国秘书的职称制度尚未建立，职位还不明确，考核制度也不健全，倘若没有高度的政治觉悟和品德修养，尤其是没有职业道德的修养，就不可能有当革命的"螺丝钉"、人民的"老黄牛"精神，是根本做不好秘书工作的。

四、作风修养

作风,指思想上、工作上和生活上表现出来的态度和行为。作风包括思想作风、工作作风和生活作风。作为秘书,在思想作风上,要实事求是,谦虚谨慎;在工作作风上,要雷厉风行,一丝不苟;在生活作风上,要有礼有节,落落大方。

秘书作风之所以重要,是因为它直接关系到机关、单位在人们心目中的形象,直接关系到党和政府的威信。秘书工作的性质和特点,决定了秘书经常接近领导,接触机要,下情上报,上情下达,常以机关、单位和领导的代言人身份出现,因此,秘书一定要摆正自己的位置,在思想、工作、生活作风上都要严格要求自己,办事严谨、审慎,多请示、多汇报,多看自己的不足,多作自我批评;待人接物要谦虚,正直无私,反对装腔作势,盛气凌人,反对那种不是首长胜似首长的官场派头;要严防沾染媚上骄下的恶习,防止发生越权的行为。

有人总结当好秘书的秘诀:"吹吹拍拍不迎合,拉拉扯扯不下水,吃吃喝喝不沾边,谈谈聊聊不泄密,急急忙忙不粗心,稳稳当当不误事。"这从一个侧面体了秘书的思想作风修养。

第三节　秘书的职业道德

道德,是上层建筑中的社会意识形态之一,指的是反映和调整人们现实生活中的利害关系,用善恶标准评价,依靠人们的内心信念、传统习惯和社会舆论维系的价值观念和行为规范的总称。道德是分领域和层次的。职业道德,是指从事一定职业的人在职业生涯中应当遵循的具有职业特征的道德要求和行为准则。职业道德具有时代性和继承性。社会主义的职业道德继承了传统职业道德的优秀成分,又反映了社会主义时代分工虽有不同、地位虽有高低,但却体现了人际平等、人格尊严和人的价值的鲜明时代特征。秘书职业道德,是众多职业道德中的一种,指的是从事秘书职业的人在秘书生涯中应当遵循的具有秘书职业特征的道德要求和行为准则。它既具有一般职业道德的共性,又有着自己鲜明的职业特点。概括地说,作为一个合格、称职的现代秘书,应遵守的职业道德规范是:

一、热爱祖国,忠于职守

这既是每个中华人民共和国公民最基本的人生准则和道德规范,也是秘书最基本的人生准则和道德规范。热爱祖国,做忠诚的爱国者,体现了中华儿女对自己祖国的深厚感情,反映了个人对祖国的依存关系,是人们对故土家园、种族和文化的归属感、认同感、尊严感和荣誉感的统一。"天下兴亡,匹夫有责","报国之心,死而后已","位卑未敢忘忧国","苟利国家生死以,岂因祸福避趋之","先天下之忧而忧,后天下之乐而乐"等名言,体现了中华儿女对祖国的责任,应该成为秘书人生的座右铭。忠于职守,就是要爱岗敬业,勤奋努力,干一行爱一行，爱一行钻一行，精益求精，尽职尽责。秘书应把自己的工作与振兴中华的宏伟大业紧紧地连在一起，就会获得搞好本职工作不竭的动力。

二、服务领导，当好参谋

服务领导，这是秘书职业性质所决定的。作为领导的智囊、参谋和助手，秘书应严格按照领导的指示和意图办事，脱离领导而别出心裁、自行其是，这是秘书职业道德所绝对不能允许的。秘书个人的积极性、创造性只能在服从领导的前提下发挥，而这更多地只限于提出建议、献计献策等方面。其中特别要注意的，是秘书不能用个人不成熟的想法甚至情绪化的意见，去影响和干扰领导的工作及决策。当好智囊，当好参谋，就是要发挥参谋作用，为领导出谋献策。在领导决策民主化、科学化的今天，尤其要求秘书改变以往办事即是称职的旧观念，要提高参谋意识和能力，明确不能出谋献策者就不是好的秘书人员的新观念。

三、实事求是，敢讲真话

实事求是是我们党的思想路线，也是秘书工作应遵循的一条基本原则。在我国社会转轨时期，市场经济瞬息万变，令人难以把握，秘书一定要强化主动服务意识，及时把握经济运行和社会发展变化情况，及时、准确地向领导汇报，使领导知情早、晓事快、见事深、谋事准。秘书不论向领导汇报什么情况，都应该做到实事求是，有喜报喜，有忧报忧，绝不能道听途说，夸大其辞。发文办事，要坚持实事求是，严格贯彻领导意图，既不简单地照搬照套又不独出心裁，更不能掺杂个人意见。秘书对领导要坚决服从，但不可奉其为神明而事事盲从。对领导不完善的思路，秘书要及时提出补充意见：对领导错误的思路，秘书应及时提醒，切不可有事不关已高高挂起、明哲保身但求无过的思想。

四、谦虚谨慎，平等待人

秘书接触机要，接近领导，在人们心目中是领导机关和领导的代言人。他们的言行、修养、作风，往往对群众影响很大。因此，秘书的一言一行、一举一动都要从维护领导机关的威信出发，摆正自己的位置，做到与人为善，团结友爱，谦虚谨慎，平等待人，文明礼貌，助人为乐，切不可以"钦差大臣"、"二首长"自居，自认为高人一等，趾高气扬，骄傲自满，脱离群众，影响工作。

五、埋头苦干，无私奉献

秘书是助手、是配角。秘书工作的性质决定了秘书只能在幕后默默无闻地为领导服务。因此，如果没有淡泊名利、甘为他人作嫁衣的思想，是不宜做秘书工作的。秘书要正确看待和处理个人与领导、个人与集体之间的关系，时刻保持平常心，甘做绿叶，甘当人梯，切不可有任何的牢骚和不满。秘书工作既具体又繁忙，要做好秘书工作，秘书人员就必须甘做埋头苦干的"拓荒牛"、无私奉献的"老黄牛"，把心思和精力全部集中在工作上。只有这样，才能使自己成为一个思维灵敏、作风干练、处事果断的合格秘书。秘书工作就是为领导服务，台前的鲜花、掌声和赞誉，永远不属于秘书。面对当今社会的种种诱惑，秘书要志存高远，守得住清贫，耐得住寂寞，不以物喜，不以己悲，严于律己，廉洁奉公，不断加强道德修养，铸就正确的人生观、价值观、荣辱观和利益观。

六、忍耐自制，敢于负责

秘书工作涉及面广、从属性强、变化性大，秘书机构又处在各种矛盾的交汇点上，如果秘书缺乏坚忍不拔的精神和较强的自我控制能力，对待工作必然会时冷时热、时松时紧，或高兴时信心百倍，消极时自悲自叹。因此，秘书一定要理智地把握自己的情感与心态，善于控制和调节自己的情绪，经得起顺利与挫折、成功与失败的考验。特别是面对领导的误解或不正确批评时，更要胸怀宽广，情绪稳定，敢于承担自己应负的责任。

七、遵纪守法，廉洁奉公

遵纪守法、廉洁奉公，是秘书职业活动能够正常进行的重要保证。遵纪守法指的是秘书要遵守职业纪律和与职业活动相关的法律、法规，切不可假借领导名义以权谋私；廉洁奉公是高尚道德情操在职业活动中的重要体现，是秘书应有的思想道德品质和行为准则。它要求秘书在职业活动中一定要坚持原则，不利用职务之便或假借领导名义以权谋取私利，不搞你给我一点"好处"，我回报你一点"实惠"的所谓"等价交换"。要以国家、人民和本机关、本单位的整体利益为重，廉洁自律，奉公守法，淡泊名利，甘于清贫，不为名利所动，以自己的实际行动抵制和反对各种不正之风。

八、敢为人先，开拓创新

当前，各行各业都在破除旧的观念，勇于开创新的工作局面。作为领导的助手——秘书更应具有强烈的创新意识和精神。秘书工作具有被动性特点，这是由秘书工作的性质所决定的；同时秘书工作的方式、方法也需要与时俱进、开拓创新，这是由我们所处的时代、环境和任务所决定的。因此，秘书要敢为人先，开拓创新，要求不空谈、重实干，在思想上是先行者，在实践上是实干家，自觉地坚持不懈地创新思维方式、工作方法、摒弃旧的思维模式和陈规陋习，充分发挥主观能动性，在创新中做好各项工作，走出新路子，开创新局面。

第四节　秘书的能力构成

能力，指顺利完成工作任务、并直接影响工作质量和效率的基本技能，或者说是能胜任某项工作任务的主观条件即本领。能力是人们综合素质和基本修养的具体表现，并以知识为基础。如果说，知识是人们对客观世界的一种认识活动，那么，能力则是人们运用知识对客观世界的改造和创造。能力与实践活动密切相关。个人的能力总是在某一特定实践活动中形成、发展并得到表现，直接影响到实践活动的成败；同时，从事某项实践活动，如秘书工作，也总得以一定的能力为条件。一个光有书本知识而缺乏工作实践锻炼的人，往往是工作和生活上的"高知低能"者；相反，一个文化知识不高却经常参加工作实践的人，也只具有从事简单劳动的能力。只有既有较高文化知识又有丰富工作实践经验的人，才可能成为具备多种能力的人。当代社会，秘书所担任的工作，日趋繁重而重要，其职能较之以前也有了显著的扩张和强化。为了胜任本职工作，秘书不仅要具备良好的心理素质和基本修养，而且必须具有以下几种基本能力：

一、办事能力

秘书部门是综合性的办事机构，"办文、办会、办事"被称为秘书三大任务。事实上，秘书的大量时间和精力都花在办理各种事务上，各种事务办得好坏，不仅关系到秘书工作的成败，也关系到整个机关、单位能否正常运转。要做一个称职秘书，一定要善于把当好参谋的职能寓于精明的办事能力之中。那种只想当参谋而不愿当助手办理繁杂事务的人，或把参谋与助手对立起来的秘书，是不可能搞好秘书工作的。秘书要提高自己的办事能力，要求做到：能正确理解和领会领导的意图、指示，熟悉职权范围，知晓办事渠道，遵循办事程序，了解有关业务，掌握工作规律，区分轻重缓急，抓住工作要害，并具有较强的交际能力、应变能力，能审时度势，因势利导，驾驭局势，将繁杂的机关、单位的事务处理得井井有条。

二、思维能力

思维能力，指人脑反映客观事物并能达到某种结构构成的信息加工的能力。思维，是人脑对客观事物本质及其规律的间接、概括的反映。这是认识过程的高级阶段，是人类智慧的核心和支柱。人类正是通过思维，才获得了对事物本质属性、内在联系和发展规律的认识。思维和思维能力是社会实践的产物，一般可分为动作思维、形象思维、理性思维、直觉思维、创造性思维等。作为21世纪的秘书，应具备各种思维能力，尤其是创造性思维能力。秘书要培养自己的创造性思维，就必须突破传统的思维方式，代之以现代的科学的思维方式。开放、立体（系统）、动态、超前、新颖、求异、独创、开拓和突破，是创造性思维的基本特征。

面对急剧变化的客观世界，秘书只有具有较高的思维能力，尤其是具有较高的创造性思维能力，才能适应形势发展的需要。

三、管理能力

秘书担负辅助决策、协助管理、综合协调的职能，因而要求具有相应的管理能力，这包括辅助计划、组织、指挥、监督、控制、协调、实施的能力在内。秘书的管理能力具体体现为：能使各方面的关系亲近、融洽、和谐，以消除不应有的紧张和隔阂；能迅速、准确地进行信息的传递与反馈，以避免视听不灵，情况不明；能使各项工作有主有次、有轻有重、同步运转，以杜绝工作的重复与冲突；能调动各方面的力量，变少数人的忙碌为群体的努力，以改变机关、单位部门忙闲不均的状况；能够促使机关、单位工作向快节奏、高效率、高质量的目标发展，以克服效率低、质量差的弊病。

四、调研能力

调查研究，它是领导工作的基础，也是秘书的一项经常性的工作。秘书要搞好"三项服务"，必须扎扎实实地深入下去，了解情况，发现问题，进行科学的分析、归纳，掌握第一手材料，才能为领导决策提供可靠的依据。因此，秘书必须具有较高的调研能力。调研能力，包括调查能力和研究能力两个方面：调查能力，即运用科学的方法，全面、准确、迅速获取有关材料的能力；研究能力，即运用马克思主义的立场、观点和方法，对调查得来的材料，进行分析研究，探求事物的本质和规律，得出正确结论的能力。

五、表达能力

表达能力，指的是人们运用语言、文字、表情、动作、身姿来表现客观事物、事理和主观感受、思维的能力。它包括口头表达、书面表达、势态表达三种能力，其中最重要的是口头表达能力和书面表达能力。秘书要上传下达，沟通左右，联系内外，综合协调，处理来信来访等，这都要求秘书口才出众，能言善辩，才能说服和感染对方，使对方信服。秘书最重要的任务之一是撰写公文，处理信息，这就要求秘书有一定的文才，思维敏捷，行文迅速，格式规范，条理清晰，言简意赅，文从字顺，观点鲜明，逻辑性强。总之，动口、动笔是秘书的"看家本领"，是须臾都不可缺少的常备能力。

六、承受能力

承受能力，指人的心理对外界情况发生变化时的承担和自控能力。人的心理对外界环境，如自然环境和社会环境(包括政治环境、职能环境、社交环境等)有习惯的适应性，一旦外界环境发生突然变化，承受能力差的人，就会感到很不适应，无所适从；而承受能力强的人，则能很快适应，泰然处之，并及时采取相应的有效对策。秘书工作范围广泛，要接触各方面的人物，处理各方面的问题，可谓事杂人多。还有内外的协调，上下的沟通，左右的联系，都需要秘书的介入。秘书工作具有多变性，在操作运行时，常会遇到一些突发的、棘手的问题，这就要求秘书有心理承受力，能够坚韧不拔，冷静处理，凭借自己的智慧、经验和能力，通过持续不断的努力，求得问题的圆满解决。

七、社交能力

社交能力，指在各种社会实践活动中秘书与人接触、交往、应酬的能力。秘书部门是沟通上下、左右、内外的枢纽部门，秘书每天要接触各种各样的人，要同各种各样的人打交道，因此，必须具有很强的社交能力。一个秘书如果善于交际，见面就熟，才使人容易接近，也容易被人信赖，办事的成功率自然也就高。相反，一个秘书如果不善于交际，缺少社交能力，往往就会人为地将自己与社会与周围的人构成一道心理屏障，彼此格格不入，自然不能得到人们的理解、信任、好感、帮助和合作，那是很难做好秘书工作的。

八、操作能力

操作能力，指亲自动手熟练操作现代办公设备的能力。秘书是一种需要多种专业技能的综合性的社会职业，随着办公室由过去传统的人员管理转向当前的现代自动化管理，使秘书的工作方式发生了巨大的变化，这就要求秘书掌握多种特殊技能，如打字、复印、电传、缩微、摄影、录音录像、编辑、校对、速记等，以及文字处理机具、声像信息机具、多功能电讯机具和电脑（包括硬、软件知识，多媒体，国际互联网等）的操作等。最好还能驾驶摩托、汽车，以备一时之需。

综上所述，秘书的能力构成是一个多侧面、多因素的综合体，而要建立一个合理的能力结构并不是一蹴而就的事，这就要求秘书自身要热爱自己工作，有着强烈的事业心和责任感，能自觉地学习和运用，在工作实践中不断提高和完善。同时，组织上还要为秘书创造条件，参加各种专业培训，进行强化训练，以提高秘书的基本能力，培养和造就一代复合型、智能型的秘书人才。

下编　秘书实务

第七章　文书处理

　　现代秘书学内容丰富，涉及面广，但不外乎秘书学原理和秘书实务两个方面。本书分上下两编：上编第 1～6 章属秘书学原理部分，系统阐述了秘书学的性质、特征、沿革、内容、功用、发展及一般规律，阐述了秘书机构、秘书职能、职能环境、秘书素养等基本内容，建构秘书学完整的独立学科体系；下编第 7～15 章为秘书实务部分，即秘书的实际业务工作，就是在秘书学原理指导下，秘书所从事的具体业务活动，它回答秘书"应该怎样做"和"不应该怎样做"的问题。秘书实务是秘书职能的具体化、制度化和规范化，注重科学性、层次性、实效性和创造性，侧重研究秘书工作的要领、要求、程序、方法和技巧；同时需要每个秘书发挥自身的个性和创意，而不能照本宣科，死记教条，生搬硬套。

　　通常有一种说法，说秘书工作就是"办文办会办事"，这虽然有些片面，但却告诉我们文书处理在秘书工作中的重要地位和作用。它是秘书部门经常性的日常业务工作，是秘书实务中的重要内容。只有做好了这项工作，才能搞好"三个服务"，使机关、单位各部门间协调运转，发挥整体效能，实现机关、单位的社会职能和总体目标。

第一节　文书工作概述

一、文书的含义

　　什么是文书？文书是国家机关、社会组织、企事业单位或个人在社会实践活动中，以一定的文字体式，用以处理事务、交流信息而使用的各种载体的文字、图表、声像等记录材料。它是人们社会交往的工具，也是档案的前身。文书和文献的概念不同，文献是记录有知识的一切载体，包括的范围很广，图书、期刊、报纸、档案等都是，文书只是文献的下属概念之一，它不包括传播知识、信息的出版物，也不包括已被保存起来的历史记录，是与图书、档案等并列的概念。

　　文书包括私人文书和公务文书两大类。什么是私人文书？是指个人、家庭或家族在社会实践活动中形成和使用的文书，如私人书信、日记、自传、论著手稿以及契约、字据、证书、合同、家谱之类的书面材料。什么是公务文书？公务文书简称公文，它是法定机关或组织按照特定的体式，经过一定处理程序制成，并在特定范围内使用的书面材料，是发布政令、传达领导意图、联系公务、指导和商洽工作、传递信息、交流经验、处理机关、单位内部业务工作及记载工作活动的工具。简言之，公文就是处理公务、管理事务的一种书面文字工具。

　　公文可分为通用公文和专用公文两大类。通用公文又称行政公文，是指党政机关、社会团体、各行各业、各个部门、工厂、农村、商店、部队、学校都普遍运用的公文，具有涉及面宽、运用范围广、使用频率高、适应性强等特点，因而通常将它称之为公文。专用公文指的是军事、外交、司法、税务、海关、审计等专门职能机构在其特定公务活动中根据特殊需要专门使用的公文，一般都有着特定的内容和固定的体式，只在一定的范围内运用，实现其特殊的功能，通常分别称之为军事文书、外交文书、司法文书、税务文书、海关文书、审计文书等。

　　什么是文件？"文件"一词是外来语，来自拉丁语 documentum，相当于汉语的"证据"。在我国，文件是指法定机关或组织按照一定程序撰制的文书，具有指挥性、指导性、知照性和法定的权威性，并印有固定版头的那一部分公文，或者说，它是公文中的核心部分，即我们通常所说的"红头文件"。不难看出，文件是我国公文的特殊形式，也是我国公文的基本形式。

　　从上可知，文书的范围大于公文，公文的范围又大于文件。它们之间的关系如下图：

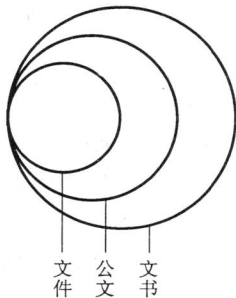

文件　公文　文书

　　什么是文书处理？文书处理或叫公文处理，指的是文书的办理、管理、整理（立卷）、归档等一系列相互关联、衔接有序的工作。一般说来，文书处理有广义和狭义两种不同的含义：广义的文书处理，指文书在机关、单位通过一道又一道的衔接程序和手续，使公务文书从拟制形成到完成使命的全过程所做的处理工作，包括公文撰拟、公文办理，最后以立卷归档告终。狭义的文书处理，通常称文书办理（或称公文办理），主要包括两个方面：一是收文处理（办理）；二是发文处理（办理），不包括公文撰拟和文书立卷归档的内容。我们所说的文书处理，指的是后者即狭义的含义。

二、文书处理的基本要求

根据新的《国家行政机关公文处理办法》第四条规定："公文处理应当坚持实事求是、精简、高效的原则，做到及时、准确、安全。"第五条规定："公文处理必须严格执行国家保密法律、法规和其它有关规定，确保国家秘密的安全。"这就是说，文书处理必须坚持实事求是、精简、高效、及时、准确、安全、简便、统一的基本要求。

（一）实事求是

公务文书处理必须要发扬深入实际、联系群众、调查研究、认真负责的工作作风，因为公文的出发点和最后的目的就是要解决实际的问题，它是公务活动面对实际问题必须借助的方法和工具之一。如果不深入实际，调查全面真实的情况，只是闭门造车，必然陷入官僚主义、形式主义和文牍主义的泥沼，使公文成为脱离实际，堆满了官话、套话、空话、假话、大话的垃圾堆，使浮夸虚饰、生搬硬套、本本主义、瞎指挥、妄下结论的官僚主义之风侵害机关、单位和组织的健康肌体，这样文考处理不但无助于组织的管理，发挥不了实际的作用，甚至可能会带来混乱和矛盾等负面效应。所以文书处理必须是一种有效的信息沟通，秘书应从客观实际出发，倾听群众和基层的呼声，如实地反映真实情况，不先入为主，不任意夸大和缩小问题，不掩饰矛盾，既报喜也报忧。同时，秘书要能对搜集上来的各种情况和材料的性质、真伪、是非、可行性做出准确的分析判断推理，运用科学的方法论从客观事实中得出正确的结论；能够发现问题，提出问题，分析问题，最终还是要落在能有效地解决问题。所以在文书处理实践中，只有坚持实事求是，才有可能提出解决问题的具体方法、手段、途径、措施。

（二）精简

精简是使文书处理活动能够更加准确、便捷、高效的保证。"繁文褥节"一直是困扰文书处理活动实现高效的突出问题。党和政府的有关领导曾一再要求"反对党八股"，倡导"搬文山，填会海"，但这些问题始终未能得到很好的解决。在改革开放和全球经济化的今天，对文书处理活动的时效性要求更高，质量要求更严，因此，必须要化繁为简，删繁就简。首先，文章要写得短一些，精一些，公文的格式、结构、种类都要力求简化；其次，公文的运转处理程序的环节要力求精简，减少不必要的层次和工作环节，合并一些环节和手续，随着逐步改善加工手段，有效地控制程序，减少出现差错的机会，最终实现逐步简化过程；还有，机关、单位的领导者和秘书必须从观念上破除那种陈腐的以为繁琐、层次多必有效的旧观念，树立起精简的意识，认识到简便易行的程序、责任到人的工作安排、规范功用强的方法、工具，才是保证文书处理便捷有效的正确方法。

（三）高效

效率和质量是相依相伴的，效率高不仅依赖于快节奏、高时效，更取决于文书处理的高质量，只有将每项工作、每个环节都做到准确、细致、严谨、周到，使文书处理这一系统工程、群体行为能够按质完成，所有人员都能各司其职，文书处理的高效才有可能实现。文书处理的质量涉及到了文书处理活动构成的各个要素，涉及到了工作过程的每个环节，涉及到了评估审核的指标体系。文书处理的质量的高低不仅要依靠设备、物质、材料、工具等硬的因素，也要依靠人的主观努力、信息的保证和制度的完备等很多软的因素，只有在两个方面都达到高的质量，效率才能真正有保证。否则，只是片面的强调速度，强调快，强调客观设备条件、物质条件是否具备，就有可能"欲速则不达"，出现只重物而不重人的倾向。

（四）及时

及时，就是要求有时间性。公文失去了时间性就失去了它的现实作用。我们制发每一件公文，都是有它一定的针对性和时间性的。尤其是在改革开放和加速社会主义现代化建设进程的今天，失去了时间性就失去了存在的价值。所以，"及时"就成了文书工作的第一项原则。

及时，要求对公文的处理要迅速，不压不拖；撰拟文稿要及时，一旦领导意图确定之后，秘书应马上动笔，尽快完稿；发文行移要及时，文稿一经审核、签发，就要立即编号、缮印、核对、盖章、登记、封发；来文处理要及时，签收后要及时拆封、登记、分文、批办、拟办、承办、催办、查办、注办，加速公文运转，避免滞留误事。

在当前政治体制和经济体制的改革中，许多机关、单位改进了领导作风，提出许多文书处理的改革措施，如规定一般文书处理以不超过一周为限，下级单位的请示上呈一周得不到答复，即被认定为"同意"；紧急文电随收随办。这就大大地提高了办文效率。

（五）准确

这是对文书处理的质量要求。文书处理应坚持"质量第一"的原则，确保它的准确性。公文失去了它的准确性就失去了它的灵魂。所谓准确，就是公文内容要精确，文字要精当，处理要恰当，办文要保证质量。做到符合实际，符合政策，符合领导意图，反对官僚主义和形式主义。这就要求做到：首先，公文内容要准确，思想内容要符合党和国家的路线、方针、政策、法律和法规，真正做到与中央在思想上、政治上保持一致；同时，公文的内容还要符合实际，有利于下面贯彻执行。其次，文字表达要准确。文句含混不清，易受曲解；文字冗赘，易失效用；错漏一字，谬之千里。所以，公文的措词用语必须准确，力求做到字字句句含意明确，不容有含混不清的字词语句出现。文字要精练简洁，能用一个字说明的，不用两个字，可用一句话解释的，不用两句。拖沓、重复、啰嗦的语言，是很难做到准确的。再次，公文处理恰当，办文要讲究质量，这更是达到准确的重要一环。收发登记要准确，送阅要对口，批办要合理，撰稿要真实，缮印要正确，校对要认真，催办要及时，归卷要符题。公文不能错投、错送、错过时机，否则会失去效用。

（六）安全

这是对文书处理的特殊要求。公文失去了安全性，不仅会使公文本身失去了它的生命力，情节严重的还会使党和国家的机密受到损失，在政治上、经济上造成不良后果。文书工作的安全性原则，是与秘书工作的政治性和机密性特点分不开的。作为一级党、政、军、群机关，作为一个企事业单位，总有它自己不宜公开或暂时不宜公开的秘密，必须确保文书材料的安全。所谓安全，一个是政治上的安全，一个是物质上的安全。政治上的安全，即不失密、不泄密，保证公文不丢失、不被盗、不被拍照。物质上的安全，就是保护好公文，使公文不受损坏。为保证文书材料物质上的安全，平时要进行爱护公文、珍惜公文的教育。要注意公文的存放条件。公文不能乱堆、乱放、乱拆、乱折叠，尽量避免公文的机械磨损。阅、处公文时，要注意不使公文受茶水滴、烟火烫，从各方面注意消除不安全因素。撰拟公文时，注意选择质地较好的纸张，尽量延缓老化期。书写、印刷使用的墨水、油墨也要讲求质量。一定不要使用不合规格的圆珠笔或铅笔书写和批签公文。

（七）统一

这是对文书处理上提出的要求。《国家行政机关公文处理办法》第七条明确规定："各级行政机关的办公厅（室）是公文处理的管理机构，主管本机关的公文处理工作并指导下级机关的公文处理工作。"第八条又规定："各级行政机关的办公厅（室）应当设立文秘部门或者配备专职人员负责公文处理工作。"文书处理必须集中统一，要统一于秘书部门，统一于公文法规，统一于主管领导。只有集中统一，才有利于文书工作的自身建设，才有利于提高机关、单位工作的效能和权威。各级各类机关、单位要实现其领导和指导作用，几乎都要通过文书工作的一系列处理环节，才能发挥其现实效用。如果没有全国文书工作的统一，就无法发挥公文应有的作用。而且，文书工作的统一，对推动机关、单位工作的科学化、规范化、制度化，逐步采用现代化办公手段，以及对归档后的文书缩微、保管和电脑阅读，或电脑调阅、交流，都会起到很大作用。当前，公文的格式、印制已列入国家标准，公文的管理和文书处理程序强调现代化、规范化、制度化，没有"统一"的要求，是绝对办不到的。

三、文书处理的重要意义

有些人看不起文书处理工作，认为只不过是"收收发发"、"抄抄写写"而已。其实，文书处理是一项极其严肃且政策性、业务性都很强的工作，直接关系到党和国家各项方针、政策的执行和实施，意义十分重大。

（一）机关、单位联系各方的纽带

文书处理承上启下，联系内外，成了机关、单位与各方面联系的纽带。通过公文的传递，将上级领导机关的大政方针、政策、工作意图贯彻下去，把下级单位的工作情况和问题反映上来；通过公文的周转，使各部门协调、配合，互相促进，使机关、单位上下左右联成一个整体，共同为实现党和国家的总任务、总目标而努力奋斗，推动社会主义现代化建设向前发展。

（二）可从中获取大量有价值的信息

收文是秘书和秘书部门获取信息的主要渠道。秘书通过对各种来文的阅读、筛选和整理、加工，就能为领导提供大量有价值的信息。领导通过对各种来文特别是上级领导机关来文的阅读、批办和处理，可从中为决策和管理获取有价值的信息。

（三）能有效减轻领导的负担

现代社会，随着信息量的日趋膨胀，各级领导的阅读量越来越大。他们不仅要阅读本行业的最新知识，而且还要阅读日渐增多的公文。秘书在文书处理的起始环节上，如分送、传阅和拟办，对大量公文进行筛选，将那些与领导工作无关的或关系不大的资料加以淘汰，将那些为领导工作所必需的或急需的资料加以简化或浓缩成摘要一类的东西，供领导阅读，就可使领导节省很多阅文时间，不致埋在文件堆里。

（四）保守党和国家机密的重要环节

秘书部门是公文的"吞吐港"，是机密的总汇。党和国家的机密大多数反映在各种公文之中。有了健全的文书工作制度，就能更好地杜绝各种失密、泄密的因素，避免给党和国家带来种种危害或损失，有效地保证党和国家机密的安全。

（五）为档案工作奠定基础

档案来源于公文，公文的内容、体式及处理程序是否符合规范，归档公文是否齐全完整，直接影响到档案的质量。因此，加强文书处理工作，就为档案工作打下了良好的基础。

第二节　行文关系、方向和制度

一、行文关系

所谓行文，指的是公文的运行；所谓行文关系，则指的是根据机关、单位之间的组织关系和职权范围而确定的公文授受关系。这种关系，大体上可分为以下三种情况：

（一）同一组织系统上下级机关、单位之间的关系

这种关系一般有两种情况：一是上级机关、单位与下级机关单位的领导与被领导关系，如国务院与湖南省人民政府、教育部与中南大学等；二是上级业务主管部门与下级业务部门之间的指导与被指导的关系，如教育部与湖南省教育厅、湖南省文化厅与各州、市文化局等。

（二）不同组织系统上下级机关、单位之间的关系

这种关系一般有三种情况：一是不属于同一组织系统上下级机关、单位的统管关系，如中央社会主义精神文明建设办公室和计划生育委员会对各系统、各行业、各部门都担负了统管的职责；二是不属于同一组织系统的上下级机关、单位的监管关系，如监察部对同级和下级各机关、单位都负有监察的职责，审计署对同级和下级各机关、单位都负有审计的职责；三是不属于同一级组织系统之间上下级机关、单位的代管的关系，如有些新成立的机关、单位，上面没有直属的上级领导机关或业务主管部门，由政府或有关领导机关指定由某一领导机关或业务主管部门临时代行管理。

（三）平行机关、单位之间的关系

这种关系一般有两种情况：一是同一组织系统内同级机关、单位的关系，如中南大学与北京大学、湖南大学等；二是不同组织系统之间的关系，如长沙市高新技术开发区办公室与各省、市政府高新技术开发区办公室及企事业单位的关系；三是某一机关、单位与其它同级机关、单位之间的关系，如长沙市人民政府与中共长沙市委、市人大、政协、长沙警备司令部等。

以上各种不同的关系，不管是领导与被领导、指导与被指导、统管与被统管、监管与被监管、代管与被代管，还是同级机关、单位之间的工作协商，都需要相互行文。这种行文关系是由组织关系和职权范围所确定的，不可任意为之，否则就达不到行文的目的，而必须遵照行文制度规定的行文方向，以保证行文井然有序。

二、行文方向

行文方向，指以公文发出的机关、单位为基点，就发文机关、单位与收文机关、单位的职级关系所认定的公文运行去向。一般说来，公文的运行方向有以下四种情况：

（一）上行文

上行文是公文向发文机关、单位的上级组织（包括直接隶属的上级组织、间接隶属的上级组织及上级业务主管部门）运行，如请示、报告等，通常采用逐级行文，有必要时也可采用多级、越级行文。

（二）下行文

下行文是公文向发文机关、单位的下级组织（包括直接管辖的下级组织、间接领导的下级组织和业务上有指导关系的下级组织）运行，如命令、指示、批复等。根据发文的目的，可以采取逐级、多级行文和直达基层和群众的方式，甚至可在报刊上公布。

（三）平行文

平行文是公文向发文机关、单位的同级组织（包括隶属于同一组织系统的同级组织和无隶属关系的同级组织）运行。这些同级机关、单位之间商洽工作往往用函联系。此外，还经常采用合同、协议书之类的准公文。

（四）联合行文

联合行文就是几个机关、单位共同一起行文。它既有上行文，又有下行文，就是几个机关、单位联合对下行文或几个机关、单位联合对上行文。联合行文必须在协商一致的基础上进行，当联合行文的各机关、单位意见不一致时，不得各自向下行文，而应继续协商，在达成协议后再共同行文。如情况特殊非单独行文不可时，应注明不一致意见。联合向下行文的机关、单位，一般说来应当是同级机关、单位。应尽量减少党、政联合行文，非如此不可时，则应经党、政机关领导人会签批准。

三、行文规则

行文规则，又称行文制度，即机关、单位根据各自的隶属关系、职权范围来确定行文方向和行文方式（逐级行文、多级行文、普发行文）。关于行文制度，新颁《国家行政机关公文处理办法》第四章作了明确规定，其具体内容如下：

（一）行文应当确有必要，注重效用。

（二）行文关系根据隶属关系和职权范围确定，一般不得越级请示和报告。

（三）政府各部门依据部门职权可以相互行文和向下一级政府的相关业务部门行文；除以函的形式商洽工作、询问和答复问题、审批事项外，一般不得向下一级政府正式行文。部门内设机构除办公厅（室）外不得对外正式行文。

（四）同级政府、同级政府各部门、上级政府部门与下一级政府可以联合行文；政府与同级党委和军队机关可以联合行文；政府部门与相应的党组织和军队机关可以联合行文；政府部门与同级人民团体和具有行政职能的事业单位也可以联合行文。

（五）属于部门职权范围内的事务，应当由部门自行行文或联合行文。联合行文应当明确主办部门。须经政府审批的事项，经政府同意也可以由部门行文，文中应当注明经政府同意。

（六）属于主管部门职权范围内的具体问题，应当直接报送主管部门处理。

（七）部门之间对有关问题未经协商一致，不得各自向下行文。如擅自行文，上级机关应当责令纠正或撤销。

（八）向下级机关或者本系统的重要行文，应当同时抄送直接上级机关。

（九）"请示"应当一文一事；一般只写一个主送机关，需要同时送其它机关的，应当用抄送形式，但不得抄送其下级机关。"报告"不得夹带请示事项。

（十）除上级机关负责人直接交办的事项外，不得以机关名义向上级机关负责人报送"请示"、"意见"和"报告"。

（十一）受双重领导的机关向上级机关行文，应当写明主送机关和抄送机关。上级机关向受双重领导的下级机关行文，必要时应当抄送其另一上级机关。

第三节 收文处理程序

文书处理工作有它科学的运行程序。它的基本流程可分为两个部分：一是收文处理程序；二是发文处理程序。收文处理程序指对收到公文后的整个办理过程，主要包括收受、分拣、拆封、审核、登记、分送、拟办、批办、承办、传阅、催办、办复、注办以及清退和归档等。当然，大机关与小机关、乡镇与企业的文书运行程序都会有多有少，有繁有简，不尽相同，但基本的运行程序却是不可或缺的。

（一）收受

收受即接受外来公文，这是收文处理的起点。公文的收受，一般机关、单位由收发室负责，大的机关、单位则设有内外两科收发。收受外来公文时，要做好五个"查清"：一是查清所收文书是否属于本机关、单位或者机关、单位管辖范围内的信件；二是查清收、发信机关、单位或个人书写是否明确；三是查清封口是否破损；四是查清信封号与递送人在签收登记簿上所登记号码是否一致；五是查清信件的登记件数与实有件数是否相符。检查确认没有问题后，方可收下，并在送件人的投递回执单或送文簿上签字。

（二）分拣

分拣就是将收受的公文初步进行分类。它分为两个步骤：一是将收取的信件按来信的机关、单位进行分类，同一机关、单位的单独放置；二是将同一机关、单位的信件按缓急程度再行码放，特急件放在最上面，依次为急件和平信。这样可以避免压误急件，贻误工作。

（三）拆封

拆封是文书保密员的的特有职责，其它人不准开拆。对标有具体领导人的"亲收"、"亲拆"和明显的私人信件，均不得拆封。领导有委托的信件和授权的人民群众来信，可按委托办理。拆封时应注意保持原封完好，不能损坏封内公文或信件。人民群众来信，还要将信封别在信件后面。拆封后，如发现封内公文有差错，应立即向发文机关、单位询问清楚，并做好相应记载。拆封时，要注意把封内的公文取尽。

（四）登记

收文登记是文书处理的一项重要制度，也是一项非常细致的工作，必须一丝不苟，严格登记，不要错登、漏登。登记的格式和方法，因机关、单位不同，习惯不同，是不统一的。但登记的原则都应本着便于公文的运转、统计、查找和催办，简化手续，提高工作效率。一般说来，中等规模的机关、单位收文，对上三级文件（中共中央文件和国务院文件、省委文件和省政府文件、市委文件和市政府文件）都按发文机关名称分册登记。规模较小的机关、单位或机关、单位收文不多的，一般建立综合性的《收文登记簿》，簿内标明各类文件名称，以便登记和查找。收文登记后，在公文前面贴附《公文处理单》，填写其中若干栏目，送秘书部门负责人阅读拟办。

（五）审核

对收到的公文，秘书部门应当及时加以审核，提出拟办意见送负责人批示或者交有关部门办理，需要两个以上部门办理的应当明确主办部门。紧急公文，应当明确办理时限。对不符合本办法规定的公文，经办公厅（室）负责人批准后，可以退回呈报单位并说明理由。

（六）分送

从分送开始，公文进入了办理程序的运转环节。把启封后的公文，经过详细登记后，分送给有关部门或承办人员处理。如果是单份或很少的几份，而需各领导人或有关部门阅知时，秘书要负责组织传递和阅读。先送主要领导人或主管负责人阅读。为了防止在传阅中发生文件积压与丢失，各阅读者在收退公文时，直接向秘书交接，并做好简易的登记工作。

（七）拟办、批办

拟办是秘书部门对收到的公文由谁办理和如何办理提出倾向性的意见，供领导批办时参考。

批办是机关、单位的有关领导人对拟办公文及拟办意见提出如何办理的批示意见。由谁批办，一般视机关、单位大小而定。大的领导机关往往由办公厅（室）主任或秘书长批办，小单位则由单位领导人承担。批办意见签署在《公文处理单》的"批办意见"一栏内。批办的要求，视公文内容而定。对只需阅知的，批明传阅或传达范围即可；对有具体请示事项的，主批人应当明确签署意见、姓名和审批日期，其它审批人圈阅视为同意；对需要贯彻执行的，要送机关、单位领导阅知研究后作出指示，提出贯彻的具体措施；对需要办理和答复的，要批明承办单位或人员及承办期限，有的还应批明处理该公文的原则、方法和要求等。需要两个以上部门会同处理的，应指明主办单位；对紧急、重大或处理有疑难的，应送机关、单位领导人亲自批办。

（八）承办

承办指机关、单位的有关部门或有关人员，根据批办意见，具体承担办理公文，不得延误、推诿。对不属于本机关、单位职权范围或者不宜由本机关、单位办理的，应当及时退回交办的秘书部门并说明理由。紧急公文应当按时限要求办理，确有困难的，应当及时予以说明。承办中，有的需要批复或回告，可根据领导批办意见，分别酌情采用电话回告、复印批件和文字批复等方式，及时办理。有经验的承办人员，为了分清轻重缓急，防止积压误事，常常视情况把公文分为正在办理的、待办的、须请示的、等待答复的，分类放置。急办的先行，易办的先办。

公文办理中遇有涉及其它部门职权的事项，主办部门应当主动与有关部门协商；如有分歧，主办部门主要负责人要出面协调，如仍不能取得一致，可以报请上级机关协调或裁定。

（九）传阅

传阅是指组织有关人员阅读一些非承办性的公文。很多上级领导机关的文件，发来的份数有限，又需要有关同志知道，就有必要采用这一程序。传阅文件和送批公文应该区分清楚，严防阅批人混杂误事。是采用传阅单、传阅登记，还是建立文件阅览室，可据情酌定。

（十）催办

催办就是对公文承办的督促和检查。这是加速文书处理、避免拖沓、积压公文的重要措施和方法。建立和健全催办制度，对于克服文牍主义、官僚主义，提高工作质量和办事效率，都有重要意义。催办的范围，包括对内、对外两个方面。对内是对本机关、单位承办的公文和其它处理公文的各个环节进行督促催办，对外是催促其它机关、单位办复本机关、单位发出的公文。而催办的重点，则应放在内部的催办上。

（十一）办复

办复是指对公文承办完毕后，秘书部门将公文处理结果及时报告有关领导人，特别是批办公文的机关、单位领导人。有些机关、单位忽视这一工作环节，致使机关、单位领导人心中无数。

（十二）注办

指承办人将公文处理的结果在文书处理单上做简短的注明。包括：公文是否办复，复文号、日期和承办人姓名。

（十三）清退和归档

公文完成最后办理程序后，承办人应把收文、复文稿和印本还给秘书部门进行归卷保存。凡密级公文，应定期进行清退，清退时要填写清单一式二份，盖章后，交退件单位、收文单位各存一份。任何个人不得保存应当归档的公文。

第四节　发文处理程序

发文又称送文，即发送公文，发文处理指以本机关、单位名义制发公文的过程。即公文制发机关、单位的秘书部门从接收文稿到制作发出的全过程。由于公文的制发目的和要求不同，处理的程序也有所不同。如法规性的公文，需以法定的批准手续颁发，不像一般公文只要机关、单位领导人签批就可生效。发文处理程序一般要包括拟稿、核稿、签发、批注、复核、编号、审定密级、确定阅读范围、印刷、校对、盖印、登记、封发等。

（一）拟稿

拟稿又称撰文。撰写公文，必须得到授权，这是公文严肃性和权威性的要求。撰文是一项政策性、思想性和业务性都很强的工作。一要准确传达和体现党和国家的路线、方针、政策和法律、法规，按客观规律办事，深入实际，坚持真理，实事求是，不尚空谈；二要突出主旨，加强公文的准确性、鲜明性、生动性、针对性和可操作性；三要注意公文质量，讲究语法，锤炼文字，符合公文规范格式。

拟制公文，对涉及其它部门职权范围内的事项，主办部门应当主动与有关部门协商，取得一致意见后方可行文；如有分歧，主办部门的主要负责人应当出面协调，仍不能取得一致时，主办部门可以列明各方理据，提出建设性意见，并与有关部门会签后报请上级机关协调或裁定。

（二）核稿

核稿就是在公文稿正式签发前，经由拟稿人所在机关、单位职能部门和秘书部门负责人审核把关，进行核稿。这是发文处理的一个重要程序。它的好处是：一可节省领导审阅公文的时间；二有利于贯彻集中统一的原则，防止前后公文的重复、脱节和矛盾；三有利于下级单位的贯彻执行，减少公文质量不高下级单位无所适从现象的发生。秘书部门负责人在核稿时，要认真做好"五查"：一查是否确需行文，行文方式是否妥当，是否符合行文规则和拟制公文的有关要求，公文格式是否符合本办法的规定；二查内容是否与政策、法律相抵触；三查内容是否真实可靠；四查政策界限是否明确；五查措施是否落实；六查文字表达是否准确。

（三）签发

签发是公文生效的标志。它是机关、单位领导人审阅文稿后，认为确应发出，即批明发文意见并签字。以本机关、单位名义制发的上行文，由主要负责人或者主持工作的负责人签发；以本机关、单位名义制发的下行文或平行文，由主要负责人或者由主要负责人授权的其它负责人签发。签发人对其所签发的公文，从政治到文字上的准确性，要负完全的责任。所以，签发人不作细致推敲，草草签字是不妥当的，一定要认真审阅。各机关、单位对签发公文的权限应作明确的划分。

（四）注批

注批是秘书部门将正式公文送印前的最后把关阶段。这个阶段须做以下工作：一是对公文格式和书写规范作最后把关；二是根据内容注批发送范围和阅读、传达级限；三是注明密级和急缓程度；四是对待特殊文件提出印制要求；五是留下不需要印制的附件。这些工作虽属琐屑事项，但切不可等闲视之。

（五）复核

公文正式印制前，文秘部门应当进行复核，重点是：审批、签发手续是否完备，附件材料是否齐全，格式是否统一、规范等。经复核需要对文稿进行实质性修改的，应按程序复审。

（六）编号

发文必须编号。公文应由发文机关、单位的秘书部门统一编号。由几个机关、单位的联合发文，按规定只须标明主办机关、单位的公文编号。机关、单位有党政分工，而且又有机关、单位和职能部门的区别，因此编号中的机关、单位代字编定应科学、明确。公文编号中还有一个总印数中的次序号，位于公文名称的左上侧，用以统计和收发登记。

（七）审定密级

密级是指公文秘密程度的等级。在起草秘密内容公文时，根据公文内容，分别划为绝密、机密、秘密三种。密级标志，通常位于公文标题的左上角醒目处，用方括号括起，如［机密］、［秘密］。公文密级的审定，应十分慎重，既不可随意提高，也不可随意降低。

（八）确定阅读范围

公文的阅读范围，是根据公文的性质和内容所确定的阅读或执行公文的机关、单位范围。它是根据工作需要和保证秘密安全两方面确定的。机关、单位发下的特别重要的机密文件，才作出范围限定的标志，一般的决议、指示、通知、通报和行政性、事务性的非秘密公文，都无需限定阅读范围。

（九）印刷

目前主要有三种办法：一是打印，二是铅印，三是胶印。不管采用哪种印刷技术，印刷公文最重要的是要统一规格，应严格按中华人民共和国国家标准《国家机关公文格式》的有关规定办理。

（十）校对

校对，就是要将排印样稿同原稿对照核查到无差错的技术工作。要从头至尾、一字不漏地进行校对，标点符号也不例外。特别是对人名、地名、机关名称、公文中的数字更要认真反复检查，做到丝毫不差，并符合版面格式规范。

（十一）盖印

盖印，是公文制发机关、单位对公文生效负责的凭证。党、政、军、群机关和企事业单位的公文，必须加盖发文机关的印章。公章盖在年月日处，叫做骑年盖月。颁发的布告、通告，也应套红印盖好。与盖印相关联的，还有个"签署"问题。某些文件如命令、布告、合同、协议书等，有时除盖公章外，还需由签发文件的领导人亲自在落款处署名签字，对外发出。如人大常委会的命令，要签署委员长的姓名；人民法院的布告，要签署院长的姓名等。

（十二）登记

一切发出的公文，均需进行严格的登记，以便于管理、统计和查找等。登记的项目主要有：发文日期、发文字号、文件标题、密级、份数、发往机关、签收、归入卷号、备注等。

（十三）封发

发出的公文，用印后要把信封写好，除"亲启"件外，一般均写受文的机关、单位或办公室收，以便及时处理。发文如系密件、急件、亲启件，凡文稿上没有注明的，须分别注明，并在封套上加盖密件戳，写明亲启。凡需收回的公文，要注明收回日期，按期收回。需要回执的公文，应预先在封套背面贴上回执单，注明发文编号。发文只在报刊登载而不另行文的，要在公文前面加注"不另行文"字样。封发时应做到四查：查文件份数，查有无附件，查是否漏盖印章，查文件内的受文机关、单位与封套上的受文机关、单位是否一致，不可张冠李戴，造成错送。封发后，即按规定进行投送、邮寄或送递。

第八章　公文撰拟

秘书以"书"为本，撰拟公文是秘书工作中最重要、最基本的专项实务。之所以称"公文撰拟"而不称"公文写作"，是因为秘书所撰写的只是未完成的公文草稿，即半成品，还需经审核修改和签发批准后，才成为正式公文，秘书撰写只是其中一个环节。撰拟公文是秘书（尤其是文字秘书）的主要职责，但这并不是说秘书只撰拟公文而不涉及其它，还有一些未列入通用公文范围的准公文，如计划、总结、调查报告、简报、章程、条例、公示、领导讲话稿、贺辞、请柬等，也属于秘书撰拟的范围。对于一个称职的秘书来说，必须了解和掌握公文的基础知识，熟悉公文撰拟的规律、规程、要领、要求、方法和技巧，才能草拟出高水平、高质量的公文来。

第一节　公文撰拟概述

一、公文撰拟的含义

什么是公文撰拟？所谓公文撰拟，指的是党、政、军、群机关和企事业单位的秘书，为贯彻党和国家的路线、方针、政策和有关法律、法规，传达领导指示，上呈下达，沟通信息，交流情况，协调关系，维护正常工作秩序，保障各项指挥、监督、管理、调控工作有计划、有组织、有成效地进行的一种创造性的认识和书写活动。简言之，公文撰拟就是秘书在其本职范围内所从事的各种通用公文和准公文的起草。

公文撰拟，属于机关、单位文书工作范畴内的一个重要环节。文书工作包括公文形成、文书办理、文书管理（立卷归档）三个方面的工作；而在公文形成过程中又包括了交拟、拟议、撰拟、审核、签发、缮校、用印、封发等环节，才成为一份正式的公文而发生现实效用，公文撰拟只是其中的一个环节。然而，这是一个至关重要的核心环节，它不仅是公文形成的基础和前提，也是文书处理和文书管理的基础和前提。公文撰拟是秘书将领导的决策、意图、指示转化为书面材料的过程，不仅以书面形态实现机关、单位上下、左右、内外的信息传递和沟通，而且在公文撰拟过程中将秘书的参谋助手作用渗透其中，保证领导工作和机关、单位工作正常、高效地运转。

二、公文撰拟的特点

与其它的实用性文章相比较，公文撰拟具有以下的一些特点：

（一）有特定读者对象的明确的实用目的

公文撰拟是为处理公务、解决实际问题而执笔的，一般都有特定的读者对象。它不像文学作品、广告文稿那样爱读则读，不爱读则可不读。公文撰拟则不然，它的读者对象是明确的、直接的，而且是确定不变的。例如公文和某些准公文，有主送机关和抄报、抄送机关。主送机关是受理承办的机关，抄报抄送机关是需要知照或协助办理的机关。其读者范围十分明确，该读的一定要读，读了就要照办，不该读的就不得任意扩大范围，以免超出公文的保密范围而造成不良的后果。公文撰拟重在实用。实用是指撰稿者的动机不是来自个人意愿，而是来自工作实践的需要和领导者的具体意图；撰拟的目的不是像文艺作品那样供人品鉴、欣赏，而是为了办理实际工作中的各种公务，协调各个方面的关系，解决实际工作中遇到的各种问题。例如，上级领导机关向下级有关机关、单位发一个指示，如果事先不知道要解决什么问题、完成什么任务、达到什么目标、取得什么成效，那么就不会知道这个指示应该写些什么内容，如何写。因而这个指示就没有必要撰写和下达。所以说，明确的实用性，既是公文撰拟的出发点，又是公文撰拟的归宿处。离开了实用性，也就无所谓公文撰拟。公文撰拟的实用性，主要表现在内容的针对性、行文的时效性和实际效用性三个方面。公文撰拟必须反映客观实际，反映工作规律和工作进程，对重大问题有鲜明的态度和看法，能针对现实中的实际问题提出行之有效的政策、办法、措施，作出能付诸行动的准则、规定。公文撰拟既以解决工作中的具体实际问题为宗旨，就要快写快发，一般要求与工作同步进行。否则，时过境迁，成了马后炮，公文撰拟也就失去了意义。

（二）有法定的作者和法定的权威性

公文撰拟到最后形成正式公文，都有法定的作者，即能依法以自己的名义行使权力和承担义务的组织。公文撰拟的撰稿人，不能看作是法定的作者。因为撰稿人不能按个人的主观意愿撰拟，而是在领导班子和领导者的授意下以被动的方式执笔，带有较强的的服从性和应命性。在撰拟过程中，采用什么文体，选用什么材料，表达何种目的，阐明何种观点，提出哪些要求，都要受到组织职权范围和领导意图的制约，撰稿人不得自作主张，自行其是。法定的作者是制发公文的党、政、军、群机关和企事业单位，它们是依据法律、法令、条例、决定、章程和行政命令建立和存在的组织机构。这些组织有权依法使用自己的名称，在规定的职权、任务、宗旨或业务范围内向所属下级组织或有关部门行使指挥、指导、管理、监督和协调的职能。有的公文或管理文书虽以领导个人的名义发布，但他也不是代表领导者本人，而是代表权力机关行使职权，表达发文机关的意图，因而具有法定的权威性。公文撰拟的权威性，不仅来源于发文组织的权威性，还体现于它所表述的内容本身所具备的权威性。它传达、贯彻党的路线、方针、任务、政策、法律、法令，体现领导机关的意志和意图，即使是计划、总结、规章制度等，不属于正式公文，但在一定范围内，仍具有行政约束力，而一旦以文件的形式印发，也就同样具有法定的权威性，所属下级组织或有关单位必须遵照执行。

（三）有相对稳定、约定俗成的规范格式

公文撰拟，不管是通用公文和专用公文，还是各种准公文，都在长期的实际运用过程中形成了约定俗成的规范格式，秘书撰拟文稿时，应该认真遵守，违反了就难以发挥其社会功用。所谓格式，或称体式，指的是文体的结构形式，它包括特定的称谓、内容的组合安排、习惯用语、固定的行款规范以及必备要素、标记等。之所以要按基本格式撰拟，是为了保证公文撰拟的准确、简练、完整和有效性。建国以来，为适应时代发展的需要，国家有关部门对公文撰拟中的一些文体的格式做了一些具体的规定，如国务院 2000 年 8 月 24 日发布、2001 年 1 月 1 日起施行、经重新修订了的经《国家行政机关公文处理办法》（国发〔2000〕23 号），其中第三章是专谈公文格式的；党中央发布了《中国共产党各级领导机关文件处理条例（试行）》，其中第七章是关于正式文件的标印格式的；国家标准局还发布了《国家机关公文格式》的国家标准。其它准公文在实践过程中也逐渐形成了相对稳定的惯用格式。撰拟文稿时，为了充分发挥公文撰拟的现实效能和实际功用，秘书应该遵守这些统一的规范化的基本格式，不可标新立异，另搞一套。因为，按照统一和约定俗成的格式撰拟，有助于维护制文机关意图的权威性和严肃性，同时也有利于文书工作的科学化、标准化、现代化和机关工作效率的提高。

（四）撰拟过程的集体性

公文是代表某一机关、单位的意志的一种书面表达形式。公文撰拟的整个过程，不像文艺创作那样，以个人执笔为主要行为。一般来说，公文撰拟的决定权，包括要不要写，写什么，写完发不发，主要取决于代表机关、单位意志的领导人或领导成员集体。当然，具体起草时，除重要公文由领导人亲自起草外，大多由秘书或有关业务人员承担。有些重要公文的起草，不仅仅是一两个人，有的还要搭个班子。完稿之后，有专人审核把关。涉及全局的重要公文，还要召集各方面人员提出修改意见。这一系列的公文撰拟程序，这种若干人参与撰拟的情况，说明公文撰拟绝非个人所为，而具有集体性的特点。这种撰拟的集体性，对从事公文撰拟的秘书来说，就带有很强的被动性。这就是说，公文撰拟不能像写小说、诗歌，有了"灵感"就可动笔去写，而只能是实际工作需要和有了领导的指示意见后，才能去撰拟。公文撰拟的这一特点，要求秘书撰拟公文时，一定要充分发挥个人的积极性、主动性。否则，集体性和被动性，变成了消极的依赖性，就必然会影响公文撰拟的质量。

（五）内容表述上的简明性

公文要充分发挥它的现实效能，推动各项工作有序有效地进行，这就不仅要求它所表述的内容应实事求是，符合客观事物的本来面貌，具有不容置疑的真实性，而且要求所表述的内容应做到简洁明快、平易质朴、明白畅晓、通俗易懂，以平实为基本特色。我国著名文学家、教育家叶圣陶对公文提出这样的要求：公文不一定是好文章，但必须写得一清二楚，十分明确，句稳词妥，通体顺畅，使人家不折不扣地理解你说的是什么。在表达方式上，公文撰拟以叙述、说明和议论为主，直陈其事，介绍情况，阐明道理，忠于实情，讲求实效，不事虚文藻饰，不作渲染夸张，一般不用描写和抒情。而要做到这一点，秘书必须认真学习和领会马列主义、毛泽东思想和邓小平理论，学习和研究党和国家的路线、方针、政策和法律、法规，努力提高理论水平、思想水平和政策水平。要围绕党委、政府和机关、单位的中心任务开展工作。在撰拟文稿前，秘书一定要做到"两个吃透"：既"吃透"中央和上级领导机关的指示精神，又"吃透"本地区、本机关、本单位和下面的基本情况和主要问题，认真分析研究，找出主要矛盾和矛盾的主要方面，提出多种可供领导比较、选择的方案或意见。总之，只有做到紧跟"上头"，理论引路，政策明确，眼观六路，耳听八方，了解实情，才能心明眼亮胸有成竹，撰拟出简明扼要、内容充实、意见具体、措施有力的书面材料。

三、公文撰拟的功用

公文撰拟的功用是多方面的。从总的方面来说，它是传达、贯彻党和国家的路线、方针、政策、法律、法规，密切和协调各方面的关系，加强上下、左右、内外的联系和沟通，处理行政事务，建立正常工作秩序，保证机关、单位正常运转的有效工具。具体说来，公文撰拟的功用有以下几个方面：

（一）决策和领导功用

政策和策略是党的生命。一切党政机关、社会团体、各行各业、各个部门和广大基层单位的任何工作和行动，都是在执行政策。不是执行正确的政策，就是执行错误的政策；不是自觉地执行某种政策，就是盲目地执行某种政策。公文撰拟，体现了无产阶级政党和社会主义国家政权的意志和意图，从根本上说是以制定、传达、贯彻、落实党和国家各个方面的有关政策和策略为依归。党政机关和上级领导部门所发的文件，表达了对改革开放和社会主义现代化建设中某些重大的决策，反映了全国各族人民的共同利益，是各行各业、各部门和企事业单位行动的准则。这些文件，具有法定的权威性，一经发布，在规定的范围内必须坚决照办，不折不扣地执行，不得有任何违反；否则，就有可能犯方向性的错误。上级领导机关和业务主管部门下发的文件和管理、监督文书，是党和国家路线、方针、政策、法律、法规在本系统、本行业、本部门职权范围内的具体体现，同样要求所属机关、单位认真贯彻执行，这也是一种决策和领导功用。还有，上级领导机关和业务主管部门对所属下级单位的汇报、请示等，表示明确、具体的看法，提出肯定性、结论性或建议性的意见和措施，当然也体现出了决策和领导的功能。

（二）规范准绳功用

在公文撰拟中有一部分是根据我国的社会制度、民族特点、风俗习惯等实际情况，制定出各项工作和各种活动的准则，如法律规范、社会规范、技术规范等。这些法规性文件，通过书面形式公诸于众，就成了人们行为的准则，对于维护正常的社会秩序、保护人们的合法权益起着重要的作用。中国共产党是全中国人民的领导核心，党的领导机关制发的文件，既起着重要的领导作用，又具有规范和准绳的作用。国家权力机关和行政机关制发的各种法规性文件，它一经正式发布执行，在制发和发布机关没有修正和宣布作废以前，始终具有法律效力，如有违反，就要受到惩处。在工农业生产活动中的各种技术标准、工艺流程规范和技术安全规程等属于技术规范，对保证安全生产和产品质量有着重要的作用，它对一定范围里人们的行为也起着规范和准绳的功用。

（三）宣传教育功用

毛泽东说过："掌握思想教育，是团结全党进行伟大政治斗争的中心环节。如果这个任务不解决，党的一切政治任务是不能完成的。"[1]在贯彻落实党和国家的路线、方针、政策、法律、法规和上级的指示时，首先要对广大干部进行宣传教育，提高他们的思想认识水平和执行政策、策略的自觉性，公文撰拟就担负了这一重要的使命，成为向广大干部群众进行宣传教育的有力工具。无论是公文还是准公文，或是领导同志的讲话，一般都要阐明指导思想和原则、理论和实践的依据、工作的性质和意义，让人们认识到为什么要这样做的道理，以统一思想，统一行动，推动各项工作的顺利进展。我们不论做什么工作，都必须坚持从群众中来、到群众中去的工作方法。也就是说，党和国家的路线、方针、政策、法律、法规和上级领机关的指示、计划、办法、措施，是集中了人民群众的意见而制定出来的，为了使其更好地贯彻执行，就得回到人民群众中去，向群众广泛地开展宣传教育，使之深入人心，成为人民群众的自觉行动。而党和国家的路线、方针、政策、法律、法规和上级领导机关的指示、计划、办法、措施贯彻实施的过程，也就是对广大人民群众进行宣传教育的过程。

（四）知照联系功用

秘书撰拟的各种公文、准公文和其它书面材料，可以使上下、左右、内外知照情况、互通情报、交流思想、协调行动，为了共同的目标而开展有序有效的工作，使整个国家像一部机器一样灵活、正常地运转。例如，上级领导机关通过指示、批复等下行公文，规定下属部门或单位如何开展某项工作，执行某项任务；下级部门或单位则通过请示、报告等公文，让上级领导机关了解情况，作出指示，帮助解决问题。平行机关、单位和不相隶属机关、单位之间通过公文和有关文书交换情况，商洽工作，协调配合。有的情况和问题除业务主办部门和上级领导机关知道外，还要知照到一定范围，以化解矛盾，加强协作，把工作做得更好。

（五）凭证依据功用

秘书撰拟的各种公文和准公文，大多是为阐明、传达领导的意图和政策界限，使受文机

---

① 毛泽东：《论联合政府》，《毛泽东选集》第3卷，人民出版社1991年版，1094页。

关或其它收受对象有据可依、有凭可查而制发的，也就是说，它原本就是作为凭证的需要而出现的。凡是公文，都是依照党和国家的统一意志管理、协调各方面行动的依据和凭证，起着"立此存照"的作用。下级单位根据上级领导机关的命令、指示、决定、决议、批复开展工作；上级领导机关凭借下级单位的请示、报告、调查报告、简报等，有针对性地回复、处理和解决问题；平行机关也依据来文机关的公函、通知等，协调配合，统一行动。其内容的真伪和处理的对错，公文本身就是最好的凭证作用。各种会议记录、会议纪要、值班日志、大事记、电话记录，也有很强的记载和凭据功用。有些准公文，如经济合同、协议书和法律文书等，本身也是作为文字凭证承担责任、义务的依据，凡违反者，可据此追究责任。某些决定、嘉奖令和奖状，起着表明一个集体或个人曾在某一方面作出优异成绩、受过奖励的功用。总之，秘书撰拟的各种公文和准公文，记录和贮存着各个历史阶段政治、经济、科技、文化等方面的成果，积累着社会变革、重大事件的第一手资料，不仅在现实生活中起着巨大的作用，而且还具有可供考查的历史凭证作用。有的成为珍贵的历史文献资料，其中重要的还转入上级档案馆，甚至国家档案馆存查。

秘书撰拟各种公文和准公文，在实际生活中，它们的功用不是单一的，而往是同时具有几种功用。所以，我们对公文撰拟的功用，不可作片面的理解，而应将它们结合起来全面地加以认识。

第二节 公文的类别

公文撰拟的范围极其广泛，关涉到政治、经济、军事、科技、文化的各个领域以及业务工作和日常生活的一切方面，因而种类也十分繁杂。归纳起来，大致包括以下一些类别：

一、通用公文

世界上的每个国家都明确规定了在全国内通用公文种类，这类公文在处理公务时适用于国家机关、单位的各个层次，通行于社会生活的各条战线和各个行业，因而称之为通用公文。我国国务院办公厅 2000 年颁发的《国家行政机关公文处理办法》将行政通用公文规定为 13 种，即：

（一）命令（令）

适用于依照有关法律公布行政法规和规章；宣布施行重大强制性行政措施；嘉奖有关单位及人员。

（二）决定

适用于对重要事项或者重大行动做出安排，奖惩有关单位及人员，变更或者撤销下级机关不适当的决定事项。

（三）公告

适用于向国内外宣布重要事项或者法定事项。

（四）通告

适用于公布社会各有关方面应当遵守或者周知的事项。

（五）通知

适用于批转下级机关的公文，转发上级机关和不相隶属机关的公文，传达要求下级机关办理和需要有关单位周知或者执行的事项，任免人员。

（六）通报

适用于表彰先进，批评错误，传达重要精神或者情况。

（七）议案

适用于各级人民政府按照法律程序向同级人民代表大会或人民代表大会常务委员会提请审议事项。

（八）报告

适用于向上级机关汇报工作，反映情况，答复上级机关的询问。

（九）请示

适用于向上级机关请求指示、批准。

（十）批复

适用于答复下级机关的请示事项。

（十一）意见

适用于对重要问题提出见解和处理办法。

（十二）函

适用于不相隶属机关之间商洽工作，询问和答复问题，请求批准和答复审批事项。

（十三）会议纪要

适用于记载、传达会议情况和议定事项。

二、专用公文

由于社会分工的不同，各行各业、各条战线、各个系统在长期的职业活动中逐渐形成了只适用本行业、本战线、本系统专门使用的公文种类，这类公文与通用公文不同，只在一定的专业范围内起作用，故称之为专用公文。如中国共产党的各级组织就有党务专用的公报、决定、决议、指示、意见、条例、规定等；再如外交工作方面就有国书、照会、护照、条约等专用文书；司法系统有立案报告、起诉书、抗诉书、裁定书、判决书、调解书等专用文书。此外，还有军事专用文书、财经专用文书、审计专用文书、科技专用文书等。因专用文书的适用范围较为狭窄，只从事这一工作的秘书知晓，故从略。

三、准公文

党、政、军、群机关和企事业单位在所从事的公务活动中，除使用通用公文和专用公文外，还使用一些类似公文、但又没有列入公文范围的文体，这些文体使用的范围广、频率高，是从事公务活动不可缺少的，故称之为准公文。准公文的特点和功用与正式公文没有什么区别，其主要种类有：

（一）计划

预先将一定时期内的学习、工作、生产或其它某项活动，作出科学的部署和安排的一种书面材料。一般可分为指令性计划和指导性计划、专题性计划和综合性计划等。

（二）总结

对一定时期的学习、工作、生产或某项活动进行全面、系统的回顾、分析和研究，从中找出经验教训，引出规律性的认识，用以指导今后的学习、工作、生活和各项活动的开展的一种书面材料。一般可分为年度总结、半年总结、季度总结、月份总结以及专题性总结、综合性总结等。

（三）调查报告

根据特定目的，对某一问题或某一事件进行调查研究后，写成的有事实、有观点、有分析、有结论的书面报告。一般可分为新生事物调查报告、社会状况调查报告、揭露问题调查报告、典型经验调查报告、市场动态调查报告等。

（四）简报

是各级党、政、军、群机关和企事业单位用来反映情况、传递信息、指导工作、交流经验、推动工作的简要报告。一般可分为会议简报、工作简报、动态简报、综合简报、专题简报、信访简报等。

（五）公示

是各级党、政、军、群机关和企事业单位使组织内的群众和社会有关方面了解和掌握公示对象的基本情况，同时征询广大群众和有关方面对公示对象的意见，并接受他们监督的一种新兴应用文体。如《××省关于拟任、聘用厅、局级干部的公示》。

（六）工作报告

是各级党、政、军、群机关和企事业单位的领导人，在规模较大的会议上，向与会代表或全体工作人员汇报工作时，事先拟成的一种书面材料，如各级党代会、团代会、妇代会、职代会、教代会上的工作报告和各类专业会议上的主题报告等。

（七）章程

是政党、社会团体、社会组织和工商企业对其性质、宗旨、任务、组织机构、组织成员、结构及其活动方式等所作出的规定。如《中国共产党章程》、《中国科学技术协会章程》、《中南大学董事会章程》等。

（八）条例

由国家权力机关或国家各级行政机关制定或批准，明确规定国家政治、经济、军事、文化、科技等方面的某些事项，或规定某一行政机构的有关组织职权以及某些专门人员的任务和权限等条款的法规性文书。如《中华人民共和国劳动保险条例》、《治安管理条例》、《城市街道办事处组织条例》等。

（九）规定

是党、政、军、群机关和企事业单位对某一活动、某些问题在方式、方法或数量、质量等方面作出的具体规范的文书。如《关于党政机关县（处）级以上领导干部收入申报规定》、《国家物价局关于价格违法行为的处罚规定》等。

（十）办法

是国家行政机关或业务主管部门对某项工作或活动制定的具有规范性要求和措施的法定性文书。如《中华人民共和国学位条例暂行实施办法》、《国家行政机关公文处理办法》、《中华人民共和国海关对检举或协助查获违反海关法案件有功人员的奖励办法》等。

（十一）制度

是党、政、军、群机关和企事业单位所制定的要求有关人员共同遵守的有关办事规程行为准则的法规性文书。如学习制度、岗位责任制度、质量检验制度等。

四、其它实用文体

指秘书在实际工作中经常遇到的各类实用性文章，如消息、通讯、评论、广告、合同、协议书、索赔书、理赔书、讲话稿、开幕词、闭幕词、启事、声明、决心书、聘请书、倡议书、证明信、感谢信、慰问信、条据、祝辞、悼词、请柬、碑文等，难以一一尽述。作为一个称职的秘书，也必须掌握它们的写作规范、要领、方法和技巧。

第三节　通用公文的基本格式

现行的通用公文都有一定的格式，有统一的规定和要求，这是公文和其它实用文体的区别。所谓公文格式，指的是公文所具有的一定规格式样，也有人称它为"公文程式"。新中国成立后，党和政府曾多次对通用公文的格式作过规定。1988 年 3 月，国家质量技术监督局发布了《国家机关公文格式》（中华人民共和国标准）；2000 年 8 月，国务院发布了经过修改的《国家行政机关公文处理办法》；1996 年 5 月，中共中央办公厅发布经过修改的《中国共产党机关公文处理条例》，都对公文的格式，包括公文的组成部分和书写形式、标印格式、排列位置、用纸规格、字体字号等作了明确的规定。公文之所以形成一定的格式，并非是哪个"秀才"或长官的个人意志所决定的,而是在长期公文撰制实践过程中总结得出的。然而,这种公文格式一旦形成,就成为了人们撰制公文的一种规范,而且还成为公文撰制的质量标准之一。如果格式不规范,公文内容写得再好,也不能说是高质量的公文。而真正按公文格式去撰制了,公文的质量也就得到一定的保证。通用公文的格式一般包括公文结构、附加标志和公文样式三大部分。

一、公文结构

公文结构指的是组成公文的各种要素,《国家行政机关公文处理办法》第十条规定:"公文一般由秘密等级和保密期限、紧急程度、发文机关标识、发文字号、签发人、标题、主送机关、正文、附件说明、成文期、印章、附注、附件、主题词、抄送机关、印发机关和印发日期部分组成。"如下图:

```
┌─────────────────────────────────────────────────┐
│ ×××(印发顺序号)                                  │
│ △(密级标注)                                      │
│ △(急度标注)                                      │
│                                                   │
│      ××××文件    (机关名称+文件)                 │
│      ××[ ]××      (机关代字+年号+文号)            │
├─────────────────────────────────────────────────┤
│          ××××××××××(标题)                     │
│ ××××(主送机关)                                  │
│      ××××××××××××××××××××                │
│ ×××××××××。    (正文)                         │
│      附件:×××(附件名称)                         │
│                          ×××(发文机关)          │
│                      ×年×月×日(发文时间)         │
│                                                   │
│ (      )(发至范围)                              │
│ (      )(主题词)                                │
├─────────────────────────────────────────────────┤
│ 抄报:××××(抄报机关)                           │
│ 报送:××××(抄送机关)                           │
├─────────────────────────────────────────────────┤
│ ××××(印发部门)          ×年×月×日印发         │
│              共印×份                              │
└─────────────────────────────────────────────────┘
```

它既包括了公文的主体结构,又包括了公文的附加标志。这里先说通用公文的主体结构。

(一)标题

公文的标题,要求准确、简要地概括公文的主要内容。除批转法规性文件外,一般不加书名号,写在首页居中位置,印刷正式文件时要用大于正文的字体。一般有三种写法。

第一种写法：由发文机关、事由、文种名称组成。如《国务院关于坚决稳定市场物价的通知》。"国务院"是发文机关，"坚决稳定市场物价"是事由，"通知"是文种名称。这种写法显得严肃庄重。各级领导机关制发关于方针政策和重要指示的公文标题多采用此法。

第二种写法：由发文机关、文种名称组成，如《中华人民共和国外交部公告》。当公文内容很难用一个词组概括时，只好将事由省略。

第三种写法：由事由、文种名称组成。考虑文头中有发文机关名称出现，为求标题简短而省略发文机关。

另外向社会或机关、单位工作人员发布的周知性公文，如"命令"、"公告"、"通告"、"通报"、"通知"等，标题中写上机关名称、事由，反而显得累赘，可以酌情略去其中一项，甚至两项全删去，惟有文种名称不能省略。

（二）主送机关

也称收文机关，指发文机关要求贯彻执行、受理承办或研究答复的受文单位，俗称"抬头"、"上款"。单位名称写在标题左下方，正文之前，顶格。请示一般只写一个主送机关，如需同时送另一个上级机关，应用抄报形式。主送机关过多，导致互相推诿或答复不一，反而影响工作。普发性公文主送机关允许多个。如国务院办公厅发布《国家行政机关公文处理办法》的通知，主送机关包括各省、自治区、直辖市人民政府，国务院各部委、各直属机构。地方各级政府发文亦多有这种情况。

（三）正文

正文是通用公文的主体，是它最主要的核心部分。我们常说的公文撰拟，主要指公文正文的起草。正文部分有两种情况：内容较少的命令（令）、公告、通告、通知等，采取篇段合一（不分段），写依据、说明、决策等三层意思；内容较多的请示、报告、指示、会议纪要和通知等，一般采用开头、主体、结尾三部分：

1. 开头

由于文种多样，作用不一，发文对象不同，内容有多有少，因而开头也多种多样，通常为说明撰制公文的依据和原因；也有采用条款式的，整个正文都以条款列出，开头也用条款；还有用问答式的，多系对方针、政策的解答等。但不论如何开头，一定要分清所撰拟公文的文种，不同的文种有不同的开头方式。尤其要紧扣主旨，开门见山，要言不繁，并与下文衔接，前后照应，恰当地引出下文。

2. 主体

主体是公文的最主要的部分，由它来叙述公文的内容，准确传达党和国家有关方针、政策精神，体现领导意图，可见撰拟公文的关键在于写好正文的主体部分。正文的内容必须准确，即文中所持观点、所用材料、所讲道理、所揭示的问题，都要符合党和国家的路线、方针、政策、法律、法规，实事求是，并善于分析，精于提炼；还要坚持"一文一事"的原则，有针对性，不说空话、套话，言之有物；语言力求简练、朴实、准确，通俗易懂，尽量少用专门术语；论证要有逻辑性，条分缕析；要注意形式的多样性，根据发文目的、中心思想选择最恰当的形式来表现，做到内容和形式的和谐统一。

3. 结尾

结尾又称结语，是正文的收束。结尾的写法，因行文关系和具体内容不同而异，如请示用"以上请示，当否，请批示"，布告用"特此布告，希遵照执行"，函用"特此函告"等等。有的公文，事项说完了就结束，没有独立的结尾部分。

（四）发文机关和签署

发文机关指公文的作者，俗称"下款"或"落款"，写在正文右下方。要求写机关全称或规范化简称。几个机关联合发文，应将主办机关排列在前。规范化的简称是指一看就懂、一听就明、为公众所接受的机关简称，如"中共中央"、"国家商务部"。

签署是指以机关、单位领导人名义发文时，该领导人亲笔在落款处签署自己的姓名，或用签名印章，代表发文作者，证实文件的效用。签署一般用于协议书、合同及联合发文；各级机关发布命令、指示、布告和各级国家行政机关向同级国家权力机关提出议案等文件。公文签署只限机关首长一人，副职不得连署。

（五）发文时间

发文时间署在发文机关、单位名称之下。用阿拉伯数码或小汉字数码，年、月、日三者俱全，不能任意省略，如"2007 年"不能写作"07 年"。一个单位单独发文，按领导签发的日期；几个机关联合发文，按最后一个机关的领导人签发的日期；会议上通过的文件，应在标题之下、正文之前注明会议名称和通过日期。

（六）附件

附件是对主件相对而言。有的公文有附件，它是属于正文的重要组成部分。当然，也不是所有的公文都有附件。公文如有附件，应视为其有机组成部分，与主件共同构成一份完整的公文。附件有两种：一种是补充说明主件内容的，实际上主件就是因为它才制发的，其名称作为事由加上书名号写进标题。如《湖南省人民政府办公厅关于印发《〈湖南省国家行政机关公文处理实施细则〉的通知》，《湖南省国家行政机关公文处理实施细则》就是附件。它不在主件里再作标注，直接附在主件正文之后。一般发布、转发、印发、批转的公文，大都这样处理附件。另一种是补充说明主件某一方面内容的。这种附件名称不在标题上列出，而在正文之后注明件数和名称。

（七）印章

发文机关在公文上加盖公章，是公文生效、取信的凭证。印章的规格有统一的规定，机关、单位的印章由上级领导机关制发。国务院颁发过关于国家行政机关和企事业单位印章的规定，其中规定了印章的形状、尺寸、样式、字体和制发办法，还规定了伪造印章或使用伪造印章者要依法严惩。通常新成立的和要更改名称的机关、单位，在启用印章时，要事先向上级领导机关和有关单位发出通知。有的领导机关所发的公文，需大量铅印，用专门的文件版头并经机要通讯递送的，也可不盖印章。

（八）抄报、抄送机关

有的公文除给主送机关外，还需要送有关机关、单位知照协办。受双重领导的机关、单位向上级机关行文，应当写明主送机关和抄报机关，由主送机关负责答复；上级机关向受双重领导的下级机关行文，必要时抄送其另一上级机关。

（九）附注

即正文之外需要附带说明的事项，应加括号标注。

以上9项，是一份公文的主体结构，其中前5项不可缺少，后面4项可有可无，视情况而定。

二、公文附加标志

一份完整的公文除主体结构之外，还有一些附加标志，包括公文上的文号、密级、缓急程度、阅读范围、主题词、印发标记等，有的是党政机关的公文处理办法和国家标准规定了的，有的格式是约定俗成的。

（一）发文机关标识

发文机关标识应当使用发文机关全称或者规范化简称，如中国共产党中央委员会可简称"中共中央"；联合行文，主办机关排列在前。

（二）发文字号

把机关、单位所制发的公文按顺序编写，称为发文字号，又称文号，标在标题下面，目的是为了便于公文的立卷、归档、查阅和催办。发文字号，包括机关代字、年号、顺序号。如"湘政发〔2007〕××号"，"湘政"是湖南省人民政府发文代字，"〔2007〕"是发文的年份，"××号"是本年度发文顺序号码。国务院发文代字是"国"，国务院办公厅发文代字是"国办"，地方政府发文代号"××"；前×代地方，后×代机关。如果几个机关联合发文，只标明主办机关发文号。公函和公文要分开编号，在机关、单位代字中加一个"函"字。如"湘教函字"即湖南省教育厅公函。公函的函字标在标题的右下方。命令（令）、公告的发文字号用"第××号"，命令以领导任期为单位，公告编号以事件为单位，依先后顺序编号。

（三）秘密等级

秘密等级即密级，指公文机密程度的等级。除一般不需保密者以外，公文内容涉及党和国家的秘密，在一定时间内只限于一定范围内阅读而不能公开，这就决定了公文有秘密等级和时限的划分。我国现行公文秘密等级划分为绝密、机密和秘密三级。其中，"绝密"、"机密"级公文还应当标明份数序号。在认定和划分秘密等级时要注意准确性。划分严了，提高了密级，妨碍公文精神的贯彻；划分宽了，容易造成泄密，使党和国家造成不应有的损失。

"密级"标示在醒目的地方,一般放在标题的左上方。

（四）缓急程度

缓急程度是对公文送达和办理的时间要求。缓急程度一般可分平件、急件、特急和限时送达四种。注意缓急程度,是为了确保公文的时效,使紧急事项得到及时处理。如在一般情况下,对平件的处理以一周为限;急件应在三天内处理完毕;特急件随到随办,最迟不超过24小时;限时送达件更要按时办理。其中电报应分别标明"特提"、"特急"、"加急"、"平急"。确定缓急程度,一定要根据内容上的缓急程度而定。该缓则缓,该急则急,不能任意提高缓急程度,防止滥发急件。一般平件不需标明,急件以上的,标明何种等级,由公文签发人确定。缓急程度的标记一般放在标题的右上方,与密级的位置相对应。

（五）阅读范围

根据通用公文的秘密等级,考虑工作的需要,公文要明确发文范围和阅读对象。我国现行发文范围有三个层次:一是"发至省军级";二是"发至县团级";三是"发至基层"。阅读对象依次为省军级以上干部、县团级以上干部和基层干部群众。阅读范围标注在成文日期的左下方,并加括号。

（六）主题词

通用公文主题词是确切表达公文的规范化的名词或名词性词组。公文的主题词要能够准确地表达公文的主题(即内容要点),平时便于阅读,输入电脑后便于分类保管和查找。草拟公文时,把能确切表达公文主题的、规范化的名词或名词性词组标注在公文末页下部、抄送范围上方。为了适应标引公文主题词的需要,《国务院主题词表》规定了15类1000个主题词。标引时应根据主题词的涵义由小到大、从内容到形式的次序进行,一份公文一般不超过7个主题词,最后一个主题词一般都是表示文种的。撰写公文时,应按照《国务院主题词表》的要求选用贴切的主题词。

（七）印发标记

通用公文在文未要标上印发情况,即承办单位、印发日期、印制份数等,称"印发标记"。会议上发的文件要收回的,依次编上数码,打印在版头的左上方,通常称为印制号码,便于对号清点,如数收回。

（八）其它

上行文应当注明签发人、会签人姓名。其中,"请示"应当在附注处注明联系人的姓名和电话。成文日期以负责人签发的日期为准,联合行文以最后签发机关负责人的签发日期为准。电报以发出日期为准。

三、公文样式

公文样式是指公文的外观形式。公文结构的各个组成部分、附加标记等,具体反映在公文页面上,需要有个样式的安排,它包括版头设计、版面安排、字体型号、字距行距间距、天地页边、用纸尺寸等,通过统一设计、合理安排,才能使公文有一个很好的外观面貌。好的公文样式,安排得美观大方、鲜明庄重、生动活泼,给人以清晰悦目的感觉,不但吸引人阅读,而且便于公文的处理。

（一）版头

版头就是公文的刊头,在首页上端,约占全页 1/3,俗称"文头"。由发文机关全称或者规范化简称加"文件"二字或加括号标明文种组成,用套红大字居中印在公文首页上部。如《××人民政府文件》用于各级政府发布、传达贯彻党的方针、政策,作出重要工作部署,转发上级机关的文件,批转下级机关的重要报告、请示。《中国共产党××委员会文件》用于各级党委通知重要事项,任免干部,批复下级机关请示,向上级机关报告、请示工作等。

（二）用纸

公文用纸的幅面尺寸,当前国内一般用 16 开型 260mm×184mm(长×宽),有条件的机关、单位和涉外部门,可推荐采用国际标准 A 型 297mm×210mm(长×宽),一般左侧装订。张贴的布告、通告等用纸的大小,视实际需要而定。

（三）页边和图文区尺寸

公文用纸上白边(天头)宽(20±0.5)mm;

公文用纸下白边(地脚)宽(7±0.5)mm;

公文用纸左白边(订口)宽(20±0.5)mm;

公文用纸右白边(翻口)宽(15±0.5)mm;

国内通用 16 开型纸图文区尺寸为:233mm×149mm(长×宽);

国际标准 A 型纸图文区尺寸为:270mm×175mm(长×宽)。

（四）排版形式

公文符号一律采用从左向右编排(少数民族文字除外),正文文字的每行长度与图文区宽度相等。一般对字距、行距不作具体规定,各机关、单位可根据文种需要和印刷要求,掌握选用。

（五）字体字号

公文印刷中字号的选用一般按发文机关名称、大标题、小标题、标识字符、正文及注释说明文字等顺序依次从大到小地选用。发文机关标识一般用 22mm×15mm(高×宽)黑变体字或初号宋体字,联合行文时,一般使用小初号宋体字。公文大标题一般使用二号宋体字,小标题一般使用三号宋体字。秘密等级、缓急程度和各标记字符或其它重点字句一般使用三号黑体字;主题词一般使用三号宋体字。公文正文、主送机关、抄送机关、无正文说明、附件说明、发文机关、发文字号、成文日期、印发说明、注释、特殊情况说明等,采用三号或四号仿宋体字。数字(除发文字号、统计表、计划表、序号、百分比和其它必须用阿拉伯数字者外)一般用汉字标识。在同一公文数字的使用上应前后一致。

公文的具体样式如图 A、B、C。

```
     0  04 08  12  16  20  24  28  32  36  40  44  48  52  56  60  64  68
  0   代号010101010                              收文机关全称
                                                编号
 04   份号000001                                 日期
                                                存档号
 08      机密
 12      特急           ┌─────┐  ┌─────┐  ┌─────┐
 16                    │     │  │     │  │     │
 20                    │     │  │     │  │     │      文件
 24                    │     │  │     │  │     │
 28                    └─────┘  └─────┘  └─────┘
 32            ─────────  ×发〔××××〕××号  ─────────
 36
 40               ×××关于××××工作的通知
 44
 48
 52      各省、自治区、直辖市人民政府,国务院各部委、各直属机构:
 56
 60         ................................................
 64      .....................................................
 68      .....................................................
 72      ............。
 76
 80
 84
 88
 92
 96
100
104      ...........。
108                                                        1
```

图A   下行文首页格式

```
          0  04  08  12  16  20  24  28  32  36  40  44  48  52  56  60  64  68

  0    代号000532100
 04    份号000001
 08        机密
 12        特急
 16
 20
 24
 28
 32
 36                        ××××× 文件
 40
 44            ×发〔××××〕××号  签发人：×××
 48                关于×××××工作的请示
 52
 56    ×××××
 60        ×××××××××××××××××××××××××
 64    ××××××××。
 68
 72
 76
 80
 84
 88
 92
 96
100
104
108    ×××××。                                          1
```

图B 上行文首页格式

```
     0  04 08  12  16  20  24  28  32  36  40  44  48  52  56  60  64  68
  0    （此页无正文）
 04    附件：1.××××××
 08           2.×××××××
 12
 16
 20
 24
 28
 32                                              ×××
 36
 40
 44                                      ××××年×月×日
 48
 52
 56    注释：1.×××××××××.
 60           2.×××××××.
 64
 68
 72
 76
 80
 84
 88    主题词：××××××××××××
 92  ┌─抄送：×××××，×××××，×××××，×××××.
 96
100
104    ××××××                          ××××年×月×日印发
108                                                          2
```

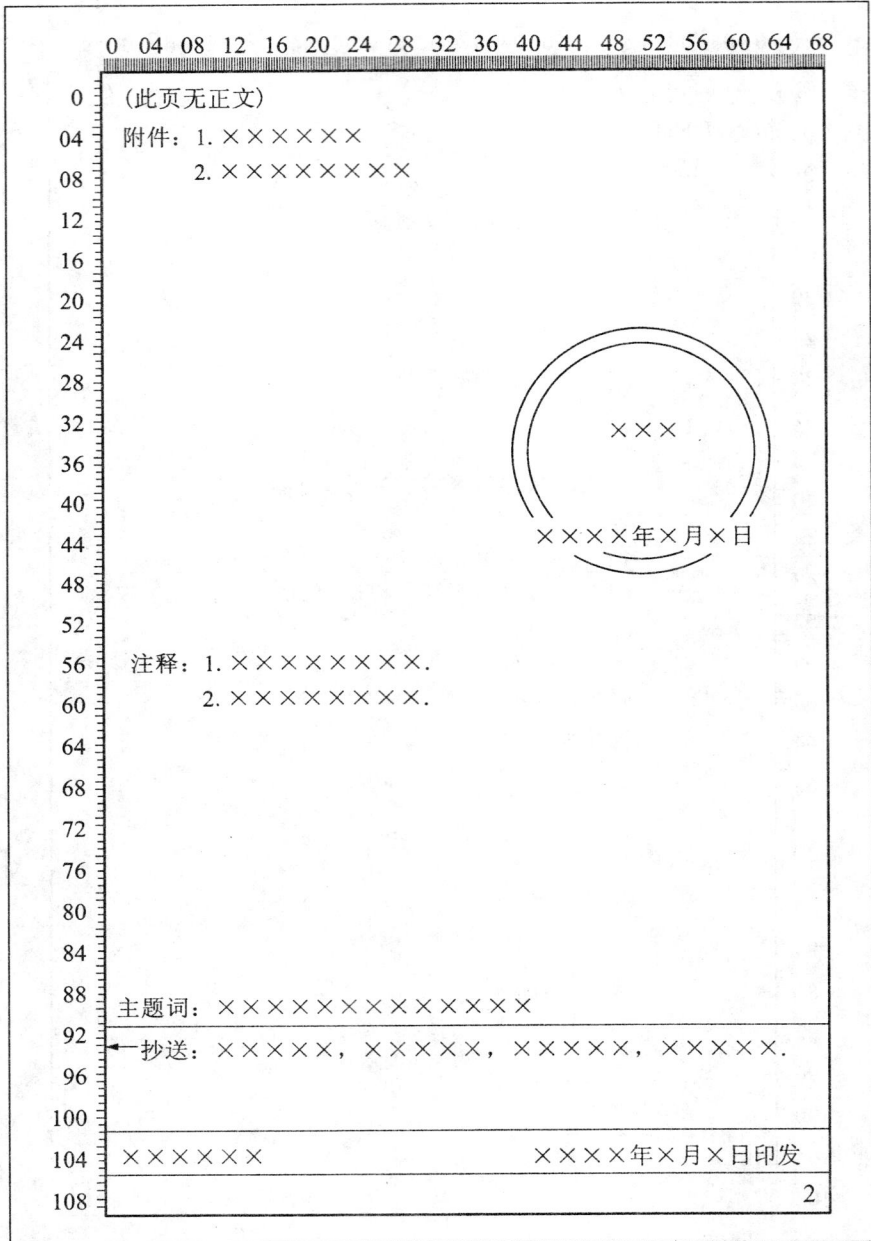

图C   文件末页格式

第四节　公文撰拟的具体原则要求

一、符合党和国家的路线、方针、政策和法律、法规

公文撰拟的实质，就是用文字将党和国家的路线、方针、政策和法律、法规在本机关、单位具体化，并系统而简明地形之于书面。这就决定公文撰拟要受到党和国家路线、方针、政策、法律、法规的绝对制约。秘书要撰拟出合格的公文，就一定要站在党和国家的立场上，从党和人民的利益出发考虑问题，分析、判断客观事物，解决现实生活中的各种矛盾和问题。秘书撰拟的各种文稿，都应该与党和国家的路线、方针、政策、法律、法令和上级领导机关有关规定相符合，任何违反党和国家的路线、方针、政策和法令、规定，背离科学发展观和四项基本原则的行为都是不允许的。如提出新的政策、规定等，要切实可行并加以说明。有的同志说得好："笔下有财产万千，笔下有人命关天，笔下有是非曲直，笔下有毁誉忠奸。"这说明公文撰拟的政策性和严肃性。总之，撰文者应有很强的政策观念，有相应的思想和政策水平，有严格遵循党和国家路线、方针、政策、法令、法律、法规和上级领导机关指示撰拟文稿的自觉精神，否则，在撰拟中忽略了党的路线、方针、政策、法律、法规和上级领导机关指示的指导作用，那就必然不能保证文稿的质量，甚至会给党和人民的利益带来损害。

二、忠实制文机关、单位的意图

公文撰拟不但要符合党和国家的路线、方针、政策、法律、法规和上级领导机关的指示，同时还要忠实于本机关、单位的意图，因为秘书工作是服务于领导的政策性很强的辅助性工作，必须严格按照领导的指示和意图办事，公文撰拟当然也不能例外。秘书撰拟公文，在大多数情况下，是代机关、单位立言，也就是将机关、单位的基本意图，以书面的形式准确地表述出来，迅速地传输出去。拟稿人只有贯彻领导指示，忠实表述机关、单位制文意图的责任，没有专擅越权、自行其是的权力。不然，秘书所拟文稿将不是制文机关基本意图的体现，变成了拟稿人个人的意志了，这是和秘书的身份和秘书工作的职责背道而驰的。这种文稿制发出去，必然会造成工作的失误。我们强调公文撰拟要符合党和国家的路线、方针、政策、法律、法规和上级领导机关的指示，要忠实于制文机关、单位的基本意图，这并不意味着拟稿人只是当记录员，机械、被动地照抄、照转，没有发挥个人主动性、创造性的广阔天地。秘书要在理解、熟悉党的路线、方针、政策、法律、法规和上级领导机关指示，深刻领会领导意图的基础上，深入了解当时、当地和本机关、单位的实际情况，认真思考，分析综合，加工充实，把个人的主观能动性和客观需要统一起来，这就能使自己撰拟的每一篇文稿，都能创造性地体现出党和国家的路线、方针、政策、法律、法规和上级领导机关的指示精神以及制文

机关、单位的意图。平日，为充分发挥秘书的耳目、参谋和助手作用，就要变被动为主动，在纷繁的日常工作中，围绕中心工作和关键环节，高质量、高效率地处理文电，撰拟文稿，适时安排有关活动，主动收集、分析、综合情况，研究带普遍性、倾向性的问题，为领导决策和进行管理提供优质服务。

三、要掌握科学思维的方法

秘书是否掌握并创造性地运用科学思维的方法，直接关系到撰拟出的公文有无实用价值。运用科学思维方法去思考和处理问题，就能符合客观实际，撰拟出对工作有实用价值的公文。反之，思维方法不科学，就不能正确提出问题、分析问题和解决问题，这样所产生的公文，用于指导工作，就必然不会有什么实用价值，甚至还会出现工作上的失误。公文撰拟中的科学思维方法，主要有分析与综合、归纳与演绎、抽象与概括、比较与归类等。在公文撰拟中，这些思维方法，往往是交错运用的，是明之于心、形之于文的。要密切结合实际情况，创造性地加以运用，以防止和避免主观性、片面性、表面性和公式化、概念化。

四、坚持实事求是，真实地反映情况

秘书正确的观点是公文的灵魂。公文中的观点不是凭空产生的，这就要求秘书抓住两头：一头是"上头"，即第一条所说的学习、领会、贯彻、执行并使之符合党和国家的路线、方针、政策、法律、法规和上级领导机关指示；一头是"下头"，即切合下面的实际情况。公文撰拟如果没有一定的事实作基础，就好比无源之水，无本之木，是形成不了正确观点的。在公文撰拟中我们经常看到这样几种情况：一是情况不明，心中无数，无法提炼观点，有的即使提出了观点，也觉得把握不大；二是对情况两眼抹黑，但又不想费力，只好图个现成，到处摘抄报刊、文件，硬是拼凑观点；三是闭眼不看事实，单凭头脑想像，或唯长官意志是从，苦心制造观点，这些表现都是严重地脱离实际，是肯定撰拟不出合格的公文来的。公文所选用的材料，一定要反复核对，做到确凿无疑，一切以客观事实为依据。不管用的是"死材料"还是"活材料"，都应是确凿可信的，经得起核对的。要力争用第一手材料，不用那些道听途说的间接转引的东西，更不要凭空捏造，无中生有。使用材料时，要老老实实，实实在在，成绩就是成绩，缺点就是缺点，不允许主观臆断弄虚作假，谎报情况；不允许移花接木，张冠李戴，随意编排组合；也不允许搞"合理想像"，那些不负责任的"据说"、"推想"、"估计"、"大概"、"差不多"等词语，不能作为反映情况和提出意见的依据。叙述事件，可进行适当的提炼、加工，精简文字，但不能随意夸饰，不能随心所欲变动情节，或夹杂个人情感作变形的处理，即使是细枝末节也应与客观情况一致。引用数字要有根有据，有切实可查的原始来源。结论要产生于对大量事实的认真思考和冷静分析之后，要确实可靠。作为秘书，切忌脱离实际，闭门造车，粗枝大叶，草率从事，那些不能真实地反映客观情况的文稿，只会贻误工作，

严重损害党和政府的声誉。

五、文字表达上要求平实得体、简明晓畅

《国家行政机关公文处理办法》要求：公文撰拟要"情况确实，观点明确，表述准确，结构严谨，条理清楚，直述不曲，字词规范，标点正确，篇幅力求简短。"既然公文撰拟是为了工作的实际应用和解决问题，因此，它的每一个词、每一句话，往往至关重要。为了便于人们理解执行，准确地把握分寸，文稿的文字表述应力求平实得体，简明晓畅。平实是公文撰拟文字表达上的本色。人们阅读公文时，一般不包含欣赏的因素，只要求"言不过实、文如其事"，能准确、真切地把客观事实说清楚就行。公文撰拟要用规范化的书面语言写作，做到用词恰当，造句合乎语法，结构完整，逻辑严密，条理清楚，中心明确，一目了然。不追求语言的艺术化，不用夸张、婉曲、双关、比拟、含蓄等修辞手法。至于那些溢美不实的大话、空话更不能用。公文撰拟也讲究表达的生动性，不能以枯燥乏味、单调干涩的语言充斥全文。但这种生动性主要依靠叙述的事例典型，内涵丰富，道理说得深透，文笔善于变化，掌握了鲜明、生动的词汇，能根据内容的需要选择恰当的句式和修辞手段等，做到笔下生辉，不俗不滥。得体就是要切合拟稿人代为立言的制文机关、单位的身份，选用相应的文体和恰当的语气，并采用规范的格式撰拟文稿。公文撰拟是为实用的目的服务的，受到对象和条件的制约，因此，文字表达要得体，切合制文机关、单位的地位和职权范围。颁布政令要庄重严肃，提出申请要委婉平和，批驳错误要持之有据，对上要谦虚自重，对下要平等待人。对一些习惯用语，要切实弄清楚其含义和用法。简明就是简洁明了，言简意赅，做到长话短说，惜墨如金。只要表明了意思，文字要尽可能简洁。该短就短，能删就删，切忌长篇大论，言不及义。对于不言自明的事，对于领导和群众熟知的理，都应略而不述。简明不是苟简。只在压缩文字上下功夫，往往会简而不明，扼而不要。而是要以少的文字表述丰裕的内容，"文约而事丰"，语语中的。晓畅就是内容明晓，行文畅达。这就要求每篇文稿观点明确，中心突出，阐述清楚，昭然若揭。就是复杂的事理，也应深入浅出，尽量把话说明白，让人一目了然。要文字顺畅，通俗易懂，便于读者理解和掌握。要尽量避免使用那些转弯抹角的句子和容易造成歧义的多义词，坚决删除那些晦涩难懂、模棱两可的词语。完稿后，要字斟句酌地反复修改，尽量删除那些可有可无的段落、语句、字词，力求言词简练，内容显豁。

第九章 调查研究

调查研究是人们了解情况、认识事物、掌握政策的基本方法，是实行科学管理的一项重要内容，是辩证唯物主义认识论在实际工作中的具体运用。重视调查研究是我党一贯的优良传统。作为领导的参谋和助手，调查研究是秘书和秘书部门的一项经常性的工作，是做好各项工作的基本功。离开了调查研究，缺乏对不断变化的实际情况全面、真实的了解和准确、透彻的分析，秘书和秘书部门的工作就很难有新内容、新思路、新办法，提出的意见和建议就会与客观实际相脱离，成为无的放矢，那就根本谈不上发挥其参谋和助手作用。从这个意义上说，调查研究水平的高低，直接关系到秘书和秘书部门各项工作的质量和成效。因此，要使秘书和秘书部门的工作适应新形势，登上新台阶，更好地发挥参谋和助手作用，就必须充分认识调查研究的重要性，学会调查研究的工作方法，始终坚持调查研究。

第一节 调查研究概述

一、调查研究的含义

调查研究，指的是人们在社会实践中，对客观的实际情况进行了解和分析研究，以认识其本质和发展规律的一种自觉的行动。"调查"和"研究"是既有联系又有区别的两个不同的概念。所谓"调查"，是指运用各种科学的方法和手段，对客观世界进行了解、考查、查核、统计来获取并掌握确凿的材料和情况的一种感性认识活动；所谓"研究"，是指对已了解的情况和已掌握的材料运用辩证唯物主义和历史唯物主义的立场、观点和方法，进行科学的比较、分析、综合和概括，以求得认识客观事物的本质及其发展规律的一种理性认识活动。由此可见，调查是研究的基础和前提，不进行调查，研究就失去了对象和内容，成了无源之水，无本之木，当然也就谈不上进行什么研究了；研究则是调查的深入和发展，没有研究，调查只是一堆零乱无序的原始材料，就不能"去伪存真、去粗取精、由此及彼、由表及里"，揭示出事物的本质和规律，得出正确的结论，调查也就失去了意义。

"调查"和"研究"虽有不同的内涵，但在实际调查研究中，调查和研究往往是同时进行的，并不是全部调查完了再进行研究，而是边调查边研究。它们是互相渗透、彼此贯通的。在调查过程中，必然伴随着初步的分析和研究，这样才能使调查有的放矢，沿着正确的方向进行；在分析研究时，常需对一些问题进行局部的或进一步的补充调查，以便更全面地弄清楚事情的真相和来龙去脉。按照辩证唯物主义的认识论，一般不存在没有调查的研究，也不存在没有研究的调查。因此，我们应该把调查研究作为一个整体来认识。人们就是这样通过不断的调查研究，通过实践——认识——再实践——再认识，这样循环往复以至无穷的过程，达到对客观世界的发展规律的本质认识，进而改造世界。

调查研究，是我党第一代领导人毛泽东历来倡导并亲自培养起来的优良传统，是我党坚持实事求是、一切从实际出发、理论和实际相结合这一正确思想路线的具体体现。早在1930年，毛泽东在《反对本本主义》一文中就明确指出："没有调查，没有发言权"、"你对于那个问题不能解决么？那末，你就去调查那个问题的现状和它的历史吧。你完完全全调查明白了，你对那个问题就有办法了，一切结论产生于调查情况的末尾，而不是在它的先头。只有蠢人，才是他一个人，或者邀集一堆人，不作调查，而只是冥思苦索地'想办法'、'打主意'。须知这是一定不能想出什么好办法，打出什么好主意的。换一句话说，他一定要产生错办法和错主意。"①1941年，毛泽东在《改造我们的学习》一文中进一步指出："就要引导同志们的眼光向着这种实际事物的调查和研究。就要使同志们懂得，共产党领导机关的基本任务，就在于了解情况和掌握政策两件大事，前一件事就是所谓认识世界，后一件事就是改造世界。就要使同志们懂得，没有调查就没有发言权，夸夸其谈的乱说一顿和一二三四的现象罗列，都是无用的。"②我党第二代领导人邓小平、第三代领导人江泽民和现任领导人胡锦涛都坚持发扬了我党调查研究的优良传统并身体力行，率先垂范，引导我国的改革开放与社会主义革命和建设事业从胜利走向新的更大的胜利。

当前，在新千年和新世纪初叶，我国各项改革和建设有中国特色的社会主义事业正处于攻坚阶段，必然会有许多新情况、新问题，同时也会有许多新经验、新办法出现在我们面前，在这个前所未有的伟大事业中，各级领导干部包括广大秘书在内，必须十分重视调查研究，深入实际，通过亲身的接触和广泛的了解占有丰富的第一手材料，然后经过分析研究，从感性认识上升到理性认识，才可得出比较正确的结论，制定出比较正确的理论、路线、方针、政策和方法，用以指导实践；才能根据客观存在的情况作出正确的判断，实行科学的决策；才能有计划、有步骤、有针对性地去实现确定的决策，并在实践中检验决策的正确性，校正决策的不足之处；才能集中群众智慧，不断提高领导水平，为开创改革开放和社会主义现代化建设的新局面作出自己应有的贡献！

二、秘书调查研究的目的

秘书调查研究，有着鲜明的目的性，或者说有着明确的指导思想，那就是"服从领导，围

---

① 《毛泽东著作选读》下册，人民出版社1986年版，第478页。
② 《毛泽东著作选读》下册，人民出版社1986年版，第479页。

绕中心，把握全局，服务决策"。秘书和秘书部门是领导的助手和参谋，因此，其调查研究必须根据领导工作的需要，有目的、有计划地进行，切不可违背领导和领导工作的意图另搞一套。秘书和秘书部门的一切工作都是围绕中心任务服务的，因此，调查研究也必须紧紧地围绕中心任务。大家知道，党在一定时期都提出了明确的中心任务，各地区、各战线、各单位在一年内总要抓几件大事，中心任务和大事是具有战略性、全局性和本质性的，是一切工作的"纲"，是主要矛盾或矛盾的主要方面之所在，所以，抓住了中心任务，就抓住了"纲"，就可带动其它工作，各种次要矛盾也就迎刃而解了，所以秘书和秘书部门的调查研究一定要"围绕中心"，去攻热点，从解决主要矛盾或矛盾的主要方面入手。把握全面，就是秘书和秘书部门一定要站在你所服务的领导角度上，站在党的路线、方针、政策的高度，放开视野，立足于全局进行调查研究，而不能只局限于本机关、本单位、本部门的眼光来调查研究，这样，才能协助领导增强工作的预见性、科学性和创新性；也只有把握全局，才能抓住一些带苗头性、倾向性的问题进行调查研究，即不断地研究新情况，解决新问题。秘书和秘书部门的调查研究最终以直接地、准确地为领导出谋划策为自己的出发点和落脚点，也就是说，其调查研究必须以党在每一时期的中心工作和各地区、战线、单位的大事出发，从领导在抓这些工作时的意图和需要出发，以获取真知灼见，协助领导正确决策和实施决策为目的。

为秘书和秘书部门调查研究的目的所决定，秘书的调查研究大体上有这样三种情况：一是跟随领导下去一起进行调查研究；二是领导交办的调查研究；三是根据工作需要秘书独立地进行调查研究。第一种情况秘书主要做些辅助性的工作，如协助领导确定调研课题，物色调研对象，安排调研场所，认真做好调研记录，帮助领导搜集和整理有关材料等；第二种情况是带有指令性的，秘书主要按照领导的意图，抓住主题，有目的地进行调查研究，在限定的时间内完成；第三种情况秘书带有较大的独立性，他成了调查研究的主角，处于主动的地位，需要自己选定调查研究的课题，列出调研提纲，安排调研计划，深入基层接触各方面的群众，广泛了解情况，将自己从实际调研中获得的第一手材料提供给领导，帮助领导思考问题，制定决策，纠正工作中的失误和偏差，保证领导工作的顺利进行。第三种调查研究最能体现出秘书和秘书部门的助手和参谋作用。如在20世纪50年代末"大跃进"的日子里，毛泽东的秘书田家英将自己在河南、四川等地农村的调查研究，将自己发现的问题和群众反映的意见，及时向毛泽东主席作了汇报，对当时毛主席下决心纠正"左"的错误起了很大的作用。

由此可知，秘书不是单纯地为调查而调查，也不是单纯地为研究而研究。他不是为了说明某个观点或某个臆定的结论或人为"创造"的经验而调查研究，更不是为了装潢门面、摆摆样子而调查研究。秘书的调查研究有着鲜明的目的和明确的指导思想。没有鲜明目的和明确指导思想的调查研究是毫无价值的，它只会将调查研究引入歧途。

三、调查研究在秘书工作中的地位和作用

调查研究在秘书工作中占有举足轻重的地位，发挥着极其重要的作用。离开了调查研究，秘书和秘书部门将一事无成。这就是说，秘书和秘书部门要完成好自己的本职工作，就一定要重视调查研究。具体说来，调查研究在秘书工作中的地位和作用，主要表现在以下几个方面：

（一）调查研究是秘书和秘书部门的重要职责

调查研究是各级领导和领导机关的基本任务和主要工作手段。不调查研究，全然不了解下情，两眼一抹黑，这样的人是不能担任领导重担的。所以，一切领导干部都要到第一线去调查研究，这可以说是领导者的一项基本功。然而，领导者日理万机，工作繁忙，不可能抽出很多时间去搞调查研究；而且，领导负责的工作多，涉及的面很广，由于受时间、精力等的限制，也不可能事事都亲自去调查研究。因此，大量的调查研究，必须依靠秘书和其它职能部门的同志。负责某一具体业务的职能部门的调查研究，向领导提供的往往只是某一方面的情况；而作为综合办事机构的秘书部门，作为领导的助手和参谋的秘书，通过调查研究向领导提供各方面的情况。我党某高层领导人曾在晋察冀边区任秘书长7年多，任中共中央办公厅主任近一年，他说了以下的体会："办公厅在什么地方最能够起作用呢？最能起作用的是到基层进行深入的调查研究。了解基层的真实情况，这是领导机关最难做到的事情。各部门也有人在基层调查，但各部门的基层调查有时带有部门的倾向性或片面性。办公厅的基层调查可以比较全面地反映情况，并且从党的政策上去分析衡量，这种基层调查往往对领导的帮助最大。""因为领导同志往往不容易拿出那么多时间去搞这个事情，他也必须到基层去，但往往受到一些干扰，办公厅的调查研究干部，受到的干扰会少一点。""此外，领导同志希望对情况能有一个迅速、全面的概括，布置了一项工作，希望能在短时期内迅速地、全面地作出一个情况概括，即使这种概括很粗糙，也是领导机关所需要的。所以，办公厅还要组织比较强的力量，能够在短时间内把情况概括起来，供领导机关及时分析形势。现在各地方送来的报告，许多都是经过推敲修饰，搞得天衣无缝，那种报告你从中看不出什么东西。"①在这里，他不仅阐明了秘书和秘书部门基层调查工作对领导机关工作的作用，而且还强调了"研究"的重要性。他所说的"情况概括"，就是对调查到的情况进行研究得出的。由此可见，调查研究不仅是秘书和秘书部门的重要职责，而且是秘书和秘书部门工作的重要内容。

（二）调查研究是秘书和秘书部门做好各项工作的基础

秘书和秘书部门的各项工作，无论是收集传递各种信息，综合反映情况，协调各方面的关系，辅助领导决策，协助领导管理，起草各种文稿，督促检查事项，乃至安排一次会谈，处

---

① 《中央领导同志在省、区、市党委秘书长座谈会上的讲话》（1990年1月10日），载《秘书之友》1990年4期。

理一封人民群众来信等，都离不开调查研究。可以说，调查研究贯穿于秘书工作的全过程和各个环节。调查研究不仅是秘书的一项经常性工作，而且是各项秘书工作的基础，离开了调查研究，秘书工作将寸步难行。秘书只有深入实际，到第一线去调查研究，了解和掌握真实情况，并对情况进行实事求是的分析和论证，采取相应的对策和办法，才能避免走弯路和减少失误，提高工作效率和质量，更好地为领导和领导工作服务。

（三）调查研究是秘书辅助领导科学决策的首要前提

任何决策都离不开调查研究，离不开在调查研究的基础上的科学预测。通过调查研究，掌握大量的第一手材料，对这些材料进行分析研究，探求其本质及发展趋势，这既是科学决策的客观基础，也是科学决策的客观依据和客观要求。毛泽东指出："迈开你的两脚，到你的工作范围的各部分各地方去走走，学个孔夫子'每事问'，任凭什么才力小也能解决问题，因为你未出门时脑子是空的，归来时脑子已经不是空的了，已经载来了解决问题的各种必要材料，问题就是这样子解决了。""调查就像'十月怀胎'，解决问题就像'一朝分娩'。调查就是解决问题。"①在这里，"每事问"和"十月怀胎"说的是调查，"解决问题"和"一朝分娩"说的是结论和决策，它生动具体地说明了调查研究的成果对于科学决策的依据作用。秘书辅助领导作出决策后，其调查研究并未结束，因为，任何一项决策，由于各方面原因的制约，很难做到尽善尽美，经常会出现与客观实际不相吻合、不相适应的情况，这就需要秘书和秘书部门在决策实施过程中继续进行调查研究，将获取的信息反馈给领导，作为修正、完善决策的依据。所以，秘书辅助领导决策，在决策制定实施过程中，自始至终形成一种信息反馈环流，它不是搞一两次调查研究就可以完成的。只有当一项决策完全得到了贯彻落实并达到了预期的目的后，其调查研究才算结束了。

（四）调查研究是秘书获得信息的重要途径

秘书和秘书部门的重要职能之一是处理信息。当今，人类已进入信息社会，信息在社会生活的功用越来越重要。领导决策，指导工作，协调关系，督促查办，都离不开信息。秘书部门是为领导提供全面信息的综合部门，承担着信息服务的重任。信息的内容十分广泛，来源的渠道很多，但不管是什么信息和通过何种渠道获取的信息，都有一个了解、核实的过程。这个过程实际上就是调查研究。而秘书和秘书部门向领导提供的有效信息，其中不少是通过深入实际、亲自调查获得的。这方面的信息往往是领导最关注的重点问题，是为领导宏观决策提供的内部性很强、参考色彩很浓的信息，有情况，有分析，有建议，能开拓思路，启迪思维，因而也最有价值，对领导科学决策最有用处。事实证明，秘书和秘书部门要获得真实、可靠、有价值的信息，都离不开调查研究。离开了调查研究，信息就失去了来源，数量和质量都难以得到保证。

---

① 毛泽东：《反对本本主义》，《毛泽东著作选读》上册，人民出版社1986年版，第49、50页。

（五）调查研究是锻炼、提高秘书工作能力的必由之路

秘书的成长和工作能力的提高，通常取决于两方面：一是努力学习政治理论、科学文化知识和专业知识；二是积极参加社会实践。而调查研究是最重要的社会实践。调查研究是认识客观世界的基本手段，是辩证唯物主义认识论在实际工作中的具体运用。人们为了正确地认识世界和改造世界，就必须进行调查研究。在调查研究过程中，秘书向社会学习，向人民群众学习，向各级领导学习，不断提高思想政策水平，改进工作作风，工作能力就可得到不断的提高。实践出真知。实践中的知识，很多是书本上学不到的。通过调查研究，还可提高秘书的观察能力、思维能力、交际能力、分辨能力、分析能力、概括能力、表达能力和自我完善的能力等。以上诸种能力的综合，就构成了秘书的工作能力。这对于那些刚离开学校担任秘书工作和那些只有书本知识而缺乏实际经验的秘书来说，就尤为重要。

第二节　秘书调查研究的特点和内容

一、秘书调查研究的特点

从秘书和秘书部门的工作性质和内容出发，其调查研究具有以下几个特点：

（一）明显的政治性

秘书工作的政治性决定了秘书调查研究的政治性。秘书和秘书部门的调查研究，往往不是本机关、单位的内部事务，而是面向整体和全局，面向党在一定时期的中心任务和本地区、本系统的大事，调查研究的范围是广泛的、全面的、多层次的、多角度的。这是它与业务职能部门调查研究的不同点。秘书和秘书部门的调查研究，必须站在为所服务的领导的角度，站在党的路线、方针、政策的高度，立足于全局，从党和人民的根本利益出发，始终与党中央保持一致，表现出明显的政治性。尤其是党、政、军、群机关秘书的调查研究，总是以维护党和人民的根本利益为宗旨，与贯彻落实党和政府的路线、任务、方针、政策和法律、法规息息相关，其政治性表现得尤为突出。

（二）很强的针对性

秘书和秘书部门的调查研究目的明确，以"服从领导、围绕中心、把握全局、服务决策"为依归，秘书和秘书部门的任何工作都离不开调查研究，各项工作都带有其特殊性，所以调查研究也应有其特殊性，针对不同性质的问题进行内容、方法上有所区别的调查研究，才能达到调查研究的目的。就辅助领导决策的调查研究而言，秘书和秘书部门往往是根据党在一定时期的中心任务，按照领导的意图或意见，精心选择调查研究的课题，找准调查研究的对象。无论是长远的政策性课题，还是当前急需解决的课题；无论是有关全局的战略性课题，还是有关局部的战术性课题；无论是特定时期带倾向性的课题，还是领导或人民群众最为关

切的课题，都带有很强的针对性。秘书调查研究的针对性越强，其实际价值也就越大，对领导的用处也就越大。

（三）内容多样性

秘书和秘书部门的调查研究，不像业务职能部门那样，只限于某个方面，而是关涉到方方面面，涉及到政治、经济、科技、文化、群众生活等各个方面，带有全局性、广泛性、综合性和社会性。只要是领导工作所需要的，都可进行调查研究，向领导提供有效信息。秘书和秘书部门调查研究内容的多样性，决定了其调查研究方法的多样性，不同的调查研究内容须采用不同的调查研究方法，才能达到调查研究的目的，这就要求掌握并灵活运用各种调查研究的方法，具备与工人、农民、知识分子、干部、私营企业家以及国外有关人士接触、交往并获取有效信息的能力。

（四）一定的突击性

秘书和秘书部门的调查研究，除了有计划的安排之外，还有一些是不在计划安排之内的，往往带有突击性。这与秘书和秘书部门经常要处理一些突发性、临时性的事件有关。因为事情来得急，时间要求紧，任务又相当繁重，这就需要尽快地组织人员前往调查，迅速把调查研究的结果报告给领导，使领导能及时掌握情况，采取相应的措施。

（五）严格的科学性

这是调查研究最本质的特点，是衡量秘书调查研究质量高低、价值大小、作用强弱的最重要的标准之一。调查研究的任务是探求客观事物的本质和规律，达到认识世界、改造世界的目的。探求客观事物的本质和规律，也就是达到对事物全面的、完整的、辩证的、内在联系的、符合客观实际的认识，有效地指导人们的实践，并通过实践加以检验和印证。为此，要求做到以下几点：首先，要有科学的头脑，坚持马克思主义的立场、观点和方法，坚持唯物辩证法，坚持实事求是的科学精神；其次，调查研究的态度要科学化，也就是要大力发扬"三老"、"四严"的作风——做老实人，说老实话，办老实事，严肃的态度、严谨的学风，严密的方法，严格的要求；再次，是调查研究的手段的科学化。现代科学技术在日新月异地发展，社会科学和自然科学的相互融合、相互渗透，电子计算机和各种新技术已广泛应用于调查研究，系统论、信息论、控制论在调查研究中也得到了应用，概率论、模糊数学、数理统计等也在调查研究中普及，从而使得调查研究的手段和方法越来越丰富、越来越先进，这为排除人为因素的干扰创造了条件，大大提高了调查研究的科学性、准确性和可靠性，能为领导决策提供更为可信的依据。

二、秘书调查研究的内容

秘书的调查研究，按其性质、目的和功用，大体可分为两种类型：一类是灵活的、小型的、临时性课题的调查研究；另一类是相对稳定的、较大规模的、长远性课题的调查研究。

前者的特点是：常上常下，随机性大，主攻热点，反应快捷，人们将它称之为"热线"调查研究。后者的特点是：调查研究的周期较长，常着眼于重大性的课题，关涉的面较广，确定的结论性意见更为审慎，人们将它称之为"冷线"调查研究。由于"热线"调查研究抓的是领导和人民群众关注的"热点"问题，具有知微见著的作用，有的将这类调查研究比作"显微镜"；而"冷线"调查研究带有全局性和战略性，对问题的解决和处理着眼于长远，所以人们将这类研究比作"望远镜"。对于秘书和秘书部门来说，这两类调查研究都是必不可少的。但由于机关、单位的层次不同，对这两类调查研究又各有所侧重。对中央、省、市领导机关的秘书来说，多侧重于"冷线"调查研究；对于县一级机关、单位而言，这两类调查研究并重；对于县以下机关、基层组织和企事业单位的秘书而言，则多侧重于"热线"调查研究，解决人民群众关心的"热点"问题。

秘书和秘书部门的调查研究以服从并服务于领导为宗旨，从实际情况看，调查的内容大体包括以下一些方面：

（一）政策性调查研究

所谓政策性调查研究，一般包括三方面的内容，即关于制定政策、实施政策和完善政策的调查研究。各级领导机关制定的政策正确与否，关系重大。特别是改革开放以来，我国的政治、经济和文化生活等各个方面空前活跃，情况纷繁复杂，各级领导机关制定政策尤其不能凭想当然办事。陈云曾说过："领导机关制定政策，百分之九十以上的时间作调查研究，讨论、决定有百分之十的时间就够了。"因此在制定政策之前，必须深入基层，围绕制定某一政策的必要性和具体内容广泛听取人民群众的意见，使制定的政策符合客观实际。因此，调查研究是制定政策的前提。不仅如此，在实施政策的过程中，也离不开调查研究。因为，形势在不断发展，情况在不断变化，而各地区的情况又各不相同，上级的指示和政策是针对全局的情况而发出的，比较原则。在贯彻执行上级政策的过程中，往往会出现许多未曾预料到的情况和问题。这就需要我们在吃透上级文件精神的同时，通过调查研究，摸清下面的实际情况，将上级的文件精神同本地区、本单位的情况有机地结合起来，制定出切实可行的实施办法，使上级的政策进一步具体化，从而保证把上级的政策和指示真正贯彻下去。还有，任何政策都是在贯彻执行过程中不断完善的。在实施政策的过程中，通过调查研究，可能发现现行政策有不符合客观实际的情况，需要进行修订、补充和完善，才能推动改革开放和社会主义现代化朝着正确的方向前进。

（二）基本情况的调查研究

秘书应主动地、经常地对本地区、本机关、本单位的基本情况进行系统的调查研究。所谓基本情况，是指能代表本地区、本机关和本单位基本面貌、基本特点的一类情况。由于机关、单位的不同，基本情况所包括的内容也有所区别。各级党、政、军、群机关及其所属的部门，经济战线、宣传战线和司法、科技、文教战线以及企事业单位等，它们各自的基本情况不可能是一个模式。秘书应根据自己所在机关、单位的特点，搞好基本情况的调查研究。基本情况的调查研究，对秘书来说，是做好本职工作的出发点。因为，秘书只有对所在机关、单位的基本情况做到心中有数，了如指掌，才能减少工作的被动性，增强工作的主动性。

（三）动态性调查研究

在改革开放的新形势下，我国政治、经济、思想、文化等方面都发生着深刻的变化，各机关、单位必须随时掌握各种动态，做到心中有数，才能适应形势的发展，紧跟时代的步伐。作为领导助手和参谋的秘书，必须对各个时期内本地区、本系统、本机关、本单位的各种动态，做切实的调查研究，及时反映给领导，供领导决策和指导工作时参考。特别是在当前的政治、经济体制改革中，在社会主义市场经济体系建立的过程中，不仅会引起人们价值观念、经济生活的重大变化，而且还会引起人们精神状态和生活方式的重大变化，秘书必须做深入细致的调查研究，及时了解和掌握，提供给领导。对于那些带倾向性的问题，尤其要注意调查研究，将情况反映给领导，使问题解决在萌芽状态。有的领导要求秘书和秘书部门每周提供一份一两个小时即可看完的动态材料，以便了解最新的动态。这样的材料从哪里来呢？当然，可摘录基层上报的各种材料，可摘录上级下发的各种文件，但最主要的还是靠秘书亲自调查研究来获取。只有这样，才能对不断涌现的新事物、新情况、新经验保持高度的敏感性。

（四）专题性调查研究

所谓专题调查研究，就是集中时间和精力，对某一单项专题进行系统、全面的调查研究。如分别对国企改革、农民减负、农民工权益维护、下岗职工再就业以及经济犯罪、贪污受贿或某项重大事故等各类专项问题的调查研究，都属于专题性的调查研究。这类问题，往往是人民群众关注的"热点"问题，或是人民群众通过各种渠道反映或揭露出来的问题，迫切希望政府和有关机关、单位予以处理和解决。专题性调查研究，通常是根据领导的意图和实际工作的需要，主要是为了了解客观实际情况，为领导制定决策提供依据。专题性调查研究的目的和范围都比较明确，但时间性较强，秘书应根据专题性调查研究的目的和特点，按时完成这类调查研究的任务。

（五）经验性调查研究

所谓经验性调查研究，是指对先进典型、先进单位的先进经验所进行的调查研究。通过调查研究，了解和掌握了先进典型、先进单位的先进事迹和成功的所在，经过认真的分析研究，找出其客观的规律性的东西，进而把它科学地归纳为经验，以便交流和推广。抓典型，抓先进，带中间，促后进，是我们各机关、单位长期以来的一种行之有效的工作方法。所以，经验性调查研究也就成了秘书调查研究的基本课题之一。经验性调查研究具有较强的公开性和现实指导性，调查研究结果所形成的经验，往往通过会议或其它宣传工具，在一定范围内传播。通常说来，经验性调查研究往往是由上级领导机关或有关单位出面，对下级或有关单位的经验进行调查研究，加以推广，以点带面，推动全盘。

（六）中心工作调查研究

党在一定时期的中心任务，各机关、单位在一定时期内的中心工作，这是各级领导要抓的第一位的工作。为了帮助领导搞好中心工作，秘书就少不了把这项工作列为调查研究的一个基本课题。中心工作调查包括的内容比较多，如在中心工作开始阶段，对这项工作有哪些反映，如何做好这项工作；在中心工作进行中，有哪些情况和问题，怎样推动工作深入；在中心工作结束时，有哪些经验，如何巩固已经取得的成果，等等。这些都可以说是中心工作调查研究所考虑的内容。党的十五大后，我国进入了改革开放和社会主义现代化建设的新时期。新时期和新形势下的中心工作，必然会有许多新情况、新特点、新问题和新经验，秘书在进行中心工作调查研究时，应当注意发掘和研究这些新的东西，以提高调查研究的质量和水平。

（七）预测性调查研究

所谓预测性调查研究，指以社会生活在发展过程中所出现的新情况、新问题为依据，经过深入的分析、推理、论证和发掘，预测该事物未来发展趋向所进行的调查研究。如根据党中央开发大西北的战略决策，对近些年来西北各省产业结构调整、资源配置、教育发展和引进技术人才等，进行科学的预测，对推动开发大西北将起到重要的作用。预测性调查研究必须经过一系列的实地调查，并对所获得的材料、数据等进行认真细致的综合分析，所得出的结论才是正确可靠的。科学预测可靠性的大小，取决于材料、数据和取证的周全与否，也取决于分析研究的方法正确与否。一般来说，秘书占有的材料越丰富，分析研究的方法越科学，其可靠性也就越高。

（八）临时事件的调查研究

临时事件，主要指本地区、本系统、本机关、本单位突然发生的一些重大事件。这类事件包括的范围很广：既有集团性的，也有个人所为的；有政治性的，也有经济和其它方面的。如临时发生的政治破坏事件、重大责任事故、严重违法乱纪事件和其它重大事件等。这类事件一般都带有一定的偶发性和难以预料性，故调查研究的任务比较急，时间性较强，要求的质量也很高。秘书在接受临时事件调查时，应考虑其特点和不同内容，认真搞好调查研究工作。

第三节　调查研究前的准备和调查研究的方法

一、调查研究前的准备

我们干什么工作，事先都要有所准备，调查研究尤应如此，特别是关涉到全局和战略性的某些重要调查研究任务，准备工作更应充分一些。秘书和秘书部门只有切实做好调查研究前的准备工作，才能保证有条不紊地开展调查研究，高质量、高效率地完成调查研究任务。一般说来，在调查研究之前，秘书和秘书部门应做好以下几项准备工作：

（一）明确调查研究的目的、任务

这是最重要的准备工作。没有明确目的的调查研究，是毫无意义的；而任务不确定、不具体的调查研究，也绝不会有什么积极的效果。明确调查研究的目的、任务，就是要使参加调查的秘书弄清楚该项调查研究是为了解决什么问题，具体的任务有哪些。任何一次调查研究，都有它的明确的目的和具体的任务。确定调查研究的目的、任务，必须根据客观存在的矛盾，按照上级领导机关的决策和部署，结合本机关、单位的统一安排来考虑。任何机关、单位所面临的客观实际情况不同，存在的矛盾不同，秘书应根据实际情况，将解决主要矛盾或矛盾的主要方面，作为调查研究的主要目的和重点任务。上级领导机关的决策和部署是下级机关、单位必须贯彻执行的，这是秘书确定调查研究目的和任务的依据。本机关、单位对工作的统一安排，也是秘书确定调查研究目的、任务时必须考虑的。"上边千条线，下边一根针"，各机关、单位在贯彻执行上级的决策和部署时，只有结合本身的实际情况来统筹安排，因地制宜，从实际出发，而不搞一刀切、一律化，才能收到积极的效果。

（二）确定调查研究的对象

调查研究的目的、任务明确以后，接着就必须确定调查研究的对象。这里所指的调查研究对象，是指被调查的人或单位，它是调查研究材料的主要来源。在调查研究前，必须将调查研究的对象确定好，即去什么地方，到什么单位去调查，调查哪些人。确定调查研究的对象，一要服从并服务于调查研究的目的、任务，细心地加以选择；二要注意调查研究对象的代表性、典型性，这需要通过比较、分析来加以确定。

（三）组织学习，提高认识

明确调查研究的目的、任务和调查研究的对象以后，不能认为就有了正确的方向和目标。在此基础上，一定要组织秘书和有关人员学习与调查研究内容有关的党和国家的方针、政策和法律、法规，学习上级领导机关的指示，学习有关知识和民俗风情，武装头脑，提高认识，树立正确的指导思想。如果是进行专业性较强的调查研究，必然涉及到许多专业知识，还应认真学习有关的专业知识。

（四）制定调查研究计划

调查研究计划是对整个调查研究工作的全面设想、部署和安排，可以增强调查研究的自觉性和预见性，减少盲目性。调查研究计划，一般应包括以下项目：指导思想、调查研究内容、基本要求、组织领导、采用方法、进度安排、经费预算、工作纪律等。比较大型的调查研究，都应制定详细、具体的调查研究计划；小型的调查研究，也应有具体的计划安排。任何调查研究计划都不可能是尽善尽美的，在实施、执行过程中，发现某些不完备或不妥之处，应随时予以修订和补充。

（五）拟写调查研究提纲

调查研究提纲，是指导秘书实施、执行调查研究计划的向导，是任何调查研究都必须拟写的。提纲和计划不是一码事：前者是对整个调查研究工作的全面安排，包含和规定了提纲的主要内容；而提纲则是实施调查研究计划、落实计划中的目的、任务并使之具体化，故应围绕调查研究的目的、任务、要求来拟写，既有大纲，又有细目，并具体说明调查研究的主要内容和具体做法、步骤等。

二、调查的方式、方法

秘书要高质量搞好调查研究工作，必须学会运用各种调查的方式方法。调查的方式多种多样：按调查对象分，有直接调查和间接调查；按调查的性质分，有公开调查和内部调查；按调查的范围分，有宏观调查和微观调查；按调查的内容分，有专题性调查和综合性调查；按调查的地区分，有地区性（包括省、市、县、乡等）调查和全国性调查，或大城市调查、小城市调查和农村调查；按调查的时间分，有一次性调查、经常性调查和追踪调查；按调查的目的分，有政策性调查、应用性调查和学术性调查等，可根据实际情况加以选用。

常用的调查方法，主要有以下几种：

（一）个别访谈法

是调查人围绕调查课题向调查对象或知情者通过个别交谈、分别访谈的形式了解和核实实情的一种调查方法。要搞好个别访谈，关键在于选好调查对象，应选择那些事件的参与者和真正知情者，并注意有多方面的人参加。调查前，应对调查的情况和问题进行周密的思考，拟出访谈提纲，针对不同对象对情况了解的程度，分别确定要侧重了解的内容；选择合适的调查场合，可进行家访，可深入到工作现场，也可将当事人请到办公室来；注意谈话的态度和语气，观察被访谈者的表情、举止，分析其心理变化，解除他们的顾虑，必要时可用已掌握的材料引发被调查者叙说具体的情节。

（二）开会调查法

这是经常采用的一种调查方法。在实际工作中，常见的调查会有两种形式：一是同一类型人员参加的调查会；二是由各方面人员参加的调查会。毛泽东在《＜农村调查＞的序言和跋》一文中指出：“开调查会，是最简单易行又最忠实可靠的方法，我用这个方法得了很大的益处，这是比较什么大学还要高明的学校。”[①]对如何开好调查会，毛泽东有许多论述，概括起来有以下几点：选好参加调查会的对象；对调查对象的情况尽可能做到心中有数；每次调查参加人员不宜过多，以三五人或七八人为宜；事先通知，让与会者明确调查目的，有所准备；调查纲目要条理清晰；口问心记，记录要准确；态度要平易近人，甘当群众的小学生；要

---

① 《毛泽东著作选读》下册，人民出版社1986年版，第479页。

善于诱导,抓住中心,由浅入深;对所获取的材料,要认真核对,切忌以偏概全。

(三)现场观察法

就是调查人员亲自到实地考察,这是一种获得直接认识的调查方法,有助于就地发现、核实某些情况和问题。现场观察法可分为参与式和非参与式两种,前者就是深入到一个单位去蹲点,实地观察,解剖麻雀,以获得丰富、真实的第一手材料;后者就是围绕一个特定问题进行实地观察,一般是在被调查对象没有觉察的情况下进行的。现场观察,临行前要掌握有关方面的情况和材料,熟悉有关专业知识,避免到现场后无所适从;要多走几个观察点,进行比较;观察要细致,并作记录,必要时可画出蓝图;如有必要,可采用摄影、录像、录音等手段记录现场的真实情况。

(四)书面调查法

指收集现成的书面材料或通过书面形式进行调查的方法。前者指秘书将公开出版的报刊、年报、手册、一般书籍和不公开出版的内部刊行的小报、计划、总结、表报、统计、内部参考、情况简报等材料以及存档备查的各类档案,有目的、有计划、有重点地收集起来,从中选用有价值的材料,认真整理分析,为领导工作和特定的调查目的服务。后者就是根据调查的目的、任务和要求,把有关的调查项目,设计成一份调查表,发放给被调查者填写。这一调查方法现已广泛使用,一般分为封闭式和开放式两种。封闭式,即被调查者在回答问题时,只能按表中所列的几种答案中选择一种,不能自己任意发挥。它的优点是回答方便,要求统一,便于整理和研究,但它有对回答者限制太死、回答者不易把复杂情况阐述详细的缺点。开放式,就是被调查者根据调查表上所提出的问题,可以自由发挥,详细阐述自己的观点。它的优点是可使调查的材料丰富多彩,参考价值大。但缺点是不易整理,难以进行数字统计和定量分析。

(五)电话访谈法

电话访谈法适用于访谈内容较少、较简单的调查。其优点是是不受交通的限制,显得方便而节省;收集数据资料时间快,研究费用省,而且不受现场情境的干扰;对访谈者的要求不太高,保密性较强;对于某些不适宜于面对面交谈的问题,受访者可以通过电话向访谈者说明。但是,电话访谈法对于没有拥有电话者无法使用,适用范围有限,访谈问题一般少而简单,访谈时间短,因而,访谈者难以深入探讨有关问题,更不能直接观察受访者的有关特征和各种非言语信息,从而不利于对访谈结果的分析与解释。

(六)统计调查法

指通过有组织有目的地搜集各种统计资料进行调查的方法。这是运用统计学的原理和方法,对统计资料进行定量分析,从而把握全面情况,找出社会现象发生的原因,推断其发展态势和规律的一种调查方法,经常为各种调查所采用。统计调查通常以统计报表的形式进行,关键在于统计报表的设计必须科学。为此,要求做到以下几点:明确调查的目的、任务和对象，规定统一的调查时间和报告时间；各种数量的性质必须明确，不带模糊性和随意性；统计范围必须明确，数量分类必须恰当；要简明、适用，不要繁琐，不搞无价值的统计；必须将定量分析与定性分析结合起来，以克服其片面性，但不能取代定性分析。

（七）普遍调查法

通常称为"普查"，指专门组织的按照特定项目对所有对象逐一进行调查的方法。多用于需要进行全面了解、对全局有重大影响而其它调查方法不能解决的事项。如我国几年一次人口普查、职工和农民生活状况普查、某种危害性严重疾病的普查等。这是了解某一问题全面情况的最可靠的方法，可以获得系统、完整、多项目的数据和材料，准确性高。缺点是需要投入大量的人力、物力和财力，工作量大，涉及面广，调查对象多，难以对每个对象的情况作深入、具体的考察，也无法反映出动态。当前，由于电脑和计算技术的应用，这一调查方法的应用面有进一步扩大的趋向。

（八）典型调查法

也叫个案调查法，就是根据调查的目的，从总体调查对象中，选择具有很强代表性的一个或几个特定对象进行系统、周密调查的方法。典型调查的目的，在于借一斑以窥全豹，通过解剖典型，总结基本经验，掌握规律，习惯上称为"解剖麻雀"。麻雀虽小，五脏俱全，解剖一例，可知其它。典型调查的优点是，调查的材料比其它调查方法更能反映事物的特征和本质，这有利于对客观事物做出定性分析，从个别中窥见一般；缺点是缺少科学的定量分析，调查往往易受主观因素的影响。典型调查，关键是要把典型选准，运用典型材料分析总体事物时，要注意防止主观性、片面性和绝对化。

（九）抽样调查法

这是最常见的一种调查方法。就是按照"随机原则"，将全部的调查对象，根据不同类型进行分类，从种类中任选若干对象作为样本进行调查，并以部分的结果来推断总体的一般情况。如要了解一缸酒的质量如何，无须把全缸酒都喝完，只须舀一勺子品尝，就可得出结论。抽选好样本是搞好抽样调查的重要一环。样本抽选可分非随机抽样和随机抽样两种：前者包括判断抽样、巧合抽样和定额抽样三种，后者包括简单随机抽样、等距抽样、分类抽样、整群抽样四种。抽样方式确定以后，还要确定样本数目和科学地进行样本推算，以达到对总体的正确认识。抽样调查的优点是，投入较少的人力、物力，用较短的时间来完成任务，调查结果比较真实可靠。

（十）特尔斐式调查法

又称专家调查法。特尔斐（Delphi）是古希腊遗址，为阿波罗圣殿所在地。美国兰德公司在本世纪50年代，为了协助道格斯公司如何通过有控制的反馈使收到的专家意见更可靠，就把研究出的调查方法用特尔斐命名。特尔斐式调查是函询的形式，向参与预测问题的有关领域的专家分别提出问题，然后将他们回答的意见进行综合、整理、归纳，又匿名反馈给各专家，再次征求意见，然后再加以综合、整理、反馈，经过多次反复循环，最后得出一个比较一致的意见。它是在专家个人判断和专家会议的基础上发展起来的一种调查方法。

（十一）头脑风暴式调查法

这是当前国外流行的向专家、学者进行调查的方法。头脑风暴式，简称 BS 法，它原来的意思是指精神病患者精神错乱时的胡言乱语，这里转用它的意思，是无拘无束、自由奔放地思考问题的意思。头脑风暴式，也是借开调查会的形式来研究问题。这种会议，不受任何框框的限制，在融洽、轻松的气氛中进行。主持人事先要做好准备，对咨询中可能产生的问题和各种方案应心中有数，但在会上不谈自己的方案。主持人应善于制造气氛，热情地激励别人提方案，使与会者互相启发。国外经验表明，采用此法可以提出大量的新方案，是产生新思想的催化剂，特别是对探讨新问题的调查具有重大意义。

（十二）网络调查法

当今，人类步入信息时代，无论国家的宏观管理调控，还是机关、单位的微观管理决策，都需要面对大量的数据，都需要大量准确、及时、有用的信息，这就可充分利用 Internet 的开放性、自由性、平等性、广泛性和直接性等特点，开展调查工作。现许多机关、单位的秘书部门，利用互联网及其它一些在线服务进行市场调查，取得了满意的效果。网络调查法是将网络技术和传统调查技术相结合，利用网络良好的交互界面和信息反馈速度快等优点而出现的一种现代调查方法。网络调查法比起传统调查法在调查范围、调查对象、人力资源、成本、时间、数据输入及计算机控制等方面，具有无可比拟的优越性。由于网络的隐匿性，这种调查法还可适用于传统方法难以接触的人群，进行一些敏感性问题的调查，如关于同性恋情况、已婚白领女性对婚姻满意程度的调查等。

三、研究的方法

调查得来的材料，有精有粗，有真有假，这就需要对全部材料作系统、周密的分析研究，将真的和假的区别开来，保留真的，将精确的和粗糙的区别开来，保留精确的，进而从事物的相互联系中，透过现象看本质，从中找到规律，得出正确的结论。研究的方法很多，秘书需掌握的有以下几种：

（一）分类剖析法

分类是通过比较事物的异同，按一定标准将相同者归于同一类中。这有如切西瓜，将完整的事物分成几个部分；又如上高楼，将完整的过程分成几个阶段，逐一排队，分清真假和主次，进而抓住事物的本质特点。客观事物总是处于一定的关系之中，因此，对调查得来的材料进行分类，在此基础上进行解剖、分析，找出其相同点和相异点，揭示事物之间的内在联系和关系，从而使大量感性的、杂乱无章的材料得到梳理，有了头绪，发现它们之间的因果关系，从而对事物的本质及其规律有较明晰的认识。

（二）层层剥笋法

又称纵深法，即逐层向深处推进的方法，有如剥竹笋一样，一片一片、一层一层地，最后将核心部分裸露出来。这是由表及里，透过现象抓住本质的最佳方法。秘书在调查中，运用马克思主义的立场、观点和方法，将所调查的材料由表及里、由浅入深地进行剖析，剔除其表面的、次要的、虚假的、非本质的东西，保留其主要的、真实的、本质的东西，就可得到对客观事物的正确认识。

（三）分析综合法

这是最常用的研究方法。分析是将调查得来的材料按一定的条件分解为各个部分、各个方面、各个环节、各个层次、各个因素进行研究的逻辑方法。与此相反，综合则是将调查得来的材料，按一定的条件将各部分、各个方面、各个环节、各个层次、各个因素连结起来进行研究的逻辑方法。分析和综合并不是截然不同的两极，总是结合在一起的：分析必须依赖于综合，没有综合就无法进行正确的分析；综合要以分析为基础，只有在分析的前提下才能进行综合。分析的方法是辩证的方法，离开了具体的分析，就不可能认识任何事物的特性。要达到对事物全面、深刻的认识，就得从多方面看问题，从横向与纵向、正面与反面、现实与历史的角度，多层次、立体地加以分析，以求避免片面化和绝对化。综合并不是将各部分、各方面、各环节、各层次、各因素进行简单、机械的相加，而是根据所面对问题的客观性质，从内在的相互关系中把握问题的本质和整体特征。分析与综合是辩证的统一，由此而达到更高层次的认识。

（四）归纳演绎法

归纳是综合若干具有内在联系的个别事实的共同点，得出一般结论的逻辑方法。其特点是从个别到一般，符合人们认识活动的规律。与此相反，演绎是根据公认的、符合客观规律的原理，去推演个别事物，从而得出新的结论和新的观点的逻辑方法。其特点是从一般到个别，这同样符合人们认识活动的规律。人们对所调查的材料进行研究，既可从归纳开始，也可从演绎开始，这要根据需要和具体情况而定。归纳与演绎虽各有其侧重点，结合在一起使用，归纳为演绎提供一般的原理、原则，作为前提；演绎则反过来说明个别结论的确实性。二者是辩证统一的关系，互为条件，相互配合，相互补充，从而形成更深刻、更本质的认识。

（五）因果推断法

指直接从事物本身的因果关系中进行推论，在事实的基础上分析其来龙去脉的研究方法。世界上的客观事物，普遍存在着内在的因果关系，如 A 事物是 B 事物的原因，B 事物是 A 事物的结果，也就是说，A 事物的变化引起 B 事物的变化，B 事物随 A 事物的变化而变化，等等。任何事物的发展变化都有其内因和外因，其发展变化都会形成一定的结果。人们只有弄清楚事物发展变化的前因后果，才能全面、本质地认识客观事物。因此，因果推论法是经常使用的一种研究方法。这种研究方法通常有三种表现形式：一是由原因推断结果；二是由结果追溯原因；三是由一种结果推断出另一种结果。秘书可根据调查研究的目的、任务而有目的地加以选用。

（六）比较分析法

客观事物之间存在着许多共同点和差异点，比较分析法就是以确认事物存在的共同点和差异点来加深对事物的了解和认识的研究方法。俗话说："不怕不识货，只怕货比货。"有比较，才有鉴别。将两种事物或两种情况加以对照，找出它们之间的相同点或突出它们的差异点，以求得对事物、情况的全面、深刻的认识。比较不仅能把道理说得清楚明白，通俗易懂，而且能突出事物的性质、形态和特征，给人们留下深刻难忘的印象，加深对客观事物和情况的认识和理解。运用比较法，可选择同类事物（情况）、异类事物（情况）或同类事物（情况）的不同方面，但要选择和制定确切可行的比较标准，量的比较要确定统一的计算单位，质的比较要有相对的稳定性。比较要就对象的实质方面进行，不因表面的相同和差异而忽略实质上的相同和差异。

（七）系统研究法

系统是由若干相互联系、相互作用的要素组合的有机整体。从19世纪末20世纪初开始，由于相对论、量子论等学说的建立，系统观点和系统方法便贯穿到社会生活的各个方面，它利用系统工程的方法有组织有目的地探索和分析系统内的各种可行性方案，成了当今在马克思主义指导下研究客观事物和不同科学共同规律的更高层次的具有普遍性的一种研究方法。秘书按照系统论的观点和原则，对获得的材料从各种因素的相互联系中进行细致的定性分析和定量分析，并利用有关资料和数据建立各种方案和模型，进行模拟实验，然后将实验分析、计算的结果的各种预期指标进行综合的比较和评价，得出各种可行性方案，作为决策者选择最优方案的依据和参考。

（八）概率研究法

概率，亦称几率、或然率，指某一事物出现的可能性的大小。在自然界和社会生活中，有一类现象，其变化发展往往具有几种不同的可能性，究竟出现哪一种结果是不确定的；但当这类现象由大量成员组成或单个成员出现大量次数时，就从总体上呈现出确定的规律性。这类现象叫做"随机现象"。调查材料的概率研究，是由调查材料的随机性造成的，而调查材料的随机性，又是由调查对象的随机性造成的。如对同一对象进行调查，既可得到这样的材料，又可得到那样的材料；既可得到真实的材料，又可得到虚假的材料。因此，对这些随机性材料，就需要进行概率研究，即运用概率统计的方法，对已获得的大量材料进行统计研究，从出现次数的相对值中揭示事物变化的统计规律性，作出合乎实际的评价。

（九）结构－功能分析法

这是自然科学的研究方法在人文社会科学研究中的应用。结构指系统内各要素间的相互联系、相互作用方式。要素间的个别联系和某些联系不能形成系统的结构，只有要素间相互联系和相互关系的总和，才能形成系统的结构。物质总以一定的结构形式存在、运动和变化。结构是物质系统具有整体性、层次性和功能性的基础和前提。掌握结构是认识物质系统整体性、层次性和功能性的基本环节。功能指物质系统所具有的作用、能力和功效等。功能分为外部功能和内部功能两种。外部功能是物质系统整体与外部环境相互作用时，所具有的适应环境、改变环境或疏通环境的功能。系统的外部功能与结构相对应，研究物质系统与外部环境之间的相互作用及其关系。秘书运用结构—功能分析法，可对调查材料作出较准确的定性和得到较全面的认识。

（十）定性与定量相结合的研究方法

定性分析就是确认分析对象的固有属性，定量分析是由各个单变量的分析进而进行相关变量的分析。过去我们的研究方法，往往侧重于定性研究，而忽视定量研究。随着现代科学技术的发展和数理化方法在社会科学领域的广泛应用，定量研究的方法已被广泛采用。定量研究不是简单地表述事物的数量范围和运用数据印证某个观点，而是充分运用数理方法，研究事物量的规律性，进而更准确地认识事物，提高分析研究的可靠性。必须明确，秘书对所调查材料进行研究时，定性分析与定量分析是辩证统一的。定量分析必须以定性分析为导引，定性分析必须以定量分析为基础，正确的结论总是定性分析与定量分析综合运用的结果。

第四节　秘书调查研究应注意的事项

调查研究，既是一项思想性、政策性很强的工作，又是一项深入细致的工作。秘书为了确保高质量地完成调查研究任务，在调查研究实践中，应努力坚持正确的思想路线、工作方法和组织原则，具体说来，应注意以下几个问题：

一、要有正确的指导思想

马列主义、毛泽东思想、邓小平理论和"三个代表"重要思想是我们一切工作的指导思想，当然也是秘书进行调查研究的指导思想。坚持马列主义、毛泽东思想、邓小平理论和"三个代表"重要思想，体现在调查研究中，就是要坚持唯物论、辩证法，反对唯心论、形而上学，真正做到"十要十忌"，即：一要有客观的观点，忌主观；二要有全面的观点，忌片面；三要有深入的观点，忌表面；四要有具体的观点，忌抽象；五要有灵活的观点，忌一刀切；六要有比较的观点，忌自以为是；七要有反复的观点，忌过急；八要有辩证的观点，忌形而上学；九要有发展的观点，忌一成不变；十要有群众的观点，忌个人决定。有了正确的指导思想，调查研究才能沿着正确的轨道前进，在占有大量第一手材料的基础上，通过科学的分析研究，将感性认识升华到理性认识，把握事物的总体以及与之相联系的各个方面，透过现象抓住事物的本质。

二、要强化实事求是、开拓创新的意识

秘书的调查研究是直接为领导决策服务的，必须有实事求是和开拓创新的精神，要提高秘书自我认识能力和约束能力，坚持实事求是，一切从实际出发，如实反映事物的本来面貌，克服先入为主、主观臆断、以偏概全的主观片面性；坚持"不唯书、不唯上，只唯实"，克服庸俗迎合、唯上盲从的不良习气；还要切实纠正"只注重报喜，忽视报忧；只注重务虚，忽视务实；只注重定性分析，不注重定量分析"等偏向，才能确保调查研究的准确性，为领导的科学决策提供可靠的依据。调查研究是为了发现新情况，研究新动向，总结新经验，解决新问题，这就要求秘书要不断强化开拓创新的意识，解放思想，大胆探索。要敢于触及那些敏感的、尖锐的，又是现实生活中迫切需要解决的问题，并进行超越常规的思考、分析、研究、归纳、综合，这样，才能不断有所发现、有所发明、有所创造、有所前进。

三、要有满腔热忱、眼睛向下的决心

毛泽东曾经说过："没有满腔的热忱，没有眼睛向下的决心，没有求知的渴望，没有放下臭架子、甘当小学生的精神，是一定不能做，也一定做不好的。"[①]秘书调查研究的过程，就是向实际学习、向群众学习的过程，因此，必须保持谦虚谨慎、戒骄戒躁，有眼睛向下、甘当小学生的精神，脚踏实地，深入实际，搞好调查研究。离开了这一条，调查研究就无从谈起。特别是在今天改革开放的新形势下，新情况、新问题、新经验层出不穷，秘书更应注重向实践学习，向群众学习，真正深入下去，做艰苦细致的工作。"走马观花"、"蜻蜓点水"那种浅尝辄止的做法是不行的。要树立密切联系群众的作风，与被调查者要用同志式的平等、商量、讨论的口吻说话，只有得到被调查者的理解和信任，他们才会说真心话。否则就会只谈鸡毛蒜皮，不谈实质问题，甚至说假话、说空话，直接影响调查研究工作的正常进行。

四、要十分注重人这个最根本的要素

秘书和秘书部门的调查研究是以人或物化的人为对象的。人是社会生活的主体，人的本质是一切社会关系的总和，这一历史唯物主义的基本原理，要求秘书和秘书部门在调查研究过程中，必须自始至终注重人这个最根本的要素。首先，要重视人在被调查事物矛盾运动中的地位和作用；其次，通过系统分析、矛盾分析和逻辑思维所得出的一般性结论，和由此出发进行假设并转化成为具体措施和办法，毕竟只是秘书和秘书部门的主观认识，不能不打上认识主体自身素质局限性的印记，在集思广益的过程中，由于改革开放和社会主义市场经济

---

① 毛泽东：《〈农村调查〉的序言和跋》，《毛泽东著作选读》下册，人民出版社1986年版，第467页。

的发展，人们的就业结构、分配格局、利益关系和价值观念等都发生了新的变化，故调查研究的结论一定要与不断变化着的人的心愿、心理、心态相适应、相印证；最后，在决策实施过程中，更要重视人这个最根本的要素，充分调动和发挥人的主动性、能动性和创造性，才能取得良好的实施效果，达到调查研究的目的。

五、要坚持正确的组织原则，加强组织纪律性

　　各机关、单位秘书的调查研究，是有基本的组织原则的。脱离这个组织原则，自行去调查研究，就可能给领导工作造成被动或带来其它不利影响。秘书所有的调查研究工作，都是在机关、单位领导的统一领导下进行的。一般来说，调查课题的确定，调查计划的实施，都要请示有关领导审查批准以后方可执行。到下属单位或平行单位进行调查研究，应该事先征求该单位的同意，除个别情况外，一般都要尊重这个单位领导班子的集体领导，遇到问题时应及时向该单位领导班子请示汇报；调查研究结束后，要将所调查了解的情况、问题、结论，向该单位领导班子作全面汇报。当和所调查单位的领导班子发生意见分歧时，要通过平等协商来解决。如仍不能取得一致认识时，应报请上一级领导机关解决。如调查研究人员较多，时间较长，还应建立临时党支部或相应的临时组织，以利于加强领导。同时，还要建立一些必要的规章制度，加强组织纪律性，防止违反规章制度和纪律的情况出现。

第十章　会务工作

　　开会议事，是各级党、政、军、群机关和企事业单位开展政治活动、经济活动和其它社会活动的重要方式之一，同人们的关系极为密切。党和政府的重要决策，都需召开适当规模的会议讨论通过，这已成了一项必须遵循的制度。平日，各机关、单位布置任务、贯彻政策、落实措施、统一认识、检查督促、协调关系、总结工作、交流经验、互通信息、民主选举、表彰先进、揭露弊端以及解决具体问题，都需要召开各种各样的会议。会议体现了党的集体领导的原则，体现了党的民主集中制的原则，同时也体现了党的群众路线的原则。而筹备会议，操办会务，搞好会议服务，保证会议达到预期的目的，则是秘书和秘书部门的一项经常性的重要工作，是其必须加以承担的重要职责之一。

第一节　会议概述

一、会议的含义

　　《现代汉语词典》(修订本)对"会议"的释义是："有组织有领导地商议事情的集会，如全体会议、厂务会议、工作会议。一种经常商讨并处理重要事务的常设机构或组织，如中国人民政治协商会议、部长会议。"很显然，我们在这里对"会议"用的是第一种含义而非第二种含义。

　　"会议"，单从字面上解释："会"，会合，聚会；"议"，议论、商量；"会议"，就是人们聚合在一起，有领导、有组织、有目的地讨论和商量问题。一些人无领导、无组织、无目的地聚合在一起，虽有议论，不能称之为会议，如人们在饭后闲聊、茶余巷议；人们有领导、有组织、有目的聚合在一起，不一定有议论，也可称之为会议，如各种纪念会、报告会等。

　　会议是人类社会历史发展的产物。在蒙昧的原始社会，生产力极为低下，没有家庭和社会组织，当然也就谈不上什么会议。人类进入到氏族社会，生产力稍有发展，出现了家庭和管理机构，会议也随之产生了。恩格斯在《家庭、私有制和国家的起源》中论述说："氏族有议事会，它是氏族的一切成年男女享有平等表决权的平等集会。这种议事会选举、撤换酋长和军事首领，以及其余的'信仰守护人'；它作为被杀害的氏族成员接受赎金(wergeld)或实行血族复仇的决定；它收养外人加入氏族。"[1]在我国的《尚书·周官》中，也有"议事以制，政乃

---

　　① 《马克思恩格斯选集》第4卷，人民出版社1976年版，第84页。

不谬"的记载。到了近代，生产力有了很大发展，为适应资本家组织管理生产、产品的经营流通和利润分配的需要，作为内外联系基本方式的会议就多了起来。到了现代社会，会议与人民的民主权利紧密相连，因而成了一种经常性的活动方式，各种各样的会议也就越来越多。

构成会议的基本要素有：会议名称，会议时间，会议地点，会议主持者，会议参与者，会议议题，会议方式，会议结果。

当前，一个值得注意的现象是：近年来，党中央、国务院三令五申，要求精简会议，切实提高会议质量，并采取了一些措施，取得了一定成效。但是全国各地、各机关、各单位、各部门的会议仍然过多过滥，会风不正，文山会海依然如故，助长了形式主义、官僚主义作风的蔓延。有一些机关、单位，开会成瘾，不管大事小事，有用无用，都要开会；本来可以现场拍板，就地解决的事要开会；本来可以一次会上解决的问题，非要开数次会才行；可开可不开的会要开；可长可短的会要长开；可大可小的会要大开；一个问题涉及几个部门的，几个部门都要开会，形成会议大交叉，会议连环阵。为此，党的十五届六中全会通过的《中共中央关于加强和改进党的作风建设的决定》明确提出："下决心精简会议和文件，改进会风和文风。"中共办公厅国务院办公厅于 2001 年 12 月 4 日发布了《关于进一步精简会议和文件的意见》，要求各地、各机关、各单位、各部门一要提高认识，转变观念，充分认识到精简会议和文件是克服官僚主义、形式主义的需要，是树立务实高效行政新风的需要；二要深化行政管理体制改革，进一步转变管理职能，转变工作方式和工作作风，把工作重点放在深入实际，深入群众，加强调研和督查，集中精力研究和解决实际问题上；三要积极利用现代通信和技术手段开展工作，加快实现办公自动化的步伐，改变传统的主要依靠召开会议和印发文件来推动工作的做法。温家宝总理在 2007 年 2 月 9 日的国务院第五次廉政工作会议上指出："要下大力气解决会风文风问题。会风文风反映政风，反映对人民群众的态度，反映工作的质量和水平，会议多、文件多是官僚主义和形式主义的表现。文山会海不仅耗费干部大量精力，而且浪费政府大量资源，各级政府及其部门都要按照中央的要求，进一步精简会议和文件，控制会议规模，提高会议质量，减少文件数量，增强文件的针对性和实效性。"①秘书和秘书部门，在开展本职业务工作时，应认真领会和贯彻落实中央、国务院的文件和温家宝总理讲话的精神。

二、会议的类型

会议是内容和形式的统一体，可从不同的角度、按不同的标准作不同分类；会议分类的目的，是为了根据不同会议的性质和特点，做好组织安排工作。

按会议的规模（即参加人数多少）分类有：小型会议，少则三五人，多则十几人、几十人；

---

① 温家宝：《规范行政权力运行　深入推进反腐倡廉工作》，见 2007 年 2 月 12 日新华网。

中型会议,指百人以上的会议;大型会议,指千人以上的会议;特大型会议,人数在数万人以上,如节日集会、庆祝大会等。这种分类只是相对而言,如一二百人的会议,对于全国来说只是小会,而对于只有一二百人的机关、单位来说,则成了全体干部职工的大会了。

按会议的性质分类,一般分为常务会议、行政会议、业务会议、群众会议;或分为法定性会议、日常性会议、专业性会议、纪念性会议、动员性会议、座谈性会议和综合性会议等。

按会议的内容分类,一般可分为代表会议、委员会议、学术会议、咨询会议和庆祝会、报告会、联欢会、竞赛会等。

按会议的召开方式分类,一般可分为集中性会议和分散性会议,或分为有议论的会议和会而不议的会议,后者如报告会、传达会、动员会、表彰会等。

按工作领域不同分类,可分为政治会议、经济会议、军事会议、科技会议、文化教育会议等。每一领域中还可分成若干小类,如经济会议可分为工业会议、农业会议、金融会议、财税会议、外贸会议等。

按法定的行政级别分类,可分为中央级会议、省级会议、地(市)级会议、县级会议、乡级会议等。

按是否涉外分类,可分为国内会议和国际会议,后者又可分为双边会议(两个国家)和多边会议(三个以上的国家)。

按会议的时间分类,可分为定期性会议(例会)和不定期性会议,或分为一次性会议和多次性会议等。

按会议的公开程度分类,可分为绝密会议、机密会议、秘密会议、公开会议等。

按会议的阶段分类,可分为预备会议和正式会议。预备会议是整个会议的组成部分,是为正式会议作准备的会议,但在职权和效力上同正式会议有所区别。

按会议的信息传播方式分类,可分为面授会议、观摩会议、广播会议、电话会议、电视会议、网上会议等。

按照开会手段分类,可分为常规会议和电子会议。常规会议即传统性的会议,电子会议包括电视会议、卫星会议、电脑电话会议等。

然而,不论是哪一种类型的会议,都是有领导、有组织、有目的地召集人们商议事情、解决问题的行为过程。

三、会议的作用

会议的性质和内容不同,其作用也就有所不同。各种特定的会议有各自特定的作用。概括起来,会议的作用主要有以下几个方面:

(一)民主决策的作用

会议是实行民主集中制的一种重要手段。古人云:"天下之事,虑之贵详,行之贵力,谋之贵众。"《中国共产党章程》规定："党的各级委员会实行集体领导和个人分工负责相结合的制度。凡属重大问题都要由党的委员会集体讨论，作出决定。"民主讨论，一般都通过会议的形式。在会议上，各抒己见，畅所欲言，从而集思广益，博采众长，比较优劣，统一认识，少数服从多数，形成决定或决议，付诸实施。正是由于坚持了民主集中制的原则，保证了重大决策奠定在民主和科学的基础上，充分体现了人民群众的根本利益与历史发展规律的一致性。

（二）行使民主权力的作用

会议是发扬民主、行使民主权力的基本形式。各级党、团、工、妇和人民代表大会、董事会、学会等，通过民主讨论、选举，可决定领导人选，确定大政方针；对领导机关和领导人的工作，可以评议、可以弹劾，对不称职的领导人可以罢免；还可通过会议，提交各种提案和合理化建议，对领导机关和领导人实行民主监督。

（三）领导和指导作用

各机关、单位的领导通过"从群众中来，集中起来；到群众中去，坚持下去"的工作方法，作出切合实际情况的决策。然后，召开各种会议，如工作例会、专门业务会、现场会、广播会、电话会、电视会等，按领导的意图部署工作、布置任务，并通过讨论，提高认识，自觉执行。这类会议充分发挥了领导和指导的作用。

（四）交流信息的作用

毛泽东曾经指出："党委会的重要任务之一就是'互通情报'，党委各委员之间要把彼此知道的情况互相通知，互相交流。这对于取得共同的语言是很重要的。"①此外，各机关、单位都担负着上情下达、下情上传的任务，需要召开各种会议，尽快地将信息上传下达。各类经验交流会、汇报会、广播会、调查会、报告会等，通过汇报、交流、学习、讨论，则可达到沟通信息、交流情况、统一思想、协调工作的目的。

（五）宣传教育的作用

如各类先进典型事迹报告会、表彰会、庆祝会、总结会、审判会等，是采用会议的形式、宣传好人好事，树立学习榜样，揭发和批判坏人坏事，指出其根源和危害性，起到宣传典型人物、典型事件、典型经验，揭露弊端，教育广大干部、群众的作用。

（六）研讨和咨询的作用

如各种学术交流会、业务咨询会等，与会者将自己在某一专业领域的实践经验、理论见解或科学研究成果，以及对某一专业领域调查研究的材料，或对重大决策、方针政策和具体工作建议，坦诚地表述出来，不仅能达到相互启迪、相互借鉴、取长补短、共同提高的目的，更主要的是能对领导机关和业务主管部门的工作起到积极的参谋、咨询作用。

---

① 毛泽东：《党委会的工作方法》，《毛泽东著作选读》，人民出版社 1986 年版，第 669 页

第二节　秘书会务工作的特点和要求

会务工作是秘书和秘书部门工作的重要内容之一。当前，各机关、单位的会务工作，均由秘书和秘书部门负责组织和承办。秘书的会务工作，指的是从会议筹备到善后的一系列工作，也就是保证会议圆满召开的各种工作。

一、秘书会务工作的特点

"办会"是秘书和秘书部门的经常性任务之一。了解秘书和秘书部门操办会务的特点，可以更好地做好会议服务工作。秘书会务工作的主要特点是：

（一）鲜明的政治性

同整个秘书工作一样，秘书会务工作也有着鲜明的政治性。任何会议的召开，都是依附于一定阶级、政党、社会组织并为它们服务的，都是为贯彻、落实党的路线、方针、政策、法律、法令，保证政令畅通无阻，执行领导决策服务的，都是为一定的政治路线、组织路线和思想路线服务的，其鲜明的政治性不言而喻。

（二）工作的被动性

被动性是秘书工作的主要特点之一。反映在会务工作上，秘书和秘书部门不是会议的主体，只是会议的组织者和服务者。在会上，秘书既无发言权，又无表决权。如各种选举，秘书既无选举权，又无被选举权。而秘书和秘书部门的组织、安排会议，必须按照上级的指示、领导的意图办事，切实做好会议的各项服务工作，为会议的成功创造有利条件，而绝不允许离开领导的意图和指示，自行其是。

（三）繁杂的事务性

一个会议，从开始筹备到善后处理，每个阶段、每个环节都有繁杂、琐碎的事务性工作要做。如一些大型会议的会场布置，诸如桌椅摆设，传声录音设备安放，会标、会徽、旗帜、标语口号、花卉的布置，灯光照明和电视荧屏显示等，以及迎来往送、证件的制作分发，都是繁琐的事务性工作。而秘书和秘书部门正是通过这些事务性工作，保证了会议的顺利进行。在这些事务性工作中，蕴含着极强的政治性和政策性，有时一个很小的事务性工作没有做好，可能会衍生成为一个大的政治问题。

（四）服务的综合性

秘书的会务工作是随着会议的需要应运而生的，它的一切活动，都是为了给会议提供种种方便条件，做好各方面的服务工作，保证开好会议。秘书的会务服务是多方面的、综合的，既要提供生活服务，又要提供政策服务；既要提供体力服务，又要提供智力服务；既有常规性服务，又有自动化服务。总之，会议中涉及到的方方面面，都需要秘书提供良好的综合性服务。

（五）很强的时间性

会议是一种有领导、有组织、有目的地聚众议事的社会性活动，有很强的时间性，会议何时召开，每项议事需要多长时间，给报告人多少时间，给每个发言人多少时间，每次表决占多少时间，秘书都要事先有计划并告知每个与会者。每个与会者则要严格遵守时间，准时开会、准时散会，不得随意拖会。每个发言者要在限定的发言时间内发言，时到言断。另外，时间性还表现在会议的各项准备工作和会后各项收尾工作都要在规定的时间内具体落实。

二、对秘书会务工作的基本要求

对秘书会务工作的基本要求，主要有以下几点：

（一）充分准备

会议能否达到预期的目的，关键取决于会议的准备工作是否充分。会议的议题不明确，会议就抓不住中心；会议的文件质量不高，会议的水平就会受到影响；会议的程序安排有漏洞，就会影响会议的正常进行。哪怕是一个细微末节，没有充分准备，也会对会议产生不良影响。秘书应当根据会议的特点和要求，以重点带一般，全面地做好会议的准备工作。准备工作要做得充分，必须在平时就熟悉各方面的情况，注意经验积累。这样，在筹备会议时就比较主动。

（二）严密组织

会议的组织工作关涉到方方面面，每个方面的工作都由一定数量的人员承担。要保证会议的顺利进行，每一个环节都要组织得十分严密，秘书和其它会务人员要密切配合，加强协调，防止工作脱节。为保证会议的顺利进行应当根据任务，定人定岗，实行责任制，哪个环节出了问题，就由哪个人负责。会务工作负责人应加强检查，及时发现问题，堵塞漏洞。

（三）服务周到

秘书和秘书部门的会务工作，就是千方百计为会议服好务。秘书在整个会议过程中所进行的工作，都是服务性的工作。它包括各个方面：有文字方面的，有会场方面的，有食宿方面的，有医疗方面的，有车船方面的，等等。这些服务性工作做得好不好，都直接关系到会议能否顺利进行。这些服务性工作不但多而且繁琐，必须强调服务周到，对其中的每个环节都要认真考虑，以免造成混乱，影响会议效果。

（四）重视保密

加强保密工作，是会议的基本要求之一。特别是密级较高的会议，必须做到万无一失。秘书应提请领导在会议开始时，提出保密要求，进行必要的保密教育。在会议召开过程中，秘书应协助与会者加强文件保管，谢绝要求会见与会者的会外客人。会议结束前，应逐一按文件编号收回文件，统交秘书部门保管、处理。

（五）确保安全

任何会议，都有一个安全问题。确保安全，是会务工作的一个重要方面。人数较多的会议，有重要领导同志参加的会议，尤其要切实做好安全保卫工作，各个环节都要落实安全防范措施。

第三节　秘书会务工作的程序和内容

凡规模较大、人数较多、时间较长的会议，秘书会务工作一般可分为三个阶段：会前准备工作、会中服务工作和会后处理工作。下面分述各个阶段的主要内容和具体要求。

一、会前准备阶段

为使会议达到既定目的，召开之前必须充分做好准备；反之，如果不做好准备，匆忙地开会，不仅会拖延会议时间，而且还会影响会议的成效。秘书和秘书部门一定要有认真负责的精神，独立承担或协助业务部门预防可能出现的问题，制定出补救的措施，确保会议不出事故。

（一）确定会议议题

会议议题就是会议要解决的问题。凡开会，总要有会议议题，即通过开会究竟要解决什么问题。它反映了会议的宗旨、内容和任务，对整个会议起着导向的作用。大中型会议的议题，由会议领导机关或领导人提出；代表会议或代表大会的议题，需通过法定程序确定；日常性会议的议题，由分管某项工作的领导人提出。秘书应做的工作是，根据领导的指示，收集议题进行筛选，向领导提出建议，供领导决断。确定会议议题时应注意以下问题：一是党的会议同政府会议讨论的议题、立法部门和执法部门讨论的议题、党政机关同企事业单位讨论的议题要有所区别；二是尽可能将同类性质的议题收集在一起，便于集中讨论；三是要按轻重缓急程度，将重要、紧迫的议题安排先讨论；四是对保密性、参加人员范围少的议题安排在会议后期，以便其它人员届时退席。

（二）组成会议筹备班子

会议筹备班子，有的称为会议领导小组，有的称为会议筹备组，会议正式召时一般称为大会秘书处。根据会议的性质和规模，在会议领导小组之下还可设置具体为会议服务的工作班子，如接待组、秘书组、会务组、资料组、生活组、财务组、保卫组等。会议筹备班子应坚持小而精的原则，视实际情况而定，切不可求大求全，人浮于事。

（三）安排会议议程、日程和程序

议程，指会议的议事顺序。一次会议可能会有几个议题，先讨论哪一个，后讨论哪一个，要有一个大体的安排。日程是根据会议议程对开会时间所作的具体安排，是议程的细化，一般根据会议主持人的意见和实际情况确定。程序是对一次具体的会议而言，由谁主持，谁作报告，谁作发言，都要事先安排好。不管大小会议，一个会议只能有一个议程，一个日程安排（当然可根据实际情况作适当的调整），一个大会可以有几次会议，每次会议要有各自的程序。会议的议程、日程和程序，开会前要告知与会者。

（四）提名与会人员

不少会议，如党的各级委员会和代表大会、人大会议、政协会议、工会委员会和工代会、妇女委员会和妇代会等，参加的人员都是固定的；还有些会议，有明确的规格，即什么规格的会议，就由什么级别的干部参加，也具有较强的确定性。但也有一些会议，与会人员有着较大的灵活性，到底邀请哪些人员参加会议，需根据领导意图和会议的性质、内容、任务，由秘书和秘书部门提出名单，报请领导审定。提名与会人员，是一项政策性很强的工作，一定要全面考虑，做到合情合理合法，该参加者一个不漏，不该参加者一个不来。

（五）办理会议报批手续

为控制"文山"、"会海"，中央、省、市党政机关都曾作出明确规定，一些重要的、规模较大的、时间较长的会议，需报请主管部门批准才能召开。因此，凡属这类会议，就应根据规定，向相应主管部门办理报批手续。在会议报批的请示中，要写明开会的理由、会议的议题、会期、地点、参加人数和人员职别、会议经费、准备情况等，以便主管部门审批。在未批准前不得先发会议通知，更不容许先开会后报批。

（六）发出会议通知

会议通知可使与会人员提前知道信息，有充分的时间准备，准时赴会。会议通知一般采用文字通知并编发通知文号，有的也可采用电话、电报、传真等形式。通知的内容包括会议名称、议题、会期、地点、与会人员、报到日期、携带材料、出席凭证和个人支付的费用、主办单位、联系人姓名和电话等。有的重要会议，如党中央委员会、党的全国代表大会和全国人大、政协会议等，还要通知是否可带随员，注明来回乘车的车次和飞机的航班，以便做好接站和送站安排。

（七）编排分组

多次性的大中型会议，在与会人员名单确定后，要对与会人员进行编组，要将全体与会人员划分若干小组，以方便讨论问题。编组的基本方法有：根据地域编组，根据系统或行业编组，完全按人数编组。在进行编组时，要注意每组的人数大体相等，规模适中。编组要全面周到，尽可能将召集会议的机关、单位的领导同志分散到各个组去。

（八）准备会议文件、材料

会议的文件、材料，主要指领导人的讲话或工作报告、典型经验、会议须知、日程表、编组名单等。如属学术会议，对收集的论文要进行审查、分装，或编印成册。领导人的讲话稿或工作报告，一般由秘书根据领导的意图起草，交领导审核、修改后定稿。会议文件、材料打印的份数要留有余地，不可有多少代表就打印多少份，清点完后分装于材料袋中，待报到时分发给与会人员。凡保密性的文件或材料，在分发时要登记签收。

（九）制作会议证牌

会议证件有代表证、列席证、工作人员证、特邀来宾证以及会议和会议主席台上需用的姓名标牌等，这些都需要在会前制作完毕，准备妥当。

（十）会场布置和检查

选择和布置好会场，是开好会议的重要条件。应根据会议的性质、规模选择合适的会场，并注意会场的摆设和气氛。大、中型会议还要事先安排好主席台的座次和与会人员的座位，前者以职位、声望高低居中依次向左右侧排列，后者可按汉字笔划、地区、行业等排列。布置会场总的原则是围绕会议内容，突出会议中心，做到庄重、朴素、实用、大方、美观。大型会议和有些中小型会议，还要悬挂标有会议名称的横幅、会徽、会标、旗帜和摆设鲜花，必要时还应有宣传标语、灯光布置、音响广播等。会议如有讨论和分会场报告的，还应布置好分会场和小组讨论地点。会场布置完后，要认真检查一两次，主要检查横幅、会徽、会标、标语是否残缺破损，灯光、音响是否完好等。

（十一）办妥后勤服务事宜

凡有外地代表参加、需要集中食宿的会议，要热情做好接待工作，妥善安排代表的膳食和住宿。要根据出席会议的名额，提前编定住房分配方案，当代表报到时即予安置。在住房安置上，对领导和年老体弱者应给予适当照顾。饭菜要可口、实惠，让代表吃得满意。少数民族代表对膳食有禁忌的，要充分尊重他们的宗教信仰和生活习俗，妥善予以安排。会议期间的接站、送站，预订返程车、船、机票和安全保卫、医疗保健、摄影录像、宣传报道等工作，都要有专人负责，并在会前就做好安排。

二、会中服务阶段

会议期间，是秘书最活跃的阶段，也是对秘书的基本素质、思想作风、工作能力最严峻的考验。这时，秘书要按照会议的议程，根据具体分工，协助会议主持人对会议进行指挥和控制，掌握会议动态，并通过精心的组织和周到的服务，使会议沿着既定的目标进行。

（一）会议签到

签到是与会人员到会后要做的第一件事。签到的目的，一是为凭证入场，二是为统计人数。有些会议，如党代会、人代会等，实际到会的人数决定着选举结果和决议是否有效，因此更应重视签到工作。签到的方法主要有两种：一是随同会议通知发出签到卡，代表到会时将卡交会务人员查验就行了；二是在事先准备好的签到簿（卡）上与会代表逐项进行填写。前者一般适用于大、中型会议，后者则常为小型会议所采用。会议开始，要及时、准确地将出、列席人数统计出来，报告大会主持人。

（二）安排大会发言

召开大会，除领导同志的主题报告外，一般均需有计划地安排与会人员在大会上发言。有的是会前就确定好了发言人的，此时要检查发言人是否到齐，根据情况安排好发言人的发言顺序；有的则是在小组讨论的基础上产生的，对大会发言人所讲的内容应有所了解，秘书提出安排意见，报领导审定。安排大会发言，应注意以下几点：一要紧密围绕会议中心，不能偏离议题，又不可过多重复；二要照顾各地区、各行业、各部门都有发言人，使与会者能全面了解各方面的情况；三要做到既有领导同志的发言，又有一般同志的发言，既有搞理论工作的同志发言，又有搞实际工作的同志发言，将二者有机地结合起来，才能使会议开得既有政策高度和理论深度，又有实践经验和生动具体的材料。

（三）会议记录和会议录音

会议记录和会议录音是会议情况的真实记载，是整理会议简报和会议纪要的重要依据；会后立卷归档，又是重要的文书档案。录音设备要完好无损，有专人负责，安放在适当的地方，能将发言清晰地录下。会议记录可分大会报告记录和小组发言记录，一般备有专用的记录本。会议记录通常由两部分组成：第一部分是会议的组织情况，包括会议名称、时间、地点、出席人、列席人、缺席人、主持人、记录人等，有的还要标明职务、职称；第二部分为会议内容，包括讨论的议题、与会人员发言的内容、会议形成的决议等。常用的会议记录方式有两种：一是摘要记录，不必有言即录，只记发言的重点和会议的结论、决定、决议，但不能遗漏发言的主要内容，更不能歪曲发言者的原意；二是详细记录，要求有言必录，力求准确、完整，包括发言中的插话。详细记录一般用速记，现在则可用录音设备，会后再根据录音整理。详细记录适用于特别重要的会议。

（四）做好上下联络工作

会议进行期间，秘书要下到各片、组参加会议，收集各种反映，及时了解会议的动态，掌握会议的进展情况。对与会者的意见、要求和建议，对出现的苗头和倾向，都要尽快了解，做到心中有数，及时向大会领导小组汇报，以便采取相应的措施。同时，也要迅速向各片、组传达领导同志有关会议的意见和其它事宜，以保证会议的顺利进行。

（五）组织选举

有许多会议，如党代会、团代会、工代会、妇代会、人代会、政协会以及居民大会、村民大会等，大都要组织选举。这是一项有很强法定性、政策性的政治任务，一定要严肃认真地对待。会议确定正式候选人后，秘书和秘书部门要设计选票，加盖会议印章，装袋密封，由专人保管。组织投票，先要按排座划分投票区，将选票下发各代表团（组），并规定每个投票区的投票行进路线。主席台设单独的投票箱。投票前，要选好监票人、计票人，并将到会、缺席的人数精确统计后报告监票人、计票人。大会主席或监票人要向投票人讲解投票的办法和规则，以防止出现废票。投票时，监票人、计票人和主席台上的人先投，然后代表们按划定的投票区依次投票。投票完毕，验票时如发现投票数多于发票数，则投票无效，按规定必须重新组织投票。

（六）编写会议简报

会议简报，是会议期间编印的关于会议进行情况的简要报道，对沟通情况、指导会议起着积极的作用。简报的内容主要是会议进展情况、主题报告的基本精神、典型人物和典型经验、与会代表的意见和建议、会议的决定和采取的举措等。要本着简、快、准、实的要求撰写简报，最好是当天的情况翌日就可通过简报传达到与会人员。简报适用于会期较长的大、中型会议，会期只有两三天的小型会议，一般不出简报。

（七）做好安全保卫工作

为维护会场秩序，事先要拟好《会议须知》，要求与会者共同遵守。重要的会议，一律凭证入场，隆重的会议也可列队入场，并指定专人维持会场秩序。对代表的住处、参观地点和膳食、游乐场所，均要切实做好安全防范工作，确保会议安全。

（八）其它服务性工作

如果会议较长，人数较多，为调剂紧张的会议生活，应根据条件安排必要的文娱体育活动，如卡拉OK、舞会、桥牌、下棋、球赛，观看演出、电影、录像，以及参观、访问等。对交通、寄信、打长途电话、发电报电传、接待来访等，都要妥善安排。对与会人员的医疗保健，要有专门医生负责。住宿、饮食、环境等方面的卫生工作尤要重视，要采取切实的措施，防止流行病、多发病的发生。

（九）安排好闭会

会议达到预期的目的后，按议程应召开全体大会，进行总结，宣布闭会。秘书在闭会时要具体落实领导人在闭幕式上讲话。凡总结、交流、表彰性的会议，授奖仪式一般安排在闭幕式上进行，秘书要将获奖名单有序地排列好，与奖品、奖状、锦旗的存放次序相吻合；会场前几排应预留上台领奖者的座位，入场时按事先排好的次序就坐，并按预定路线上台下台；如果获奖单位和人数较多，可采用象征性的仪式；安排好获奖后的先进代表人物发言；并选择与授奖仪式适宜的乐曲，以增强热烈隆重的气氛。

三、会后处理工作

会议开完，并非说明会务工作就已结束，会后仍有许多工作要继续完成。会后处理阶段的工作，主要有两种情况：一是指整个会议结束后的工作，如撰写会议纪要、报道会议情况、催办落实会议交办事项等；二是会场以外的事务性工作，如

表的离会安排、会场清理、物品清点、财务决算等。这些工作都要认真负责做好，善始善终，以体现出会议的圆满成功。

（一）送别与会代表

会议结束后，与会人员应有组织、有秩序地退场。要认真做好与会人员的返程安排。秘书要预先登记与会人员的返回日期和乘坐的交通工具，代购车、船票或飞机票，及时发给本人，并安排好送客的车辆，提前将与会代表送到车站、码头或机场，要笑脸相送，热情道别，使代表们愉快地踏上归程。有些重要会议，会议结束后要安排告别宴会。对重要宾客，必要时应由主办单位领导人举行欢送会。对少数暂留的，要安排好他们的食宿和返程车、船、机票。

（二）回收有关文件、材料

会议结束后，根据保密原则，应当回收的文件、材料，在代表离会前一一清点回收。为什么要收回会议有关文件、材料？这是因为：有些文件、材料是高度机密性的，存放在个人手中，可能会遗失和泄密；有些文件、材料，特别是领导人的即兴讲话和与会代表的即席发言，不宜扩散；还有些文件、材料，属草稿或参考性的，甚至可能与会议精神、决议不相符合，泄露出去会影响会议精神的传达贯彻，因此，必须收回。有必要时，连会议记录本也应收回。收回的文件、材料，要清点好后汇总、存档。真正做到会内、会外有别，以防止泄密事故的发生。

（三）印发会议纪要

这是会后一项重要的文字工作。有些会议并不在会后形成若干正式文件，但会议的成果又需记载，使与会代表和没有参加会议的有关人员有个共同的认识和行动的方向，以利贯彻执行，这就需要撰写和印发会议纪要。会议纪要具有通报情况、指导工作和日后查考的作用，内容是记述会议概况、指导思想、主要议题、基本经验和会议讨论、决定的重大问题等。其目的是为了完整、准确地传达、贯彻会议精神，使会议决定的事项得以具体落实。会议纪要的印发范围，应根据会议的性质纪要的内容来确定。绝密级的会议纪要只印发给与会领导同志和上级主管领导。一般会议纪要可印发与会代表和直接相关部门的有关同志。

（四）汇编会议文件

有些重要会议，特别是学术会议结束后，需要将会议文件或学术论文汇集整理、编辑成集。这有多种情况：一是为传达、贯彻会议精神用的，可将会议的主要正式文件整理、编印成册；二是作为归档存查用的，需将会议的所有文件、材料，甚至包括会议的作息时间表、分组名单、会议须知等都收集、汇编成册；三是将会议上的学术报告和上交的学术论文，经过审核、筛选，汇编成册，以显示此次学术会议所获得的丰硕成果，并利于同行交流。汇编的会议文件，可视实际情况，或内部发行，或公开出版。

（五）搞好新闻报道

许多会议，或因参加的人员多，或因讨论的问题重要，或因理论上有新的创见，或因在学术上有丰硕成果，或因社会影响深广，而往往为新闻界所关注。除机密性较强的会议外，大型、重要的会议一般均需进行新闻报道。会议的报道，有的是在会中、会后分多次进行，有的是会后作一次性报道，这要视会议的重要性和开放程度而定。要搞好新闻报道，可邀请报刊、广播电台、电视台的记者参加会议；也可召开新闻发布会，介绍会议情况；特别重要的会议，还可发布新闻公报。秘书应根据会议的纪律、规定和主持人的指示，为记者提供有利条件，帮助他们搞好会议新闻报道，使会议的重要信息广为公众所知晓，以扩大会议的社会影响。

（六）加强信息反馈

会议结束后，秘书应及时了解、掌握会议精神和决定事项的传达、贯彻、落实情况，并及时向领导同志进行信息反馈。对传达、贯彻、落实好的部门和单位，要宣传他们的事迹和经验；对传达、贯彻、落实不好的部门和单位，则应进行检查督促，催促办理，以确保会议精神在基层生根开花。

（七）开总结会

会议结束后，特别是大、中型会议结束后，一般均需召开总结会。除检查文件、材料回收、会场清理、借用设备归还、搞好会议经费决算外，主要是为了肯定成绩、积累经验、表彰先进、找出问题和不足，使在今后办理同类会议时有所借鉴。总结会务工作，应让所有的会务人员参加，发扬民主，相互启发，集思广益，共同提高。有必要时，还应写出会议总结或报告，上报领导或入卷归档存查。

第四节　端正会风，提高会议质量

会议的重要社会作用使它具有极其广泛的应用性。要开展工作，就离不开会议。必要的会议不可不开。会开得适度合理，有利于为政、安民；如果会开得太多太滥，就适得其反，危害甚多：既不利于领导深入基层，联系群众，或静下心来学习和领会党的方针、政策，思考问题，多办实事，为滋长形式主义、官僚主义提供了条件，还劳民伤财，给国家和地方财政造成极大的浪费。

会风是机关、单位的思想作风和工作作风的具体反映，从根本上说，会风也是党风的一个重要方面。会风不正，会议质量不高，效率低下，是当前官僚主义一种普遍而突出的表现，往往是：小会大开，短会长开；以会代干，作风飘浮；抬高规格，乱请领导；模式固定，内容空泛；重复开会，反复讲话；多会并开，分散精力；借会游玩，浪费财物；弄虚作假，转嫁负担，等等。有人批评现在的一些会议是"一言堂"、"清谈宫"、"茶馆"、"抽烟俱乐部"。因此，各地都把精减会议、端正会风作为转变作风、克服形式主义、官僚主义的重要措施去抓，并取得了一定的成效。然而，这个问题还远没有解决。对会议加强科学管理，端正会风，提高会议质量，秘书和秘书部门是可以有所作为的。具体说来，可从以下几个方面进行治理：

一、破除"唯行文办会是正宗"的传统观念

有些领导和秘书有一种错误认识，以为干工作只有"行文开会"才是"正宗"，才能"名正言顺"，才能显示它的"重要意义"。因此，许多工作本来是领导职权范围内可以决定或由秘书可以处理的事情，也非得"行文开会"不可。这种因循守旧的传统观念和改革创新的精神是完全相悖的，它束缚了广大干部的开拓创造性和主观能动性，非加以破除不可。我们必须明确认识：会议只是领导方法的一种，而不是领导方法的全部；它只是领导过程的一个环节，而不是领导过程的始终。在改革开放的新形势下，领导干部和秘书应充分发挥自己的创造性，在工作方法上不断开拓创新，要压缩会议，端正会风，加强科学管理，讲究实效，提高会议质量，使会议真正成为集思广益、发扬民主、沟通信息、协调关系、推动工作、解决问题的必要手段；同时，要挤出较多的时间深入第一线，调查研究，了解下情，关心群众的疾苦，倾听群众的呼声，将一个个问题及时解决在现场、基层。

二、建立、健全会议法规

邓小平曾指出："我们过去发生的各种错误，固然与某些人的思想作风有关，但是组织制度、工作制度方面的问题更重要。"①这一论述同样适用于解决会议过多过滥的问题。各机关、单位不能将精减会议只停留在一般号召上，而应由秘书部门牵头，建立、健全会议法规，如明确规定会议的审批管理权限制度、会议经费的分配与监督审查制度、会议的评估和奖惩制度等，并根据能级原理，建立从上到下的岗位责任制，制定开会议程和议事规则，诸如明确议事范围和方法，会议议题提出的基本要求，议题确定的规范程序，会议召集和主持的条件，会议发言、表决、记录、纪要和会议决定事项办理的具体要求和办法；会议出席、列席人员的范围、要求等。制定严格的会议纪律，诸如严格按照预定程序开会，不能随意改变或增减会议议题；与会者必须遵守开会时间，不得无故迟到、早退；主持者应准时宣布开会、散会，不随意拖会；限定发言时间，保持良好会场秩序；不开小会，不随意走动或做与会议无关的事等。

三、开会要大兴勤俭之风，反对奢侈浪费

各机关、单位要严格执行中央、国务院的有关规定，不得超标准使用会议经费，不得挤占其它经费，不得摊派和转嫁经费负担；不得发放会议纪念品；不得到《中共办公厅国务院办公厅关于严禁党政机关到风景名胜区开会的通知》中明确的 12 个风景名胜区开会；不得在会议期间或会议前后组织公款旅游活动；会议场所要尽量安排使用机关内部招待所和礼堂，本

---

① 邓小平：《党和国家领导制度的改革》，《邓小平文选》(1975－1982)，人民出版社 1983 年版，第 293 页。

机关、单位没有内部招待所或不具备会议接待条件的，应到党政领导机关规定的会议定点场所召开，不得租用四星级以上（含四星级）豪华宾馆和高级饭店开会。

四、尽量少开会、开短会

必要的会不可不开，不必要的会坚决不开。在控制会议方面秘书和秘书部门应协助领导把好关，力争做到以下几点：一是不解决问题的会坚决不开，可以不开的会议尽量不开；二是能开短会的坚决不开规模大、会期长的会议；三是能由下级单位和部门召开的会议，不由上级领导机关召开；四是专业性会议应请职能部门负责人与会，尽量不请机关、单位的领导出席会议；五是能够"走读"的会议尽量不集中食宿。

五、加强会议组织，提高会议质量

会议组织很乱，不仅直接影响会议的成效，而且还会影响主办机关、单位的威信。因此，凡准备不充分、组织不完善的会议应推延会期，待各项准备工作完善以后再开。会议期间秘书应加强组织协调，相互配合，切实保证会议正常进行。提高会议质量还可从以下几方面入手：会议的主题要单一集中，切不可没有中心，致使讨论漫无边际或钻牛角尖；部署工作的会议，可把几方面的内容合并于一个会上，然后分别去贯彻落实；一般中、小型会议，不要搞形式主义的开幕式和闭幕式；以书代言，既已分发材料，不必再照本宣读；会议末了，要议而有决，结论要在当场确认；一般性的会议，不要搞领导人接见和照相；积极提倡开电视电话会，既节省时间，又节省开支，更免去了与会者赴一地集中的差旅费和住宿费。

第十一章　信访工作

信访工作是党、政府和社会组织、企事业单位密切联系群众的桥梁，也是党、政府和社会组织、企事业单位体察民情、了解情况的一个重要信息渠道。早在 1951 年，中央人民政府政务院就颁布了《政务院关于处理人民来信和接见人民工作的决定》，明确规定："县（市）以下各级人民政府，均需责成一定部门，在原编制内指定专人，负责处理人民群众来信，并设立问事处或接待室，接见人民群众，领导人并应经常地进行检查和指导。"尔后，党和政府都对信访工作十分重视，下发了一系列有关信访工作的文件。自胡锦涛总书记提出建立社会主义和谐社会以来，党和政府对信访工作更为重视。2005 年 1 月 17 日，国务院发布了经修订后的新的《信访条例》；2006 年 2 月 17 日，召开了全国信访局长会议；2007 年 3 月 27 日，召开了第六次全国信访工作会议；2007 年 06 月 24 日，中共中央、国务院颁发了《关于进一步加强新时期信访工作的意见》（中共中央〔2007〕5 号文件），将信访工作纳入到制度化、法制化和规范化轨道，充分保护信访人的合法权益。一般说来，中央、省（部）一级机关的信访机构多设置在办公厅内，中、下层机关、单位的秘书部门往往兼管信访工作，可见，信访工作是秘书部门的一项经常性的工作，也是秘书直接为领导服务又直接为群众服务的一项重要职责。

第一节　信访工作概述

一、信访和信访工作的含义

从字面上解释，"信访"包括"写信"和"访问"两层意思，是人们社会交往的两种方式。"信访"作为当今普遍使用的词语，有广义和狭义两种理解：从广义上说，"信访"是社会成员间通过写信或访问的形式所进行的社会交往活动，它包括人与人之间、个人与组织之间、机关与机关之间、单位与单位之间、部门与部门之间的相互通信和访问；从狭义上说，它是人民群众来信来访的简称，特指公民、法人或者其它组织采用书信、电子邮件、传真、电话、走访等形式，向各级党政领导机关、社会团体、企事业单位反映情况，提出建议、意见或者投诉请求，依法由有关机关、单位、部门处理的活动。从"信访工作"的角度看，这里的"信访"指的是后者即狭义的含义，即人民群众通过书信、电话、电传或来访面谈的方式，向各级党政机关、团体、单位反映情况、表示愿望、提出要求，或对党和国家的方针、政策、法律、法令提出建议，对国家工作人员的工作作风提出批评、建议和表扬，或对机关、单位的领导、工作人员的违法乱纪行为、各种不正之风进行检举、揭发、控告的一种社会活动。它是人民群众向党政机关、社会团体（工会、妇联、共青团等）、企事业单位求助的一种方式，也是人民群众向上级反映民情民意的一条重要渠道，同时还是人民群众行使民主权利、参与国家管理、民主监督国家工作人员的一种有效的形式。

"信访工作"指的是党政机关、社会团体、企事业单位负责处理人民群众来信来访的工作。通常是通过各级机关、团体、单位负责人民群众来信来访的专门职能机构——信访部门，或经领导中枢授意秘书部门有关人员，或指定专人完成——这三部分的工作人员，实际上均属于秘书的行列。信访工作是随着人民群众信访活动的发生而发生的。我们这里所指"信访工作"一词的含义，就是"负责办理人民群众来信来访"的总称，包括了各级党政机关、社会团体、企事业单位对人民群众来信来访中反映的情况和问题，按照政策和法律做出恰当处理的全部工作过程。

二、信访工作的要素

作为一种特定含义的信访工作，它的构成包括了下列五个基本要素：

（一）信访人

又称信访者，指在政治上享有权利，并实践着信访活动的人，是通过写信、来访形式向有关机关、单位反映情况，提出建议、表达某种意愿或者投诉请求的公民、法人或者其它组织。信访人是信访活动的发起者，亦称信访源。没有信访人，就谈不上信访工作。

（二）受理者

信访受理者，也称信访工作者。信访受理者，就是受理和接待群众来信来访，并对信访问题进行分析、研究，予以处理的部门和人员。受理者是信访所依托的对象，是信访工作的主导方面。虽有来信来访，但无人问津，无人处理，就不能构成信访工作。

（三）信访形式

指信访人进行信访活动时所采取的途径和方法。主要有书面写信和当面访问两种形式，也包括由此派生的诸如电报、电话、传真、电传、电视电话、录音带、录像、电子邮件等形式，并通过批评、建议、申诉、检举和控告等方式表达出来。

（四）信访内容

亦称信访问题，指信访人在来信来访中所反映的意见和要求，其中包括请求、申诉、揭发、控告、询问、建议、批评、表扬等方面的具体内容。信访内容十分广泛，涉及社会生活的各个领域，在不同的历史时期随着社会政治、经济状况的变化而变化，是一定社会关系的综合反映。信访内容是信访工作的核心，没有信访内容，就不成其为信访工作。

（五）信访结果

指机关、单位对信访事项作出处理后的结果。对信访事案作出最后处理，是信访查办中的重要环节，是对信访案件从受理立案到调查处理全过程的终结。它包括信访人的正常要求得到满足，有关政策得到落实，询问得到解答，被揭发控告的人得到处理，违法乱纪者受到惩处，反映的情况得到核实和澄清，党政机关工作得到改善等多方面。同时，信访结果还必须按照一定程序报有关机关、单位领导人审批。

三、信访工作的特点

（一）客观性

信访是社会成员通过写信、访问等形式向机关、单位和社会组织反映个人或集体意愿的一种社会政治交往活动。这是一种客观存在的独特的社会现象，是社会矛盾通过特殊形式的必然反映。信访活动的客观性是信访工作客观性的基础。信访工作的根本目的就在于解决信访活动中反映出来的各种社会矛盾，推动社会前进。信访活动的数量和内容是随着社会的政治、经济状况的变化而变化。信访工作中处理问题的标准、依据，也是随着社会政治、经济状况的变化而变化的。这就是信访工作本身所固有的基本规律，也是信访工作客观性的体现。

（二）群众性

信访对象虽然一般都是一个个具体的人和事，但是每一个人都不是孤立的，都联系甚至代表着一定的群众，集中了某些群众的意愿和要求，往往具有一定的典型性和倾向性。从信访工作的主体，即信访工作受理者即秘书的角度看，由于他们代表的是机关、单位和社会组织，对他们来说，从事信访活动的社会成员都是群众，而信访工作的最终结果，是从群众中获得对民情的了密切了与群众的联系，接受了群众的监督，维护了群众的根本利益和愿望，实现了群众的民主权利，解决了群众的实际问题和思想认识问题。因此，信访工作是一项群众性的工作。信访对象十分广泛，可以不受地位、性别、年龄、文化、种族、民族、家庭出身、宗教信仰等一切限制，甚至包括海外侨胞、外国人等，也可以是一个人或几个人，乃至集体，大凡一切社会成员都可以利用信访方式开展信访活动。可见，信访工作与人民群众的联系极为密切。

（三）政治性

信访人在阶级社会里是属于社会一定阶级具有法定信访权的成员，信访活动是社会矛盾的具体反映，信访工作所涉及的问题大多是社会政治问题，信访工作所体现的关系是群众同国家、集体的关系，信访工作的结果，对有关问题的处理原则、标准、方法和结论，取决于社会统治阶级的根本利益和意志。可见，信访工作是一项政治性很强的工作。我国的根本政治制度、宪法和有关法律赋予人民群众以信访权，同时也赋予了各级各类机关单位和社会组织为人民群众服务的职责，因此，他们所从事的信访工作是群众工作的重要组成部分，是必须完成的一项经常性的政治任务。来信来访所反映的问题，千差万别，大多都牵扯到国家的政策、法律、法令，要依靠国家的政策、法律、法令回答和解决问题。因此，政策、法律和法令是处理信访问题的准绳。离开了政策、法律和法令，信访工作就没有了标准和尺度。

（四）民主性

信访工作的民主性主要表现在两个方面：一是信访活动是人民群众民主要求的体现；二是信访工作是党和政府保障人民群众民主权利的体现。信访活动是人们在社会生产、生活过程中遇到自身力量不能解决的矛盾后，诉诸党和政府、社会组织和有关单位、部门，请求给予帮助，以满足某种愿望的活动。它一开始就体现为一种权利的要求，是一种民主行为。

（五）长期性

我国还处于社会主义初级阶段，处于社会急剧转轨时期，必然存在着各种各样的社会矛盾。社会矛盾存在的长期性，决定了信访活动和信访工作存在的长期性。而且，随着改革开放和有中国特色社会主义事业的发展，信访活动和信访工作的积极作用，必将会越来越大。

当前，在全面建设社会主义小康社会的新时期，由于经济体制的改革，利益关系的调整，信访的对象、内容和形式都发生了较大的变化，呈现出信访对象趋于多元化、信访内容趋于复杂化、信访形式趋于多样化、信访人言行趋于超常化的新特点，我们必须对此有清醒的认识。

第二节　信访工作的任务和原则

一、信访工作的任务

温家宝总理在全国第六次信访工作会议上指出："信访工作是我们党和国家各项工作中的一个重要环节，它代表党和政府直接做群众工作，为群众排忧解难，为社会化解矛盾，促进社会和谐发展。信访工作者是人民的公仆，通过处理来信来访了解社会的情况、群众的呼声、意见和要求，帮助群众解决实际问题，向党和政府提出政策建议。做好信访工作，就是我们党全心全意为人民服务宗旨的体现。党中央、国务院高度重视信访工作。最近，中央讨论通过了关于加强信访工作的意见，国务院修订了信访条例。信访工作就要按照中央的意见和国务院的法规办事。"[①]中共中央、国务院《关于进一步加强新时期信访工作的意见》明确指出："要明确新时期信访工作的指导思想和目标任务，把握信访工作的正确方向。新时期信访工作的指导思想是：以邓小平理论和"三个代表"重要思想为指导，深入贯彻落实科学发展观，认真贯彻党中央、国务院关于加强新时期信访工作的一系列重要决策部署，紧紧围绕全党全国工作大局，牢记为民宗旨，发扬务实作风，坚持依法按政策办事，切实维护社会公平正义，最大限度地增加和谐因素、减少不和谐因素，为全面建设小康社会、构建社会主义和谐社会作出新的更大贡献。新时期信访工作的目标任务是：以切实维护群众合法权益、及时反映社情民意、着力促进社会和谐为目标，构建统一领导、部门协调，统筹兼顾、标本兼治，

---

① 《信访工作会议举行，温家宝曾庆红会见与会代表》，见 2007 年 3 月 28 日新华网。

各负其责、齐抓共管的信访工作新格局，建立畅通、有序、务实、高效的信访工作新秩序，形成与构建社会主义和谐社会目标任务相适应的信访工作新机制，推进信访工作的制度化、规范化和法制化。"①

信访工作是围绕党和政府的中心工作进行的。尽管信访工作的任务在不同历史时期有不同的侧重点，但它的基本任务是不变的，这就是：以党的路线、方针、政策为指针，以全心全意为人民服务为宗旨，通过对人民群众来信来访的处理，及时将所了解到的情况向领导反映，正确处理人民内部矛盾，满足人民群众的正当要求，为他们排忧解难，调动人民群众的积极性，发挥人民群众的聪明才智，为促进社会生产力的发展，实现党的总路线、总目标作出应有的贡献。信访工作作为一个对立统一的整体，既要对上履行职责，又要对下承担义务，两者完整的统一，就是信访工作的全部内涵。

根据中央有关信访工作文件的规定，具体说来，信访工作的主要任务是：

（一）受理本地区、机关、单位所辖范围和上级领导交办的人民群众来信来访事宜

任何地区、机关、单位都有各自的权限范围，秘书和信访人员对隶属机关、单位权限的来信来访必须受理，不得推诿，也不得轻率地把矛盾上交，对越级上访人员还要进行疏导和劝阻。上级领导机关可以是直属上级机关，也可以直至中央。上级机关的概念，还包括相应机关的党报、党刊，对他们转来的信访问题，要视同直属上级机关和中央机关转来的一样，概在必须受理之列，且要及时、准确地汇报处理结果。

（二）定期综合研究人民群众来信来访的情况和问题，及时向有关党政领导和有关部门反映，并提出解决问题的建议

定期的期限，一般为一季度或一个月。为加速信息反馈的作用，期限有缩短的趋势（如一周）。有的甚至在一周内要向领导汇报几次。综合研究就是要对来信来访的情况和问题进行定性分析和定量分析。定性分析是以对来信来访问题按信息性、监督性、参政性、求快性等方面分析，找出一个时期来信来访问题的主要方面或方面的主要问题。定量分析包括来信来访的总数量、分类数量和百分比，哪些方面的数量最多，往往表明是群众最关心的问题。秘书和信访人员，还要搞好信访摘编，提出解决主要问题的建议，供领导参考。这些工作做好了，有利于弥补领导机关了解情况的不足，从而更全面地掌握情况，进而举一反三，调整政策，成批地解决问题，使信访工作更好地为当前的中心工作服务。

（三）向有关地区、机关、单位交办来信来访问题

任何机关、单位，都应根据来信来访的内容，如不属于本机关、单位职权范围可以办理的，应转交有关地区、机关、单位，并有责任督促、检查，直到解决为止。来信来访中，如反映下列问题：(1)重要的或长期顶拖不办的申诉、求决的问题；(2)需要了解的重要情况和问题；

---

① 见 2007 年 6 月 24 日新华网。

(3)揭发检举严重违法乱纪或党内不正之风的问题；(4)严重压制民主和打击报复的事件；(5)对党和政府的各项方针、政策阳奉阴违，不贯彻执行的人和事；(6)领导批示或上级交办的问题；(7)其它需要交办的问题等，都应及时向有关机关、单位、部门交办，并要经常督促、检查，直到问题真正得到解决为止。

（四）协助党政领导检查本地区、本系统的信访工作，搞好业务指导

党、政机关的信访部门受同级党、政机关领导，各社会团体、企事业单位的信访部门同样要接受当地党、政机关的领导。信访系统内的上下级关系，虽不是直接领导关系，但有业务上的联系，或是上对下的业务指导关系。上级信访部门应经常了解、检查下级信访部门对上级有关指示的贯彻执行情况，发现问题，可向该级党、政领导或机关、单位的领导提出来，并要求采取措施，解决问题。如发现好的典型，应总结好的经验，加以交流推广。上级信访部门对下级信访工作有进行业务指导的责任。业务指导的内容是：明确各个时期信访工作的重点，研究信访工作的程序、方法和要求，交流情况和经验，提出对案件的处理要求，组织信访工作的理论研究以及帮助培训信访工作干部等。指导方式通常有：刊物交流，推广先进经验，指导办案，催办案件，指导工作；通报信访情况；及时、准确地答复下级信访部门提出的问题；召开专门会议；检查工作。各级信访部门要与下级信访部门联系，主动采取多种形式做好这方面的工作。

二、信访工作的原则

信访工作的基本方针是：联系群众——信访工作的出发点；广开言路——信访工作的基本要求；满足群众的正当要求——信访工作的根本目的。在这一基本方针的指导下，秘书和信访人员，在受理人民群众来信来访时，必须遵循下列原则：

（一）调查研究、实事求是的原则

事实是处理一切问题包括人民群众来信来访的依据。因此，坚持实事求是，尊重客观事实，这是做好信访工作的基本保证，必须贯穿于信访工作的始终。要坚持实事求是，就必须深入实际进行调查研究，对信访人提出的问题，反映的情况，必须经过调查核实，凡未经核实的，不能作为处理问题的事实依据，只能作为一种参考资料，并从中发现调查核实的线索。材料调查核实以后，还要分析研究，抓住问题的症结，实事求是地予以处理和解决。对于检举、揭发违法乱纪的问题，则更要严肃对待，谨慎从事，确保万无一失。还有，人民群众反映的问题，涉及面广，情况复杂，有些问题有具体的政策规定，有些没有，有些只是原则精神，这就需要在处理时，必须根据实际情况，具体问题具体分析、具体对待，采取灵活变通而又不失原则的办法，积极主动地解决问题。

（二）按政策、法律办事的原则

受理人民群众来信来访，不仅要以事实为依据，还必须以政策、法律为准绳，这是秘书

和专职信访人员必须时刻牢记的一条基本原则。在受理人民群众来信来访中，无论是回答咨询、交换意见，还是调查研究，必须注意政策口径，不符合政策的话不讲，不符合政策的事不做。在结办处理阶段，必须根据有关政策、法律的规定提出处理意见，不能超越政策、法律的范围。灵活变通的处理方法有时是需要的，但必须以正确贯彻执行政策、法律为前提，任何违反政策、法律的所谓灵活变通都是要不得的。同时，要对违法、违纪者严肃认真查处，坚持在政策和法律面前人人平等，维护政策和法律的严肃性，更好地做好信访工作。

（三）全心全意为人民服务的原则

信访工作是直接为人民服务的工作，是党密切联系群众的纽带。只有树立牢固的群众观点，摆正主人和仆人的位置，本着一切从人民的利益出发，全心全意地为人民服务，热情、耐心地对待人民群众的来信来访，想群众之所想，急群众之所急，为群众排忧解难，才能真正发挥信访工作的作用。由于信访人的范围十分广泛，信访内容包罗万象，涉及社会生活的各个方面，使信访工作呈现复杂性、纷繁性、广泛性、长期性、艰巨性等特点。因此，能否切实有效地为来信来访的群众解决各种各样的实际问题和思想问题，认真做好这一项很具体、很细琐、很辛苦的工作，直接关系到信访人的切身利益，影响到党和政府的声誉和党群关系。这就要求秘书和专职信访人员以及各级领导，以全心全意为人民服务的精神和对人民负责的高度责任感，把这种送上门来的群众工作切实做好。

（四）分级负责、归口管理的原则

新发布的《信访条例》第四条规定："信访工作应当在各级人民政府领导下，坚持属地管理、分级负责，谁主管、谁负责，依法、及时、就地解决问题与疏导教育相结合的原则。"所谓分级负责，指中央、省（直辖市、自治区）、地（市）、县（市）、乡（镇）等各级的信访问题，该哪一级管理的问题就由哪一级负责处理，凡属自己应该办和能够办的事，就不要往下转，或把矛盾上交。一般来说，中央和省（直辖市、自治区）级机关、单位要转办结合，以转为主；地（市）级机关、单位应转、办结合；县（市）一级机关、单位，应多办少转；乡（镇）和企事业等基层单位的信访问题，基本上都要直接办理，不再下转。总之，要明确分工，避免群众上京告状或动辄走访领导机关的风气。所谓归口管理，指对于信访者提出的各种问题，要依靠各个业务部门和具体工作单位，结合各自的业务分工认真地加以处理，得拖延推诿。凡涉及几个单位的问题，由领导机关指定由一个单位牵头，联合办理；凡已撤销单位的信访问题，由其上级主管机关受理；凡隶属关系变动了的单位，其信访问题由现在的主管机构处理。为此，秘书和专门信访人员必须熟悉各系统、行业、机关、单位的职权范围，以便准确地认定归口对象，防止归口不准，往返传递的情况发生。

（五）加强思想教育、维护社会法制的原则

人民群众来信来访是社会矛盾的反映，信访工作就是一项调解社会矛盾的重要工作。群众之所以来信来访，既有实际问题需要解决，又有许多思想工作需要去做。如有的实际问题已按照有关政策得到了恰当解决，但当事人又提出过高的要求，有的所反映的问题本身就是思想问题；有的则是得寸进尺、所提要求脱离实际甚至毫无道理。对这些一般属于人民内部矛盾的思想认识问题，既不能不理不管，也不能加以压制，而必须坚持正面教育，着重于疏导，耐心做过细的思想工作，以理服人，帮助信访人解开思想疙瘩，提高认识。对少数坚持无理要求，到处纠缠取闹、胡搅蛮缠，扰乱破坏工作秩序，煽动闹事，诬陷好人的上访者，必须进行法制教育，绝不能迎合迁就，该批评的批评，该教育的教育，违纪的予以纪律处分，违法的予以制裁。只有这样，才能维护社会主义法制的尊严，维持正常的工作秩序，也才能保障大多数人的民主权利和利益。

（六）件件有着落、案案有结果的原则

信访人最关心是信访结果，信访结果是信访工作的核心，是衡量信访工作好坏的主要标志。因为信访结果是关系到人民群众的民主权利是否得到尊重和保护的重大问题，也关系到信访工作能否取信于民的大事。因此，秘书和信访专职人员应本着对党和人民高度负责的精神，坚决防止"压、拖、推、避、顶、化"等官僚主义作风，认真地加以处理，真正做到件件有着落，案案有结果，并将处理情况和结果答复信访人。在实际工作中，有些单位采取"对名单"，要"汇报表"、"六复信"等办法，效果很好。"对名单"是将转到有关单位和基层处理的每件来信来访都进行登记，一个月或一个季度去对一次名单，件件过问处理结果。"汇报表"是对转到有关单位和基层处理的每件来信来访，都附一张汇报表，限期汇报，询问处理结果。"六复信"是对群众来信分六种情况复信：提合理化建议的复鼓励信；提批评意见的复感谢信；转有关单位处理的复通告信；处理完结的复结案信；不能解决的复解释信；咨询情况的复答复信。

第三节　信访工作的程序和制度

一、受理人民群众来信的程序

信访工作包括办信、接待和办案三个方面，三者有机联系、密切合作，但在程序上有所不同。办信的程序是：收拆—阅信—登记—拟办和送批—转办—催办—办结—复信。

（一）收拆

即启封拆信。当日拆封，加盖收信章。收拆，要防止错收、误拆。私信和公函不能作为人民群众来信收拆。拆信时，应做到：用长剪刀沿信封边沿垂直剪开，不能剪断信笺。信笺按页码顺序理好放在信封上面一起装订，并在信封上或信笺上第一页的右上方加盖收信日戳；信封和邮票要保持完整，以备查考；对缺页的来信，要注明其所缺；对附寄的现金、证件、票证、照片、汇单、物品等要妥善保管，以防丢失，有的还要专项登记备查；外文信封待翻译好后再拆；来信要求上转的不要拆封。

（二）阅信

信由负责拟办的秘书或专职信访人员承担。阅信要认真仔细，弄清信件所反映的主要问题，并初步分析和掌握信件的可靠程度和重要程度。由于受文化水平所限，有的群众来信文笔很差，阅信人不应因看不明白就一扔了之。阅信时，不得在来信上勾画、圈点、添改、涂抹等，要维护原信的完整。

（三）登记

用钢笔或毛笔填写，要求有件必登，不得有所遗漏。登记的内容包括来信编号、收信时间、姓名、地址、单位以及所反映的问题或提出的要求。登记要抓住重点，言简意明。登记的形式，有的使用登记簿，有的使用登记卡，无论哪种形式，都应认真保管，以备查考。

（四）拟办和送批

即对阅后的信件，根据其内容提出处理意见，明确主办单位和协办单位。需要直接办理的较重要的群众来信，应提出由信访部门有关处室直接办理的意见。属于由基层单位办理的一般信件，应提出由基层单位办理的意见。属于反映下级机关、单位领导或成员问题的信件，应提出将信件转请其上一级领导机关处理的意见。拟办意见应送信访部门负责人阅批，重要的信访事项，信访部门负责人还应送主管领导审批。根据领导批示，确定信件承办走向。

（五）转办

根据信访工作"分级负责，归口办理"的原则，大量的群众信访件转由有关机关、单位负责查处。转办时，应进行转办登记，其内容主要包括：转办日期、转办信件内容、批准转办人、要求结办时间等。

（六）催办

信件转出以后，应及时进行催办。所谓催办，即催问大体进度，催要结果。催办方式，一般使用催办单，也可使用电话，较重要的则直接派人催办。催办也应进行登记，以便掌握基层办信办案的情况。

（七）办结

办完的人民群众来信，接办单位应向上级转办机关函告处理结果。有规定要求的应写出正式的处理结果报告。结办的信件要做到是非清楚，定性准确，处理适当。不符合要求的，必要时应重新核查。

（八）复信

复信是一项重要的工作，不可简单化，应十分慎重。来信人的要求可以得到满足的，应按政策口径进行复结。要留有余地，不要把话说得太满。来信人的要求可以得到部分满足的，要如实说明原因，讲清道理，使来信人心服口服。来信人的要求难以满足的，应讲清情况，用政策去回答问题，还要做耐心细致的思想政治工作，鼓励对方安心工作，不要再因同一问题来信来访。

二、接待人民群众来访的程序

接待人民群众来访的程序是：接待—登记—接谈—处理—回访。

(一)接待

凡是人民群众来访，都应先迎接，后问好，再让座，然后请问姓名和单位，使来访者感到亲切，并有利于平息他们的不安和过激情绪。接待一定要讲文明礼貌，摒弃"门难进，脸难看，话难听，事难办"的坏作风。

(二)登记

接待以后应及时填写登记簿(卡)，依次填上姓名、年龄、单位、住址、联系电话以及反映的主要问题等。对于有一定文化程度的来访人员，应把来访登记表发给本人填写，由接待人员复核。

(三)接谈

接谈应热情耐心，聚精会神听来访者的申述，并认真做好记录，问明答准。对来访者提出的问题，不能不信，也不能偏信；不能不答，也不能乱答；必须回答而且能够回答的，要根据事实和政策作出回答，切忌模棱两可；对政策无明确规定、难以回答的问题，应实事求是地加以说明，请来访者理解和支持。

(四)处理

对来访者反映的情况和提出的问题，应按党和国家的政策、法规作出恰当的处理，满足他们的正当要求。凡能当即答复解决的应予以答复解决；应由所在地机关、单位处理的，可通过电话向当地机关、单位进行初步核对，弄清有关情况，酌情处理；比较重要的、典型的问题，可及时整理材料或编写《来访简报》，送领导批办；来访群众要求合理、政策允许、应解决而长期得不到解决的问题，可交办或直接调查，查明情况后，督促有关单位处理；需与有关机关、单位共同研究处理的，应及时联系，组织落实，并动员来访群众回原单位等待处理结果，以免盲目乱跑，劳民伤财；来访群众留下的申诉材料，需转办的，应及时转办；有关身份证明或其它证件，看完后要退还来访人，必要时可请来访人将有关证件复制一份留下，以便送阅材料时附上，供领导判断处理。

(五)回访

回访与复信一样重要。对由本机关、单位受理的信访对象应进行回访。回访的重点一般放在问题已作恰当处理但本人思想不通的信访者身上。目的是要进一步做好思想疏导工作，消除隔阂，化解矛盾，把党和政府的温暖送到当事者及其家属、亲友心中。

三、立案查处的程序

对人民群众来信来访中所反映的重大问题，应根据立案标准立案查处。立案查处的问题包括：重要的或长期互相推诿、顶着、拖着的申诉、求决的问题，上级领导机关或本机关、单位领导人批示的问题，揭发、检举国家工作人员违法乱纪、情节比较严重的问题，发明创造、批评建议和涉及国家或地方较为重要的问题，对群众生产、生活有严重影响的问题，对所受处分或政治结论提出申诉、并有正当理由的问题，按政策应予解决、但涉及几个单位需要协调解决的问题，涉外的统战人物来信来访提出的问题等。立案查处的程序是：立案交办——直接查处——督促检查——结案上报。

（一）立案交办

即受理信访的部门立案，将信访中所反映的问题函交有关部门或单位组织办理，并要求汇报处理结果。在交办函（单）中，应写明信访者所反映的主要问题、情节、要求以及立案负责人的批示意见，限期结案的上报时间。凡立案的信访案件，应根据案件的复杂程度、处理难易、缓急不同等情况，要求办案单位在一个月或两个月、三个月内办完，并上报处理结果，如到期没有完成的，应说明原因，并提出上报期限。立案的案件要编号，按系统（基层按单位或承办人）建立分户登记，以便分析研究，掌握工作进程，及时催办。

（二）直接查处

凡属于本机关、单位职权范围内的信访案件、上级领导机关交办的案件或一些不宜转交下级机关、单位办理的案件，立案机关应直接派人调查处理。有时，为加快办案进度，提高办案质量，领导应包干负责承办信访案件，具体方法是"三定三包"：定办案单位、定办案人员、定结案时间；包调查、包处理、包做思想工作，做到包一案、查一案、结一案、了一案。

（三）督促检查

这是信访案件件件有着落、案案有结果的重要措施，也是加强信访案件的目标管理、提高办案质量的有效手段。尤其是对交办的重要信访案件，更应加强督促检查。应重点抓好以下几个方面的问题：一是抓逾期不报的信访积案；二是抓报而不结的信访要案；三是抓结而不报的信访老案；四是抓久办不决的信访难案。

（四）结案上报

结案和上报是处理信访案件的两个不可分割的重要环节。前者是从受理到查处全部过程的终结，后者是报请上级审批结案的开始。结案的标准是：事实清楚，结论正确，符合政策，手续完备，并有申诉者的意见。对负责人批办或上级领导机关交办并要求上报处理结果的信访问题，都要及时上报。有些信访老户，上级领导机关虽然没有提出汇报的要求，但是为了互相通气，信访部门应在调查处理后主动上报。

四、信访工作制度

信访工作制度，是各级党政机关、社会团体、企事业单位的领导、秘书和专职信访人员在受理人民群众来信来访过程中，必须共同遵守的办事规程。它是实现程序规范化、职责制度化、管理科学化，搞好信访工作的重要保证。要使信访工作走上科学管理的轨道，就必须建立和健全信访工作制度。

信访工作制度，主要有以下几项：

（一）领导分管和接待日制度

信访工作是各级党、政机关的一项经常性的政治任务。各级领导都有受理群众来信来访的责任，这是领导者自身工作中的一件大事。但信访工作任务繁重，既复杂又具体，为加强对这项工作的具体领导，各级领导班子都必须实行集体领导和个人分工负责相结合，确定一位主要领导分管信访工作。领导接待日制度，就是领导人接待人民群众的制度。在实行这一制度的地方和单位，由领导成员依次排好日程，向人民群众公布接待上访日期和地点，按规定的时间和地点接待人民群众来访，亲自处理信访问题。这一制度有利于领导干部直接听取群众的意见和建议，及时发现问题，掌握第一手材料，改进领导作风；也有利于促进群众信访反映的问题得以迅速处理，提高办事、办案效率。

（二）岗位责任制

从事信访工作的各级工作人员，要按照各自的工作岗位，规定任务，提出要求，明确责任，建立职、责、权相结合的岗位责任制。组织上应结合信访干部的岗位责任制，对他们进行考德、考能、考勤、考绩，以此作为使用、奖惩的依据。

（三）登记、呈阅、回告制度

登记制度，是对人民群众来信来访逐件进行登记，把信访人的姓名、职业、单位、地址，反映的主要问题和要求，处理的情况等，简明、准确、清楚地摘记在登记簿或登记卡上，并签署上承办人的姓名、日期，以便备查。呈阅制度是对人民群众来信来访，按照信访人员的职、责、权受理。凡超出自己权限范围的信访问题，要以一定形式呈请上一级领导阅批。重要的信访信息，要及时向领导反映。回告制度是对上级机关或领导交办的信访案件，承办单位一般应在三个月内回告处理结果，到期没有处理完结不能回告的，要主动说明情况。

（四）转办、交办、催办、查办制度

转办，就是受理信访的机关、单位，根据来信来访反映问题的性质，按照"分级负责，归口处理"的原则，转交有关地区、机关、单位处理。转办的方式有统转、单转、函转、分转、面交五种。交办，就是受理信访的机关、单位向下级单位和所属部门交办的信访案件，责成其调查处理，并限期上报处理结果。催办，就是立案机关督促检查承办单位的办案进度和质量，并协助研究处理。查办，就是党、政机关和上级主管部门检查下级机关、单位办理信访案件的情况，必要时则可直接调查处理信访案件。

第四节　秘书从事信访工作的基本要求

处理人民群众来信来访，是一项政治性、政策性都很强的工作，秘书或专职信访人员要做好信访工作，应达到以下基本要求：

一、模范地执行政策、法律

党和国家的政策、法律是处理人民群众来信来访的准绳。离开了党和政府的政策、法律，对任何问题的处理都会带来这样那样的偏差，不但问题解决不了，还会带来新的矛盾。因此，秘书和专职信访人员应模范地执行党和国家的政策、法律，坚决按政策、法律办事，秉公办事，不徇私情。要排除一切干扰，唯政策、法律是从，才能使人民群众反映的情况和问题得到合理的解决，人民群众也才信服。秘书和专职信访人员在受理人民群众来信来访时，凡违反了党和国家的政策、法律，以人情代替政策，以感情代替法律，都是失职的行为，必须受到惩处，并且不能再从事信访工作。

二、要热情、负责

处理人民群众来信来访，要热情、负责，努力做好信访工作。温家宝对信访工作提出四点要求：第一条就是"热情"，即要对来信、来访的群众满腔热情。要做到热情，首先要有感情，只有对人民群众有深厚的感情，爱得深、理解得深，才能有热情。他还谈到了要负责，就是对人民群众负责，对党和政府负责。真正做到对于群众的来信、来访"件件有着落，事事有回音"。在处理人民群众来信来访时，要切实做到：文明接待，尊重信访人的合法权利，不得刁难和歧视信访人；按照信访工作的处理程序，依法及时地处理信访事项，不得置之不理、推诿拖延；坚持原则，秉公办事，不得利用职务之便徇私舞弊，不得接受信访人请客送礼；遵守保密制度，不得泄露和扩散信访人要求保密及可能对信访人权益造成损害的内容，不得将检举、控告材料及有关情况透露或者转送给被检举、控告的人员和单位；对信访人持信访工作机构出具的投诉请求受理凭证查询信访事项办理情况及结果的，除涉及国家秘密、商业秘密、个人隐私的外，应当如实答复；依法保管信访材料，不得丢失、隐匿或者擅自销毁等。

三、要及时、准确

处理人民群众来信来访，要及时、准确，不得拖拉、积压、随意、马虎。要理解人民群众给党政机关、社会团体、企事业单位及各级领导人写信或亲自上访，希望尽快给予处理和答复的迫切心情，要站在他们的立场，为他们着想，急他们之所急，帮他们之所需，真正成为人民群众的贴心人。所谓及时，就是对来信要及时拆封，及时阅读，及时转递处理，对来访者要热情接待，及时接谈，将能解决的问题及时处理，将一时难以处理的及时汇报给领导和转交有关单位处理。所谓准确，就是在了解来信来访全部内容、抓住重点的基础上，正确确定来信来访的转递处理办法。该受理机关、单位直接查处的，必须及时调查处理；该向领导反映的，要及时反映；该转递、交办的，要准确转办。及时和准确是相互联系的。及时是对来信来访处理上的时间要求，准确是对来信来访处理上的质量要求，二者不可偏废。

四、要进行综合分析

国家信访局局长周占顺指出：目前，群众反映的热点、难点问题相对集中，涉及政策性、群体性的现实问题较多。主要有以下八大焦点问题：一是企业改制、劳动及社会保障问题；二是"三农"问题，即农民、农村和农业问题；三是涉法涉诉问题；四是城镇拆迁安置问题；五是反映干部作风不正和违法乱纪问题；六是基层机构改革中的问题；七是环境污染问题，搞建设急功近利，破坏了生态环境；八是部分企业军转干部要求解决政治待遇和经济待遇问题。总的情况是，信访工作在新的历史时期有了很大变化，随着改革的深入发展，社会协商对话活动的蓬勃兴起，人民群众参政、议政，参与国家管理和监督的民主意识越来越强烈。人民群众来信来访中，反映历史遗留问题的比重大大下降，反映政治、经济体制改革和经济建设中的新情况、新问题、新设想、新建议的日益增多；反映衣食住行等实际问题的比重下降，反映国家机关和公务人员不正之风、违法乱纪问题日益增多；反映一般性问题的大大减少，对国家经济建设提出设想和建议的不断增多，信访已由原来的"求决型"明显地向"参政议政型"转变。信访工作要适应这种新的变化，更好地为实现党的总任务、总目标服务，就要加强信访问题的综合分析，着重分析有关方针、政策方面的问题，有关体制、制度方面的问题，有关苗头、倾向性的问题，为领导制定和完善决策提供可靠的依据。通过信访工作，真正使信访部门成为人民群众实行民主监督、参政议政、参与国家管理和监督、密切党群政群关系、协调好各种关系、解决矛盾、增进团结的"信息库"、"参谋部"和"服务部"。

五、创造信访工作的新形式

形式为内容服务。近年来，各机关、单位的秘书和信访专职人员，在领导的大力支持下，创造了一些生动活泼的新形式，大大提高了信访工作的质量和效率。这些新形式主要有：明察与暗访相结合，公布"首长接待日"，开通"市长电话"、"局长电话"热线，设立"书记信箱"、"市长信箱"、"厂长信箱"、"校长信箱"，开通了网上"书记博客"、"市长博客"、"厂长博客"、"校长博客"，公布各行各业的监督、举报电话，通过信访绿色邮政、电子信箱、因特网反映情况等，对了解民意、掌握社会动态和各方面的信息，及时处理解决问题，都起到了很好的作用。各机关、单位可根据实际情况，采用这些信访工作的新形式，以推动信访工作更好地发展。

第十二章　督查工作

我国进入新时期以来，督查工作被列为秘书工作的一项重要职责，它是秘书工作在改革中前进的一大新发展，也是秘书学有待深入研究的一个新课题。中央一再强调，秘书和秘书部门一定要锲而不舍地抓督查工作，真正保证党和政府的路线、方针、政策和各项决策得到认真的实施，落到实处，收到实效，推动改革开放和社会主义现现代化建设事业持续、健康地发展。实践证明，做好督查工作，对于改进秘书部门和机关、单位的工作作风，适应新形势下对秘书工作的新要求，协助领导全面贯彻落实党和政府的路线、方针、政策、法律、法规，有成效地解决现实生活中的各种实际问题，充分发挥秘书和秘书部门的参谋和助手作用，都有着十分重要的意义。

第一节　督查工作概述

一、督查工作的含义

督查，是督促检查的简称。督查工作，特指秘书和秘书部门根据工作需要、领导指示或群众反映的情况，对本机关所辖各单位的职能部门进行督促检查的活动。一般说来，督查工作有广义和狭义之分。就广义而言，是指上级机关对所属的下级单位或部门贯彻上级决策和执行工作任务的情况进行监督、检查、催促和推动，从而发现问题，纠正偏差，促使下级单位或部门保质保量地按期完成工作任务；就狭义而言，是指秘书和秘书部门就党和政府的路线、方针、政策、法律、法规的贯彻落实情况、各项重大工作部署的执行情况以及各级领导同志批示、交办事项的办理情况进行监督检查、敦促办理落实的过程。我们所说的督查工作，主要指后者，但也包括了前者的内容，二者是难以截然分开的。

督查是领导行为之一，是领导者的一项重要组织管理职能。作为领导者，他的主要任务一是制定决策，二是抓决策的落实。江泽民指出："决策的制定和实施方案的部署，事情还只是进行了一半，还有更重要的一半就是要确保决策和部署的贯彻落实。为此，督促检查工作十分必要。开展督促检查是一个重要的领导环节和领导方法，此事切不可放松。"[①]当前，一些机关、单位在落实决策方面不同程度地存在布置多检查少、浮在上面多深入基层少、以会

---

① 转引自刘斌、黄涛《关于督查工作的思考》一文，见 2004 年 3 月《学习时报》。

议落实会议、以文件落实文件的问题。在这样的背景下，督查显得尤其重要。要使决策得到贯彻落实，领导者要做好多方面的工作，其中最重要的是抓好督促检查。如果只有决策而没有贯彻落实，那决策就成了一纸空文。在推进决策贯彻落实的各项纷繁复杂工作中，由于种种原因的限制，领导者很难做到对每项决策贯彻落实的督促检查都抓得很紧，这就在客观上要求作为领导参谋和助手的秘书和秘书部门为领导者提供服务，使督查工作落到实处。江泽民还指出："我们各级领导机关长期以来存在的一个比较薄弱环节，就是布置多，检查少，或者说得更严重一些，就是有布置无检查。我们应该下决心改变这种状况，做到布置一项工作就要把它落到实处，抓一件是一件。我看办公厅应该发挥这样的督促检查作用。如果这样，我们机关的效率就会高得多。"①秘书和秘书部门的督查工作就是据此而提到了一个新的高度。由此可以很清楚地看出：秘书和秘书部门的督查工作，不同于纪检、监察部门的督查，它是领导赋予秘书和秘书部门的职责，是一项领导授权的行为，是一项辅助性、服务性的工作，它没有也不可能改变督查是领导者的职能和权力这一根本的性质。

督查是党的路线、方针、政策正确贯彻执行和各级党政机关、单位、部门决策部署得以顺利实施的关键环节和重要手段，所以它是各级各部门工作的重要组成部分，也是重要的领导方法和工作方法。中国共产党成立以来，我们党历来重视督促检查工作，曾经制定过一系列的制度。毛泽东、周恩来等老一辈无产阶级革命家，对这方面要求十分严格，布置的工作要按时报告结果，重要事项的催办有时甚至不过夜。20 世纪 90 年代中期，中办制发的《关于做好中央决定贯彻落实的督查工作意见》明确指出：督促检查与参谋助手、综合协调三项工作共同构成党委办公部门的三大基本职能。我党在运用秘书和秘书部门加强督查工作方面积累了丰富的经验，各级单位的秘书和秘书部门"在落实领导决定和批示的催办查办方面做了一些工作，但是工作的深度和广度远不能适应形势和任务的需要，不仅需要开拓工作领域，而且需要从组织上、制度上抓紧完善，使这项工作尽快走上规范化、制度化的轨道"②

二、秘书督查工作的特点

秘书和秘书部门的督查工作，它从属于领导和领导工作，具有以下一些特点：

（一）严肃性

秘书和秘书部门的督查工作，主要是围绕党的中心工作、大政方针和贯彻落实领导机关、领导同志的决策和指示进行，一般都涉及到政治和党的政策，因此，它是一项政治性、政

---

① 江泽民：《在省、自治区、直辖市党委秘书长座谈会上的讲话》(1990 年 1 月 8 日)，载《秘书工作文萃》，中国大百科全书出版社 1992 年版，第 9 页。

② 温家宝：《切实改进作风，进一步做好办公厅工作——在省、自治区、直辖市党委秘书长座谈会上的发言》(1990 年 1 月 8 日)，载《秘书工作文萃》，大百科全书出版社 1992 年版，第 19 页。

策性都很强的严肃工作。秘书和秘书部门开展督查工作，必须以对党对人民高度负责的严肃态度，按党的政策办事，根据党的政策处理督查工作中遇到的各种问题。

（二）间接性

秘书和秘书部门的督查工作，主要依据"领导同志负责，秘书人员协助"的原则开展工作。对一切督查事项，须经领导批准，依据领导或上级领导机关的批示精神办理。在督查中，秘书只是协助领导做好交办、催办、调查和整理材料、审查材料、上报结果等具体工作。即使是上级领导批示查办的事项，仍主要是由下级有关单位具体办理，秘书只起承上启下的作用。秘书和秘书部门一般不直接参与办案，不直接处理问题，更不能替代下级单位和职能部门的工作，主要是通过转办、催办等方式，督促下级单位和职能部门承办和具体落实。

（三）权威性

秘书和秘书部门的督查工作是一项自上而下进行的工作，负责这项工作的秘书受命于上而行权于下。在办理一些具体事项中，领导往往赋予秘书和秘书部门较大的权力，可代表一级领导机关及其领导成员，了解和检查所属下级单位的工作，并可列席本机关和下级单位的有关会议，阅读密级较高的重要文件，对督查的问题提出自己的看法，对查处的问题提出处理的建议，等等。这些都表明秘书和秘书部门的督查工作具有一定的权威性。

（四）层次性

督查工作是按一定的管理层次进行的，一般实行分级负责制。温家宝指出："督促检查工作是办公厅根据中央和中央领导同志的指示进行的，是领导授权进行的工作，要严格工作制度和工作程序。比如，要健全分级责任制度，哪些事项由哪一部门、哪一级负责督促检查，要分清责任，既不能推诿扯皮、无人负责，也不要越权。中央办公厅要充分依靠和尊重地方和部门，涉及地方和部门的工作，首先要由有关地方和部门进行督促检查，中办要做好情况汇总。中央办公厅进行督促检查工作，以了解情况为主，不直接处理问题，不代替地方和部门的工作。"①也就是说，秘书和秘书部门必须严格按管理层次来开展督查工作。

（五）时限性

督查的目的是为了加快各项具体工作的办理速度，在规定的时限内完成工作任务，使各项工作尽快落到实处，提高办事效率，因而具有很强的时效性。在督查工作中，必须严格按照所规定的时限要求办理，不拖拉，不延误，做到及时、快捷、高效。

三、秘书督查工作的作用

在新时期里，秘书和秘书部门督查工作的地位和作用日益突出，这主要表现在以下几个

---

① 温家宝：《切实改进作风，进一步做好办公厅工作——在省、自治区、直辖市党委秘书长座谈会上的发言》（1990年1月8日），载《秘书工作文萃》，大百科全书出版社1992年版，第20、18页。

方面：

（一）有助于中央政令畅通和各项方针、政策的贯彻落实

督查工作的重点，是党的路线、方针、政策、法律、法规和中央的重大决策、重要工作部署，本机关、单位的中心任务以及领导批示、交办事项的落实情况。温家宝指出："对中央决定的事项，中央有关部门应该有布置、有检查，中央办公厅要派人下去督促检查，要定期汇总贯彻执行情况，向中央作出报告。"省、市、县和基层的秘书部门亦应如此。因为，任何决策最终都要转化为改造客观世界的实践活动，决策必须经过实施才能显示其现实功用。但在贯彻实施过程中，一帆风顺是少见的，往往会因各种主客观原因而出现"中梗阻"的现象。特别是有少数机关、单位的领导，把自己管辖的地方变成"针插不进、水泼不进"的独立王国，当党的路线、方针、政策、法律、法规和重大决策、重要工作部署触及到他所在单位和个人利益时，就顶着不办，阳奉阴违，各取所需，甚至采取"上有政策，下有对策"的错误做法，这就影响了中央政令的畅通和各项方针、政策的贯彻落实。而强有力的督促检查，是消除"中梗阻"的有力手段，并使"有令不行、有禁不止"的问题得到查处，从而有助于中央政令的畅通和各项方针、政策的贯彻落实。

（二）有助于领导决策的不断完善和决策目标的实现

督查是秘书和秘书部门辅助领导决策付诸实施的一项重要服务工作。过去，我们各级机关、单位工作上长期以来存在的一个比较薄弱的环节，就是布置多，检查少，或者就是有布置无检查。秘书和秘书部门应该发挥督促检查作用，协助领导，推动决策落实，以适应领导工作的需求。一个正确的决策往往不是一次实施和督查就能完成的，在决策实施过程中，通过有效的督查工作，能及时发现决策与客观现实之间存在的差异和矛盾，发现决策不够完善的地方，发现在决策实施过程中可能出现的偏离目标的现象，广泛听取人民群众对决策的意见和建议，及时向领导和有关部门反馈信息，使之及时采取切实有效的措施，对决策加以调整、补充、修订和完善，使领导决策更加民主化和科学化。同时，通过督查工作，还可从中发现先进典型，总结和推广他们的经验，对先进给以表彰，对后进给以批评、帮助，从而为决策的正确贯彻执行起到定向导航的作用，保证决策目标的顺利实现。

（三）有助于改进工作作风，提高工作效率

督促检查，从根本上说，是对各级领导工作作风的检查。各级领导对党的方针、政策贯彻执行的情况，对中央决策和各项指示的落实情况，对群众的困难、意见和要求研究解决的情况，都反映了他们的群众观点和工作作风如何。工作作风不好，必然对党的方针、政策阳奉阴违，必然对群众的疾苦漠不关心，必然敷衍塞责、推诿扯皮、办事拖拉、行动迟缓、议而不决、决而不行、行而不果，工作效率低下，官僚主义严重。经常地、认真地、实事求是地进行督促检查，就能及时发现问题，堵塞漏洞，并对玩忽职守的领导者给以严肃处理，对贪赃枉法者给以法律制裁，从而有助于克服官僚主义的弊病，使工作作风得以改进，工作效率得以提高。

（四）有助于秘书部门加强自身建设，充分发挥参谋、助手作用

秘书部门是领导机关和领导同志的办事机构和工作上的参谋助手，确保机关、单位的正常运转，直接承办领导同志交办的各项工作。督查工作是确保领导决策得以贯彻执行的重要措施，也是领导赋予秘书和秘书部门的一项职责。各级领导是对决策贯彻落实进行督查的主体，秘书和秘书部门是为领导的督查提供辅助和服务的，它可及时将了解到的情况向领导汇报，提出建议给领导参考，对一些带倾向性的问题及时向领导提醒，按照领导指示和意图查处某些重大问题，协助领导有针对性地加强制度建设，强化工作规范和工作监督，这样，就能使秘书和秘书部门由被动服务转变为主动服务，充分发挥秘书和秘书部门的参谋、助手作用，大大减轻了领导的工作量；并且通过督查实践的锻炼，使秘书的思想修养、政策水平、工作作风和实际能力不断得到提高，使秘书和秘书部门的自身建设得到不断的加强。

第二节　秘书督查工作的范围和原则

一、秘书督查工作的范围

秘书督查工作的范围，根据中央负责同志的指示，大体上包括以下几个方面：

（一）督查工作要按照党中央、国务院的要求，紧紧围绕党的中心工作，重点是党和国家的路线、方针、政策、法律、法规和重大决策、重要工作部署以及各机关、单位中心任务的贯彻落实情况；

（二）上级领导机关或业务主管部门交办的要求汇报执行情况和办理结果的事项；

（三）本机关、单位领导批示、交办的事项以及重要会议决定的事项；

（四）本机关、单位制发的文件贯彻落实情况，下级的请示、报告办理情况及基层单位要求帮助解决的有关事项；

（五）新闻单位披露的或人民群众反映的有关本机关、单位工作上的问题或要求核查的问题；

（六）人大代表、政协委员等提出的需要由本机关、单位答复的有关提案、议案的办理情况；

（七）秘书和秘书部门从各种信息渠道了解、掌握的本机关、单位的有关问题，经领导同意需要办理的事项；

（八）领导同志认为必须督查的其它重要事项。

二、秘书督查工作的基本原则

秘书和秘书部门要切实搞好督查工作，必须始终坚持督查的基本原则，这是做好督查工

作的保证。督查工作的基本原则是:

(一)坚持领导负责、秘书协办的原则

督查是领导行为,必须由领导负责。领导负责是指领导要直接参与督查,将督查工作作为一项重要职责纳入领导工作目标和管理体系,狠抓落实,使督查更具有权威性,有利于排除障碍,保证督查工作的顺利进行。秘书对督查工作始终处于协办的地位,要坚持以了解情况、反映情况为主,不能以"二首长"自居,未经领导授权不得处理任何问题,一定要防止角色错位。秘书和秘书部门要为领导的督查做好查前、查中、查后的全程服务,为领导督查创造良好的条件,同时充分发挥主动性和创造性,要善于捕捉领导意图,充实和完善领导意图,准确地贯彻和落实领导意图。

(二)坚持实事求是的原则

实事求是是督查工作的基础和依据。开展督查工作,必须自始至终坚持实事求是的原则。秘书和秘书部门督查工作的一个重要方面,是领导的决策下达后,及时向下了解贯彻实施的情况,然后再向上作出信息反馈,从而达到推动决策贯彻落实的目的。能否了解、掌握下面的真实情况和如实地向领导汇报,这是督查工作是否坚持实事求是原则的集中体现。这就要求秘书和秘书部门在全面收集各方面情况的基础上,对决策在贯彻落实中进展到何种程度、取得了哪些成果、还存在什么问题、原因是什么,作出正确的分析判断。这种分析判断应当客观公正,不带个人偏见,不唯书唯上,不弄虚作假。在向上反映时,要真实客观,秉公直言,如实反映,有喜报喜,有忧报忧。

(三)坚持不直接办案的原则

在通常情况下,秘书和秘书部门不直接参加具体办案,主要依靠下级组织和部门。秘书部门不同于司法和纪检等部门,后者直接、具体办理案件,秘书和秘书部门的查办则不直接办案,而是解决工作中的实际问题。凡涉及纪律和法律的案件,要由纪检和司法部门处理。如这类案件是原已查办过的,则应将处理结果上报有关领导人。督查工作中的监督,也不同于纪检、行政方面的监察和司法、审计方面的监督。它是对工作执行情况和决策实施情况的监督,不能独立行使职权,不具有党纪处分权、行政处分权、独立审判权和审计权。因此,秘书和秘书部门的主要精力应放在了解情况、研究问题、督促解决问题上,而不能超越权限,越俎代庖。即使是有些特殊问题,要由上级秘书部门出面派人查办,也要注意分清职责,防止少数秘书避开下级组织包办代替,而主要是做好各方面的协调工作。

(四)坚持全面督查和重点查办相结合的原则

上面列举的督查的范围,属于全面督查的内容,平日应认真负责地做好上面各方面的督查工作。在督查中发现的重大问题,则要根据立案标准立案查办,一查到底,有始有终,真正达到查办的目的。秘书和秘书部门一定要维护查办工作的严肃性,务必做到有查必办,有办必果。凡需各机关、单位报送查办结果的,都要催办,逐项登记,按时查处完毕。在查办问题很多的情况下，必须抓住重点，根据中央的政策和部署，围绕中心工作，抓住典型案例，重点查处，以指导和促进全局工作。尤其要注重查处那些影响较大、性质严重而又久拖不决或无人过问的问题。

第三节　督查工作的程序、方式和制度

一、督查工作的程序

秘书和秘书部门开展督查工作，除建立正常运行机制、有与之相适应的工作体系以外，还必须有一个严肃有序的工作程序。实践证明，督查工作的程序大体上为确定项目、检查催办、情况审理、结果反馈四个环节。在工作运行中，确定项目是督查工作的前提，检查催办是督查工作的手段，情况审理是督查工作的关键，结果反馈是督查工作的终结。四个环节各有其独立的内涵和特点，组成为一个完整的工作链条。一个环节完结了，另一个环节刚开始或尚在进行中，以此不断循环往复，推动着督查工作向前发展。

（一）确定项目

确定查办项目必须做到"立之有据，立则必办，办则必果"，是件十分严肃的事情。一般说来，凡有关大政方针、重大决策、重要工作部署和各项政策、法律、法规的执行情况，上级领导机关有明确要求和本机关、单位领导明确指示进行督查的事项，都要列入督查的项目之中，但对下级单位及社会各界反映的问题，是否列入督查项目，需进行核查审理，必要时还要深入现场进行调查研究，报经有关领导批准，方可列入督查项目。确定督查项目，秘书和秘书部门只能提出意见或建议，供领导参考，不能擅自做主。凡确定的项目，要定项目内容、定承办单位、定完成时限、定具体负责人等，填写"督促检查登记单"，并逐一编号。"督促检查登记单"格式如下表：

督 促 检 查 登 记 单

　　　　年　　月　　日　　　　　　催字　　　　号

催办项目			
承办单位（人）		发出时间	
领导批示			
催办记录			
处理结果			

（二）检查催办

项目确定之后，就进入了检查催办的环节。检查催办的方法灵活多样，可以面对面进行，也可以用电话、电传、口头传达和发通知单（见下表）的方式进行，对于重点项目，还可以通过制发文件、召开会议以及与承办单位共同办理等方式，协调各方面的关系，掌握进展情况，帮助承办单位解决困难，使之能顺利地完成督查任务。对一次检查催办不能奏效的，还应进行多次催办，并提出时限要求，以防故意拖延或顶着不办。

× ×　催（交）办通知

	催文字　　　号

由你单位主办，请将办理情况于　　　　　日内反映给我们。

× ×办公室
年　月　日

办理结果

主办单位负责人：
年　月　日

（阅办后连同附件退回）　　　　　　　　　　　　联系电话：

（三）情况审理

这是整个督查工作的中心环节。如果是由机关、单位督查的项目，督查的实质是对决策贯彻落实情况的审查。正如周恩来曾指出过的："必须组织对于执行这种决定的情形之审查：1. 不根据允诺，而看工作结果；2. 不根据室内纸上计划，而看实地情形是否做了或是否敷衍；3. 不看形式，而看内容和实际是否正确执行或被曲解了；4. 不仅由上而下，还要由下而上地审查；5. 要有系统地经常地审查；6. 要有领导者自己参加。"①督查项目，待承办单位或承办人将办理结果报来后，要坚持"四看"：看事实是否准确无误、看处理是否符合有关政策、看问题是否解决落实、看行文是否规范。审理的方法，既要对照有关政策规定，必要时

---

①　转引自潘健《抓住三个环节，推动决策落实》一文，载《秘书工作文萃》，中国大百科全书出版社1992年版，第217页。

还要找相关单位证实，或到现场察看、验证。对于处理不妥的，该改进的要改进，该重办的要重办，确保检查催办工作达到质量要求。

（四）加强协调

在社会主义市场经济条件下，由于各机关、单位领导的地位和职责不同，看问题的角度和方法不同，以及利益的冲突，产生各种矛盾是在所难免的，这就要求秘书和秘书部门充分重视协调在督查工作中的作用，加强督查工作的综合协调。督查工作中的协调，主要是指执行党的路线、方针、政策、法律、法规和领导决策、工作部署过程中，对领导有碍于贯彻落实的各种矛盾和差异，通过协调和调整、调节，加以平衡和克服，达成共识，相互配合，为实现党的总任务、总目标而共同努力。协调是督查工作中克服工作难点的有效手段，是使督查工作自身走向规范化、制度化、科学化的重要环节。强化督查工作中的协调，就可充分调动各战线、各系统、各机关、各单位的整体功能和各业务部门的职能作用，形成相互间的制约机制，推动督查工作不断地由低层次向高层次、由浅度向深度发展。

（五）结果反馈

一项具体的督查工作完成后，要按照件件有结果、事事有回音的要求，及时向领导报告督查结果。反馈督查结果的具体做法有三种：一是对上级机关交办的事项要写出专题报告，正式行文上报；二是对涉及面广、内容比较重要的督查项目可编写简报，印送有关领导和部门；三是对领导批示的项目，用"领导同志批示件办理情况"（见下表），并附上原批示件和必要的材料，直接报送给原批示的领导。同时，还要注意分析综合检查催办的结果，针对发现的新问题或带有倾向性和普遍性的问题，向领导提出建议。

领导同志批示件办理情况

催文字　　号

您于　月　日在　　　　上所指示的意见，已由　　　办理，现将落实情况送上，请阅示。	领导指示
查办结果摘要：	
拟办意见：	
	年　月　日

二、督查工作的方式

督查工作的具体方式，主要有以下几种：

（一）催办

在中央、省、市、县领导机关文件发布或工作部署后，各机关、单位应按期向中央、省、市、县领导机关报告贯彻落实情况，由秘书和秘书部门负责督促。凡文件上已注明报告日期的，要按期催报；文件中未规定报告日期的，要根据实际情况确定期限予以催报。对催报事项，按问题分解立项，适时向下属机关、单位发出催报要点。

（二）日常督查

在上级领导机关和本机关、单位决定事项和领导同志批示办理通知发出后的相应时间里，要向各承办单位了解办理情况，进行督促检查。对领导同志批示和交办的事项，要督促承办单位和承办人抓紧贯彻落实，做到事事有回音。

（三）直接查办

一般的、大量的问题，可交由下级有关机关、单位督查即可，但下列一些问题，则需经请示领导同意后，由秘书和秘书部门直接查办：督查承办单位领导分歧太大，无法查处的；督查问题涉及到其它单位，承办机关、单位不便办理的；下面抵触情绪太大，久拖不决的；不尽快解决可能产生严重后果的；情况错综复杂，长期弄不清的等，这就需要直接查办。秘书应亲自下去调查研究，目的在于弄清情况，掌握第一手材料，但不宜当场表态，应回来向领导汇报后，再向下面转达领导的指示。

（四）点面结合

指点上的核查与面上的推动相结合。前者是在决策下达后选择一些有代表性的地方或单位，组织力量深入下去调查研究，了解决策是否真正落到了实处，或是针对一些地区或单位所反映的具有典型性的问题，到实地去调查研究。后者就是用正反两方面的典型，通过文件或简报等形式发下去，推动面上决策的贯彻落实。点必须结合起来，"面上的推动"以"点上的核查"为基础，"点上的核查"成果又可运用到"面上的推动"上来，这是一般号召与个别指导相结合的方法在督查工中的具体运用。

（五）分析反馈

充分利用各种渠道和信息网络，及时收集和反馈中央、省、市、县决定和领导决策的贯彻落实情况。对各地区、各单位上呈的报告、简报、工作总结和相关材料，进行汇总、整理、研究和综合，写出专题报告或综合报告，力求做到有情况、有分析、有建议，为今后领导决策提供依据。

三、督查工作制度

为使督查工作收到成效，必须建立和健全督查工作制度。这些制度主要有：

（一）目标责任制

目标责任制是在岗位责任制的基础上，运用目标管理的理论和方法，对督查工作进行目标管理，强调激励机制，是一种动态的、多层次的管理体制。一项决定、决策或领导的指示下达后，各机关、单位应按照"领导负责，秘书协办"的原则，把督查任务以责任制形式，落实到单位，落实到个人。做到工作到位，责任到人，事事有人承办，件件有人负责；共同承办的事项，要明确牵头单位和具体负责人。对目标责任制还要制订出相应的考核要求和考核分数，便于对照执行。

（二）查办审批制度

凡列为查办的案件，均须经过领导审批。是否列为查办案件，一般有两种情况：一是上级领导机关的领导批给本机关、单位领导，在这种情况下，本机关、单位领导的批示是确定是否列为查办件的标志；另一种是上级领导机关秘书部门批转给本机关、单位秘书部门，本机关、单位主管秘书部门领导的批示是确定是否列入查办案件的标志。另外，秘书和秘书部门主动查办的案件，应经主管查办工作的领导批示同意后方可进行。办结报告在上转之前，也应经主管查办工作的领导审批，否则不能上报。承担查办的单位或部门必须在审批前将材料准备齐全，将应办的手续办理完毕。

（三）请示报告制度

参与督查工作的秘书应及时向上级和本机关、单位领导请示、报告，承办单位或承办人要及时向指令发出机关请示、汇报。有的地方规定，承办单位接到督查任务后，10日内要报告办理结果或进展情况，一般事件当月办结，较大的事件两个月办结，并要及时报告办理结果。根据实际工作需要，可更具体地规定哪些事项需要请示、报告，哪些事情可斟酌办理。

（四）工作检查制度

对重大决定、重要决策、重大工作部署的贯彻落实，各机关、单位都应制定督查方案，根据实施的进度，分阶段有侧重地加以检查。正在落实的查进度，已经落实的查效果，没有落实的查原因，把检查落实贯穿于实施的全过程。还要对承办单位、承办人的查办质量实行严格把关，认真考查，并记录在案，作为年终考核的依据。

（五）工作联系制度

督查工作要注意纵向和横向联系，即要创造条件建立沟通上下、联络左右的督查工作网络，适时召开督查工作联络会、经验交流会等，以加强联系、交流经验、协调关系、化解矛盾、开拓思路、取长补短，提高督查业务水平，推动督查工作的顺利进行。建立督查工作的联系制度，加强督查工作的网络建设，可使整体效能得到更好的发挥。

（六）保密归档制度

凡属查办的案件，应分别情况，定期将查办材料立卷归档，交文书档案部门保管。平日收集到的各方面的查办材料，应分类设立专夹专柜，案卷装订整齐，目录清晰，便于查阅，并防止丢失，以保证档案材料的齐全完整。这项工作一般应由专人管理，以保持工作的连续性。查办工作结束后，要求对不同的查办件划分密级，控制传播范围，不要向不需知道的人泄露。查办件应按保密件由机要渠道传递。对查办件的管理必须按秘书工作的保密规定办理，凡违反保密规定者，轻则受纪律处分，重则受法律惩处。

第四节　秘书参加督查工作应注意的事项

一、要摆正秘书在督查工作中的位置

督查工作的原则是"领导负责，秘书协办"。在督查工作中，秘书和秘书部门要任劳任怨，尽职尽责，严守纪律，不擅越职权，严格按督查工作的原则、制度、程序和方法办事。党、政机关和本机关、单位领导作出的决定是督查的依据，参与督查的秘书要认真领会领导意图，认真落实。任何督查事项，都必须经过领导的同意或批示，秘书只是协助领导做些具体工作，领导没有授权督查的事项不能督查，更不能查办。不允许秘书自立督查事项，更不能自立查办案件。在督查和查办过程中，还要充分发挥各职能部门的作用。秘书和秘书部门参加督查工作，主要在于起检查督促作用，而不是替代作用，这一点一定要保持头脑清醒，自觉遵守。

二、要坚持走群众路线

要搞好督查工作，最重要和最根本的就是要坚持走群众路线，从群众中来，到群众中去。因为，督查工作的目的，是为了推动党和政府各项决定、决策全面地贯彻落实，它充分体现了一切为了群众、一切依靠群众、将群众利益摆在首位的宗旨。离开了群众，不走群众路线，督查工作根本无法进行。《中共中央关于加强党同人民群众联系的决定》指出："在决策执行中，要紧紧依靠群众并不断接受实践的检验，及时总结经验，补充完善，纠正偏差，防止酿成大的错误。"这就是说，决策的执行必须走群众路线，督促检查的全部工作也必须走群众路线。只有坚持走群众路线，深入第一线调查研究，才能体察民情，广泛听取群众的意见，了解和掌握真实情况，使督查工作有着深厚的群众基础，得到群众的支持和拥护。

三、要把着力点放在促进各级领导改进作风上

督查工作，从根本上说，是对各级领导思想作风和工作作风的督促和检查。中央的路

线、方针、政策、法律、法规和上级领导机关的决定、决策，主要靠各级领导去组织贯彻落实。他们是抓落实的主体，督促检查是从外部推动和促进，通过外因促进内因起作用。秘书和秘书部门的督查工作不能包办代替各级领导抓落实的工作，而要促进各级领导改进作风，推动他们更深入扎实地抓落实。从当前的情况看，有的领导能在充分理解中央的路线、方针、政策、法律、法规，提高认识的基础上，结合本地区、本单位的实际情况，创造性地贯彻执行；有的领导在不折不扣地贯彻执行的基础上，还能根据实际情况向上级提出意见和建议，特别是对一些带有普遍性、根本性、政策性的问题，以进一步完善上级的决策；有的领导由于理解不够、认识模糊，在贯彻执行中走了样，念歪了"经"；有的领导照抄照搬，不结合本地区、本单位的实际情况，搞形式主义，缺乏得力的措施，落实得不好；有的领导贯彻不力，久拖不办，没有回音；有的领导搞"上有政策，下有对策"，等等。秘书和秘书部门要深入了解和掌握这些情况，尤其要善于抓典型。通过表彰好的典型，批评不好的典型，促进各级领导切实改进思想作风和工作作风。

四、要不断提升督查的品位

督查品位是督查效果、水平和档次的综合体现，关系到督查工作在领导和群众中的地位。一般人理解，督查就是督促进度、检查质量。显然仅停留在这种层面上是不够的。督查是提醒责任主体、发现问题、指导运作、解决困难、总结经验的系统运作过程。落实进度加快这是督查要追求的效果之一，更需要通过督查产生士气提升、问题解决、效果增强等综合效应。提升督查的品位的途径：一是变静态督查为动态督查，掌握"度"。落实是一个连续运行、不断发展的过程，静态督查往往落后于工作落实的进度，而动态督查才能与落实的进度合拍，产生推动力。二是找准位置，把握"分寸"。作为上级机关的工作人员，在督查中不要以"钦差"自居，颐指气使，也不能"好人主义"，当"和事佬"，做到到位而不越位，适当而不过当。要按领导的意图和要求开展工作，不搞想当然，不借题发挥，不擅自发号施令；当发现基层的问题和不足时，善意地提出建议，少指责，多商量。三是长于运用成果，富于创新。督查的目的在于促进决策的落实，或是促进某个问题的解决，或是发现推介某个方面的典型和经验。要把有效的督查结果综合整理出来，送有关部门或领导参阅；或者将督查结果印发有关单位；或者在领导讲话中，把督查成果写进去，使督查成果转化为领导的决策成果。这样督查才能发展到较高的层次，才能达到较高的品位。

五、要注重实效，防止形式主义

督查工作的任务之一，就是要同形式主义作斗争。为此，督查工作本身要特别警惕和防止形式主义。形式主义把注重表面、不注重实效的方法和作风带入正在落实的工作之中，不仅起不到推动决策落实的作用，反而会给落实工作带来麻烦，增加环节，影响甚至阻碍决策的落实，出现与督查工作完全相悖的结果。督查工作中的形式主义，容易发生的有：作表面的文章，求形式不求效果；大呼隆，一阵风，走过场；浮在面上，满足于发文件，文来文往，制造新的"文山"；敷衍塞责，以应付上级为工作的出发点和落脚点；不如实反映情况，搞天衣无缝的报告，甚至说假话，糊弄上级；检查蜻蜓点水，报告言之无物，等等。督查工作中的形式主义，贻误党的工作，败坏党的作风，务必防止和克服。要坚决维护督查工作的严肃性，注重实效，努力使它真正成为推动工作落实的一项重要措施。

第十三章 公关工作

秘书和秘书部门因其在机关、单位所处的地位和承担的职能，与公共关系有着天然的联系，常常扮演着"公关大使"的角色。在秘书所从事的一切实际工作中，无不渗透着公共关系的因素，也或多或少地包含有公共关系的工作。在我国，公共关系的理论和技巧引入较晚，各地发展极不平衡，党、政、军、群机关一般均未设置专职的公共关系机构，绝大多数企事业单位也未设置公共关系部，这些机关、单位的大量公关工作，都是由秘书和秘书部门承担的，因此，秘书要想把工作做得更加出色，必须树立公共关系意识，了解公共关系原理和实务，掌握基本的公共关系技巧。

第一节 公共关系概述

一、公共关系的含义

公共关系，又称"公众关系"，是英文 public relations 的意译，简称"公关"，英文缩写为 P. R 或 PR。从字源学上考究，Public 有两种词性：一是作名词，可译为公众、公共、社会；二是作形容词，可译为公开的、公共的、社会的。Relation 也有两种词性，作为名词，可译为关系；作为动词，可译为网络等。而在 relation 词后加上"s"即成了 relations，则表示复数的"关系"，是多人的、公众、群体之间的关系，我国翻译为公共关系，现已约定俗成，沿用至今。

关于公共关系的定义，无论是国外还是国内，都是众说纷纭，莫衷一是，答案上百，其中较流行的也不下十多个。

吸收各种见解的优长，从我国的公共关系实际情况出发，我们对公共关系的定义可以概括为：公共关系是社会组织及其成员，为实现特定的目的，通过一定的传播媒体，加强与公众的双向信息沟通，协调好与各方面的关系，塑造组织的美好形象，使组织与公众相互了解、相互适应和相互支持的一种持久的策略行动。

二、公共关系的构成要素

公共关系作为一种带普遍性的社会关系，它的构成要素是：公共关系的主体——社会组织，公共关系的受体——公众，公共关系的媒体——传播。在公共关系实践过程中，这三个要素是密不可分、缺一不可的。

（一）社会组织

社会组织是指人们在共同目标的基础上，按照一定的统属关系构成的群体。社会组织是因为社会分工的需要而建立起来的，它有领导、有目的、有计划、有信息联系、有协作意愿，成员间又有明确的分工和职责范围，还有一套运行的制度。任何一个社会都不是孤立存在的，它是整个社会环境的一个组成部分，与社会环境有着相互依赖、相互影响、相互作用的密切关系。一方面，社会组织要受到社会环境的制约；另一方面，它又反过来对社会环境有所改造，有所超越。从组织环境学的角度看，一个组织的环境是指组织本身所处的社会环境与内部协调机制的总称。从环境的层次上看，影响组织效能的客观环境有下列三大层次：大环境——包括国家、社会的政治、经济、文化等三大系统，对组织的影响是巨大而全面的；中环境——包括市场、分配、供应、技术、竞争、服务和团体压力等次级系统，各类组织不论其性质如何，均需依赖这些系统，才能实现组织的目标；小环境——包括组织结构、工作条件、人才配备、领导威信、人际关系等再次级系统。这些系统，决定了组织的特性。组织未能发挥效能，主要是在适应环境的各个环节上出了问题。因此，一个社会组织要善于适应和利用社会环境，并在适应和利用环境的过程中，努力改造和超越社会环境，争取各方面的支持和帮助，使本组织处于最佳运转状态之中。

（二）公众

公众指的是对一个社会组织的目标和发展具有现实的或潜在的利益关系和影响力的所有个人、群体和组织。公共关系实质上是公众关系，或者说公共关系是一种组织与公众之间的互动关系。公众是公共关系的对象，是社会组织赖以生存的重要基础。各类社会组织，由于目标和利益不同、性质和内容不同、历史背景和环境条件不同、价值观念和行为准则不同、人员结构和运作方式不同，必然要面对各种各样的公众。在同一类公众里，依据组织的价值判断、对待组织的态度和发展过程中不同阶段的特点等，还有各种各样的分类，这是一个相当复杂的问题。各个社会组织所面对的公众是有明显区别的。只有明确区分不同类型的公众，确定公共关系的对象，才能在公共关系实践中采取行之有效的策略，取得理想的效果。

（三）传播

传播，指的是个人或集体通过各方都能理解的载体或符号传递信息的过程。传播，一般由信息发送者、信息、传播渠道、信息接收者、反馈、效果、传播发生的场合以及信息涉及的一系列事件所构成。传播通常有两种分类方法，一是按传播活动的通道方式，可以分成：人际传播——个人与个人间的面对面地互通信息；中间传播——个人与集体通过信件、电话等方式进行信息交流；大众传播——由一些专业化群体通过技术手段（如报纸、杂志、广播、电视等），向众多的人们传递和交流信息。二是按传递信息流向，可以分为：单向传播——信息传播者和接收者不发生直接的交流关系；回应传播——传播者根据公众提出的要求、问题进行交流；双向传播——传播者和接收者相互向对方发出信息，构成双向交流。传播是沟通、联络主体(社会组织)和客体(公众)的中介和桥梁。在现实生活中,社会组织与公众之间的联络、沟通,可以有多种方式,如行政手段、经济手段、法律手段等,但它们都不是公共关系。惟有采用信息传播的方式,才是公共关系。公共关系活动的核心就是采集和传递信息。也可以说,公共关系的过程就是社会组织与公众之间双向传播和沟通的过程。因此,熟练地了解和掌握公共关系传播的媒体,并能因时、因地有效地加以应用,这对实现公共关系的目标是至关重要的。

三、公共关系的特点

(一)多面性

所谓多面性,指的是公共关系的建立不是机关、单位、社会组织或个人的单边行为,它总要牵涉到两个或多个有关联的第三者,是相互影响、相互作用的一种互利共赢的联系。不过,各关联的各机关、单位、社会组织或个人之间的相互影响、相互作用的程度,却是不完全相同的。

(二)互利性

各机关、单位、社会组织或个人之间发生的关联,或称之为连带关系,必然会存在双方或多的利益,公共关系依靠沟通、交流、协作等手段,创造的和谐、互惠氛围,能对社会实践活动中各主体(即各机关、单位、社会组织或个人)的利益产生融和的作用,这不仅能让公共关系主体受益,而且也能让广大公众受益。

(三)程度化

公共关系随主体与客体(公关对象)相互之间情感、利益维系的紧密情况,呈现出"疏松、普通、至交、亲密"四个关联程度。信息传播到位、沟通融洽、利益一致,则公共关系紧密的程度就高;反之,其紧密的程度就低。

(四)目的性

社会是靠利益结成关联的有机整体,各机关、单位、社会组织或个人开展公共关系活动,必然会直接或间接地带有某种目的性(或是情感需求,或是利益需求),反映的是某种价值取向。只有目的明确,公共关系选择的客体才有针对性,采用的沟通、交流、传播、协作等手段,才能直接、有效,并使公共关系的建立和维护具有价值和意义。

(五)连贯性

公共关系的建立和发展是一项长期、系统、繁琐的工程。根据公共关系目的,关系主体需要经过深入调研、周密策划,有效选择有共同利益的客体建立公共关系。同时,需要根据关系双方的利益变化,依靠传播、沟通、协调等手段,对公共关系进行维护、促进,使公共关系持续得以发展。

第二节　公共关系的类别和施行原则

一、公共关系的类别

从不同角度，按不同标准，可对公共关系进行不同的分类：

（一）按公共关系状态分类

按照公共关系的状态，可分为静态的公共关系和动态的公共关系两大类。所谓静态的公共关系，亦称为自然状态的公共关系，是指实际上客观存在的公共关系现象和活动。它是不以社会组织及其成员是否意识到它的存在为转移，是任何社会组织都实际上存在的，是无法回避的。所谓动态的公共关系，亦称为自觉状态的公共关系，是指在自觉意识下有目的、有计划、有步骤进行的，体现了公共关系职能的公共关系现象和活动，它又可细分为日常性公共关系和专业性公共关系两种。

（二）按公共关系目的分类

按照公共关系的目的，可分为赢利型公共关系、服务型公共关系和融洽型公共关系三大类。所谓赢利型公共关系，也就是企业公共关系。工商企业生产、经营的目的在于满足人民物质文化生活的需要，并开展卓有成效的公共关系活动，提高企业和产（商）品的知名度、美誉度，扩大产（商）品销售，切实做好售后优质服务工作，并尽可能地扩大外贸出口，提高产商品的市场占有率，从而实现更多的赢利。所谓服务型公共关系，也就是政府、社团公共关系。政府机关、社会团体和一切不以赢利为目的的社会组织，它们开展公共关系的目的，在于加强与公众的联系和沟通，缩短与公众的距离，关心人民群众的疾苦，为人民群众办实事、办好事，提高办事效率，树立美好的形象，以赢得公众的理解、信任、好感、支持和合作，使党和政府的路线、方针、政策、法律、法规畅通无阻，促进社会主义物质文明和精神文明的建设，促进国民经济的发展和繁荣，保持社会的稳定和长治久安，确保人民群众安居乐业。所谓融洽型公共关系，是以创造组织周边和睦相处环境为目的的公共关系。任何社会组织都处于一定的社会环境中，与周边的机关、单位、部门、个人难免会发生各种矛盾，存在种种分歧和误会，这就需要开展公共关系活动，加强与各方经常性的信息交流和沟通，化解矛盾，消除误会，协调好各方面的关系，使本组织的工作能得到周边兄弟单位和公众的理解、关注、支持和帮助，形成一种亲密团结、同心同德、共同协作、相互支持、融洽相处的气氛。

（三）按照社会组织与公众的关系分类

按照社会组织与公众的关系，可分为内部公共关系和外部公共关系两大类。所谓内部公共关系，指的是一个社会组织同其内部公众之间的关系以及组织内部的公众相互之间的关系，主要包括领导成员之间的关系、部门关系、员工关系、干群关系、股东关系等。所谓外部公共关系，指的是一个社会组织同外部各类公众的关系，主要包括政府关系、社区关系、媒体关系、金融关系、国际关系以及同用户、顾客、消费者、竞争者、原材料供应商、经营商、特殊社团关系等。

二、公共关系施行原则

在长期的公共关系工作实践中逐渐积累和形成了一些带普遍规律性的东西，这就是公共关系的施行原则。要使公共关系活动正常、顺利、健康地开展，达到预期的目的，就必须恪守公共关系的施行原则，否则，就会偏离公共关系的正确方向，使公共关系活动走向歧途。这些原则是：

（一）实事求是原则

实事求是是我们做任何工作都必须遵循的原则，公共关系工作当然也不例外。公共关系工作必须遵循实事求是的原则，包含了以下几层意思：首先，要尊重客观事实。这里所指的客观事实就是组织与公众的公共关系状态。它反映了公众对组织的联系、理解、信任和支持的程度。这种公共关系状态是客观存在的事实，是不以人的意志为转移的，任何公共关系活动都是为了改善社会组织的公共关系状态。因此，公共关系策划和公共关系计划的制定，都应尊重客观事实，坚持一切从实际出发、切不可以主观意志来替代客观事实。其次，要讲真话。在开展公共关系活动时，必须坚持以客观事实为基础，讲真话，如实反映情况，做到真实、全面、客观、公正，有一说一，有二说二，是好说好，是坏说坏，既不夸大，也不缩小，决不能隐瞒真相和文过饰非。再次，一定要真诚。对待公众，一定要真心相待，坦诚想见，不虚情假意，不搪塞敷衍，真正做到对公众负责，才能取得公众的信赖、信任和信服，即使一时工作上出现了失误，只要将实情毫无保留地告诉公众，仍然能得到公众的谅解、信任和支持，不会损害组织的形象和声誉。

（二）服务公众的原则

公共关系的对象是公众，公共关系实质上是公众关系，就是密切、协调、改善和处理好社会组织与公众的关系。离开了公众，公共关系就失去了意义。所以，开展公共关系活动，必须以公众为指向、为依归，遵循服务公众的原则。为此，就必须做到：首先，要树立自觉的公众意识，掌握公众分类的标准和尺度，了解公共关系的目标公众。因为，没有公众的分类就没有政策，没有政策也就没有科学的决策和正确的方式方法。其次，要了解和掌握公众的个性心理和群体心理，了解和掌握影响公众理念、态度、行为的心理因素及其发展变化的趋势，有针对性地开展公共关系活动，以减少公共关系活动的盲目性，避免人力、物力、财力上的浪费。再次，要将对公众的研究与对问题的研究有机地结合起来。公众是与组织发生交互作用并面临共同利益、共同问题的社会群体。任何组织所面临的问题都是纷繁复杂的，只有从研究每个问题入手去研究与该问题相关的公众，具体探讨因问题而产生的目标公众和特殊公众，结合问题的轻重缓急，制定出相应的公共关系对策、计划和具体运作方式方法，把力量用在刀刃上，所开展的公共关系活动才会有成效，公众的实际问题才能得到真正的解决，从而在公共关系施行过程中真正体现出服务公众的原则。

（三）平等互利的原则

开展公共关系活动，必须体现平等互利的原则。所谓平等，指人们在社会、政治、经济、法律等方面享有相等的待遇。在公共关系活动中，公共关系主体（社会组织）和公共关系受体（公众）始终要坚持平等性的原则，保持平等的地位，在人格、权利上是平等的，在真理面前也是平等的。否则，一方居高临下，一方俯首低就，任何公共关系活动都无法正常、顺利、健康地开展。所谓互利，指的是组织与公众双方在利益上有着某种共同性，是互利互惠的，对双方都有好处。为什么在公共关系活动中必须恪守平等互利的原则呢？这是因为：任何公共关系活动是为组织所制定的目标和任务服务的，而这种服务原则是以一定的社会责任为前提的。它是在政策、法律和道德允许的范围内，以"利他"的方式达到"利己"的目的的。所以，组织既要对自身负责，同时又要对公众负责。还有，在现代社会里，任何个人、群体和组织都不可能是孤立的存在，而有着相互依赖的关系，而公共关系活动正是利用这种相互依赖的关系来实现的。这也就是说，公共关系活动是利用这种相互依赖的关系，将"利他行为"转化为"利己行为"，最终取得"利己"的效果的。可见，平等是互利的前提，只有双方地位平等，社会组织既关心自身的利益，又关心公众的利益，在平等的基础上实现互利互惠，双方都从公共关系活动中获得好处，满足了自己的利益和期望，公共关系活动才能正常、顺利、健康地开展，最终实现公共关系的目标或目的。

（四）信誉第一的原则

信誉，指的是信用和名誉，这是一种最重要的无形资产，是个人和组织的处身之道、立足之本。对组织来说，信誉包括组织信誉、产（商）品信誉和服务信誉，其中组织信誉是最高层次的信誉。它是组织作为社会成员所承担的社会职能和履行的社会责任的标志。公共关系活动必须恪守信誉第一或信誉至上的原则，这是因为：首先，我国是社会主义国家，任何机关、单位的宗旨都是为人民服务，企业生产和经营的目的则是为了更好地满足人民群众日益增长的物质文化生活的需要。在组织与组织之间、组织与个人之间、企业与消费者之间，其根本利益是完全一致，因而必须讲究信誉，杜绝欺诈，不允许以不正当的手段去损害公众的利益。其次，信誉是一种最重要的无形资产、无价之宝。一个组织只有建立了良好的信誉，才能广结良缘，赢得社会各界的理解、信任、好感、支持和合作，建立良好的社会生存环境；而失去了信誉，也就失去了组织生存、发展的社会环境。还有，随着改革开放的深入和社会主义市场经济体制的建立，产（商）品的生产、经营已由""卖方市场"变成了"买方市场"，企业之间的竞争越来越激烈，因而信誉也就越来越重要。有信誉才有市场，才会使企业在激烈的市场竞争中永远立于不败之地。

（五）"全员公关"的原则

"全员公关"，国外叫作"全员 PR"，指组织的全体成员，从最高领导层成员到下属员工，都具有自觉的公共关系意识，都将自己的日常工作与组织的职责任务、将自己的形象与组织的整体形象有机地结合起来，都主动地、积极地开展公共关系活动，都按照公共关系的目标和要求去做。经验证明，当一个社会组织的全体成员都自觉地做公共关系工作时，这个社会组织就进入了"全员公关"的境地。"全员公关"是组织开展公共关系活动取得成功的保证。这是因为：首先，一个组织的整体形象是靠组织内每个成员的具体形象表现出来的，个人形象是组织形象的缩影，组织形象是组织内每个成员形象的总和。所以，组织的全体成员，上自最高层领导成员，下到全体员工，都要时时、处处、事事注意塑造自身的美好形象，并从中折射出组织的美好形象，使自己成为组织美好形象的代表。其次，组织的领导成员应重视公共关系工作，支持公共关系工作，并以身作则地带头做好公共关系工作，还要自觉地将公共关系活动置于领导班子的统一指挥之下，一切公共关系策划和计划的制定都要服从并服务于组织的总任务和总目标。还有，公共关系工作是立体的、全方位的，它渗透到了组织开展的各方面的工作中，渗透到了各项工作的始终，贯穿于每一个工作环节，因此，自始至终都要重视公共关系工作，都要竭力协调和处理好与内外公众的关系，这样，才能保证组织目标和任务的完成。

第三节　公共关系工作的程序和主要工作内容

一、公共关系工作的程序

公共关系工作程序一般分为四个阶段，即形象调查、制定计划、组织实施、检测效果。这也就是通常所说的"四步工作法"。

（一）形象调查

形象调查的目的在于了解公众对组织的认识、态度、看法、意见和评价，了解各类公众情况的变化及对组织所产生的影响，分析组织所处的环境，实事求是地评价组织当前的公共关系状态，从中发现问题，寻找不足之处，为制定公共关系计划提供依据。调查的内容是：组织自我期望形象的调查和组织实际形象的调查。

组织自我形象或称理想形象，是指一个社会组织自身期望在公众心目中所建立的形象。它是一个组织公共关系工作的内在动力、基本方向和奋斗目标。组织对自我形象的期望值，要从实际出发，做到主观愿望与客观可能性的有机结合。因为期望值越高，公共关系工作的成功率就越小；期望值过低，那就失去了形象调查的意义；期望值适中，开展公共关系工作既有了明确的目标，通过积极努力又可保证公共关系工作的成功。对组织自我期望形象进行科学的、实事求是的调查,主要包括组织的实际状态和基本条件的调查、员工层面的调查、管理层面的调查、领导层面的调查等。通过上述四个方面的调查,从主观愿望和实际可能上,确定组织的自我期望形象,才是科学、客观、实事求是的。

在认真了解了组织自我期望形象的基础上,再对组织当前的实际形象进行调查。反映组织实际形象的镜子是社会舆论和公众评价。秘书和公共关系人员要善于运用各种调查方法,了解和掌握组织在公众中享有的知名度和美誉度,测定组织在社会上的实际形象状况。可将组织形象的实际状况作如下划分:1. 高知名度,高美誉度;2. 高美誉度,低知名度;3. 高知名度,低美誉度;4. 低知名度,低美誉度。这四种状况说明组织处于不同的形象地位,在公众心目中有着不同形象、态度、看法和评价。在上述组织自我形象调查、分析和组织实际形象调查、分析的基础上,将二者进行比较、鉴定、分析、判断,揭示二者之间的客观差距,找准公共关系存在的问题,努力去弥补和缩小二者之间的差距,进而明确公共关系工作的目标和任务,对组织形象重新进行设计和定位,为制定公共关系计划提供客观的依据。

(二)制定计划

制定计划是公共关系工作程序中的第二阶段或第二步骤,在整个公共关系工作程序中占有十分重要的地位。计划制定得是否科学、客观、符合实际、切实可行,对以后公共关系工作的开展关系极大。完备的公共关系计划就等于公共关系工作成功了一半。

所谓计划,就是把预计在一定时间里要做的工作或要完成的任务科学化、系统化、条理化和书面化。或者说,计划是为完成某一工作或任务而事先所作的设想、安排、打算和行动方案。公共关系计划,指的是一定社会组织为改善公共关系状态,树立美好形象,在确立公关目标、分析公众情况、选择工作方法、筹划工作步骤、预算公关费用的全部过程中形象的设想、安排、打算和行动方案。

公共关系计划的制定,大体包括确立公共关系目标、分析公众状况、编制经费预算、撰写公共关系计划书等步骤。在公共关系计划制定过程中,要注意做到组织利益、公众利益和社会整体利益的统一,组织整体形象和特殊形象的统一,组织知名度和美誉度的统一,公共关系计划与组织整体发展规划的统一,注意前瞻性、可行性、平衡性、激励性和富于创造性的特点。

(三)组织实施

这是公共关系工作程序中的第三阶段或第三步骤,是在公共关系计划被采纳之后,将计划具体落实、付诸实施,使之变成现实的过程。公共关系计划的组织实施,是公共关系程序中最为复杂,也最为多变的一个关键性环节,直接关系到公共关系工作的成败得失。从某种意义上说,公共关系计划的组织实施甚至比公共关系计划的制定更为重要。这是因为,公共关系计划的组织实施是解决公共关系问题的中心环节,公共关系计划的组织实施决定了公共关系目标能否实现以及实现的程度和范围,公共关系计划组织实施的结果为后续公共关系计划的撰写提供重要依据。公共关系计划的组织实施，其作用、影响贯穿于公共关系工作的全过程，它对提高公共关系工作效率和增强公共关系工作效益有着重大的现实意义。

公共关系计划的组织实施过程，是一个上下衔接的完整过程，可将其分成三个环节：首先是组织实施的准备阶段，包括撰写具体实施方案，确定对各类公众的沟通计划，确定实施的具体措施和采用的方法、技巧，组成实施机构，训练实施人员并向他们详细介绍计划的内容和实施所必需的条件；其次是组织实施的执行阶段，这是最重要、最关键的一个阶段，实施机构切实按照已经设计好的实施计划程序，一一落实各项措施，运用各种行之有效的公共方法和技巧，实施确立的公共关系目标；最后是组织实施的结束阶段，应做到善始善终，圆满结束，实现公共关系的预期目标，为下一步的效果检测做好准备。

在组织发展的不同时期，公共关系计划实施的策略和方法、技巧应该是有所不同的，所以，公共关系计划的组织实施也可分成下列几个时期：一是初创时期。目的是树立公众对组织的美好印象，应善于先声夺人，制造声势，塑造"组织一体化"的美好形象。二是遇到风险时期。当组织遇到风险、处于危机时，应开展针对性的公共关系工作，采取灵活、有效的宣传、沟通方式影响公众，争取公众的信任和支持，拯救组织，使组织转危为安。三是顺利发展时期。应通过各种公共关系工作，经常地对公众进行宣传、沟通，保持和巩固组织的声誉，维护组织的美好形象，进一步扩大组织的知名度和提高组织的美誉度。四是组织形象受到损害时期。当组织遭人陷害（如造谣、产商品被假冒、遭破坏等）或由于某些原因导致公众产生误解，或由于组织自身工作上的差错、失误危及公众利益，组织形象受到损害时，应开展卓有成效的公共关系工作，运用各种宣传、沟通手段，向公众作出解释，澄清事实真相，并将采取的预防措施告知公众，甚至可运用法律手段来维护组织的信誉和形象；如属工作上的失误，则应实事求是地检讨，纠正错误，采取补救措施，并将这些情况如实告知公众，以求得公众的谅解和支持。

公共关系计划的组织实施，包括撰写新闻稿，召开记者招待会、新闻发布会，组织各种讨论会，策划广告宣传，筹划领导人的演讲、报告，举办展览会，开展联谊活动，策划新闻事件，制发宣传资料、新闻电视、录像和广播讲话，组织参观访问等。

（四）检测效果

这是公共关系工作程序中的最后一个阶段或步骤，即对公共关系工作组织实施的结果进行检测、评价、估量，并报告给组织的领导者、决策者。组织形象的塑造，公共关系网络的建构，是一项永无止境的工作，必须不断地进行、巩固、改善和发展。它与第一阶段的形象调查有着首尾衔接的关系，很有可能前一个公共关系检测的结果正是后一个公共关系计划——形象调查的开始。如此周而复始、循环往复，就可促使公共关系工作的不断深化和提高。

如果说形象调查、制定计划、组织实施这三个阶段是解决公共关系工作"做什么"、"怎样做"的问题，那么，检测效果所要解决的则是公共关系工作"到底做得怎样"的问题。其步骤先是自我检测，其次是专家检测，最后是公众检测。检测方法有直接观察法、目标管理法、舆论调查法、资料汇总法、内部考察法、外部监察法等。效果检测犹如一面镜子，它根据客观的标准，对公共关系计划的组织实施及其成效进行检查、测定、衡量与评估，判断优劣，发现问题，为调整公共关系目标、政策、策略和行为提供可靠的依据，对整个公共关系工作起着不可低估的作用。检测效果的重要作用主要表现在以下几个方面：它是公共关系工作程序中一个必不可少的基本环节，也是改进、深化和提高公共关系活动的重要环节；它为开展新的公共关系工作提供可靠的依据，是开展后续公共关系工作的必要前提；它可使内部员工看清组织的利益目标和实现的途径，成为鼓舞士气、激励内部员工工作热情和积极性的重要形式；它还可使领导者、决策者看到开展公共关系工作的明显成效，从而更加自觉地重视公共关系工作。

二、公共关系工作的主要工作内容

（一）公共关系调查

公共关系调查，指的是秘书和秘书部门运用定量分析与定性分析相结合的方法，科学、准确地调查了解机关、单位、社会组织的公共关系现状，进行分析研究，发现存在的问题，采取相应的对策，并且预测公共关系的发展趋向，检验公共关系工作或活动的效果，为领导者的决策提供可靠的依据。调查的内容，主要有：机关、单位、社会组织本身基本情况的调查；本机关、单位、社会组织形象调查；公众舆论调查；公共关系活动条件的调查等。在调查的基础上，对材料加以梳理、提炼，去粗取精，去伪存真，舍弃那些非本质的、虚假的、无用的材料，保留那些本质的、真实的、有用的材料，编写公共关系调查报告，供领导决策和今后计划时参考。

（二）公共关系策划

公共关系策划，指的是秘书和秘书部门根据社会组织形象的现状和预期的目标要求，在充分进行公共关系调查的基础上，认真分析现有条件，运用已经掌握的公共关系理论、知识和经验，遵循科学的原则和方法，发挥自身的想象力和创造力，对公共关系活动的整体战略和策略，进行超前运筹、谋划和设计，制定出最佳行动方案的过程。公共关系策划的内容，可分为公共关系战略策划和公共关系策略策划两大类，前者的实施步骤是战略目标、战略重点、战略步骤、战略措施等，后者是公共关系具体实务活动的策划，指的是当宏观的公共关系战略确定以后，在公共关系战略的指导下，对机关、单位、社会组织日常的、专项的公共关系工作或活动所作的部署、谋划和设计。

（三）公共关系协调

公共关系协调，指的是秘书和秘书部门运用各种协调手段，为组织疏通渠道，加强信息交流和沟通，改善组织与各方面的关系，广交朋友，广结善缘，消除误会，减少磨擦，调解冲突，化敌为友，增进组织与公众之间的感情，为组织的生存、发展创造一个宽松、和谐、融洽的社会环境。协调关系，本来就是秘书和秘书部门的基本职能之一，在这一点上与公共关系协调交叉重叠的。它包括内部公共关系协调和外部公共关系协调两方面：前者指与领导关系的协调，与机关、单位、社会组织内部各部门关系的协调，与秘书部门内部关系的协调，与同事关系的协调等；后者指与各党政机关关系的协调，与社区公共关系的协调，与广大群众关系的协调，与协作者关系的协调，与竞争者关系的协调，与新闻媒体关系的协调等。

（四）公共关系专题活动

公共关系专题活动，在国外被称为公共关系特殊事件，它是机关、单位、社会组织为实现某一特定目的，通过精心策划和安排，围绕某一明确主题而开展的专门性的活动。举办公共关系专题活动的宗旨，是通过这类定期或不定期的专门性活动，配合公共关系计划的实施，强化宣传效果，扩大社会影响，促进机关、单位、社会组织与各类公众更紧密地联系起来，使公众在亲密、和谐、融洽的气氛中，感受到活动举办者的基本意图，潜移默化地接受组织的有效信息和理念，增进对组织的了解、信任、好感和认同，同时吸引新闻媒体的注意，使之主动报道，以提高组织的知名度、美誉度，树立组织的美好形象，为组织的生存、发展营造一个优良的内外环境。这类专题活动有新闻发布会、展览会、典礼、仪式、社会赞助活动、对外开放参观、联谊活动、突发事件的处理通报等。

第四节　秘书在公共关系工作中应注意的事项

秘书的公关工作，是一项十分重要而又十分复杂的工作，要做好这一工作，要求秘书做到以下几点：

一、树立牢固的公共关系意识

所谓公关意识，指的是经过公共关系实践和公共关系知识的积累之后，对公共关系活动经验的高度概括和升华，是一种自觉的公共关系观念。秘书的工作联系上下、左右、内外，接触各方面的人，在客观上就充当了"公关大使"的角色。秘书是否具有牢固的公共关系意识，以及公共关系意识的强弱，不仅成了衡量秘书精神素质的标尺，而且还反映一个组织已经达到的文明程度。所以，作为一个称职的、有作为的现代秘书，就应加强自我修养，紧跟时代步伐，培养和树立牢固的公共关系意识。这具体表现在以下几个方面：其一，树立通过秘书自我形象反映组织良好形象的意识；其二，树立重视信息，加强个人与组织、与领导、与广大员工、与外界信息交流沟通的意识；其三，树立广交朋友，广结良缘，内求团结，外求发展的意识；其四，树立珍视荣誉，坚持以"信誉至上"为第一要则的意识；其五，树立一切活动要符合广大公众的需求，注重社会整体效益的意识；其六，树立优化社会环境，改善人际关系，提高精神文明水平的意识。有了牢固的公共关系意识，并将它付诸在各种秘书活动中，就必然会事半功倍，进一步提高秘书工作的成效。

二、摆正公共关系工作和秘书工作的位置

公共关系是一种管理职能，是管理的一个组成部分而不是管理的全部内容，更不是秘书工作的全部内容。秘书职责范围内包含一定的公共关系职责，但绝不是全部。因此，一定要避免把秘书工作与公关工作等同起来。对于大型公共关系活动的策划与实施，如果本组织没有专门的公共关系机构，秘书可协助领导者或有关部门进行。如有专门的公共关系机构，则主要应由专业公关人员来完成，秘书和秘书部门应处于协助的地位。

三、秘书要重视自身形象的塑造

中国有一句古语，叫"一语知其贤愚"。秘书是领导同外界联系的中介，是一个组织的"窗口"和"门面"，其言行举止、精神风貌、道德品质、个性禀赋、爱好情趣和工作态度等，最直接地反映了秘书自身的素质和形象，同时也可从中看到领导的影子、组织的面貌和形象。比如，秘书待人亲切、热情、文明、礼貌，人们就会联想到其领导也会如此待人，对组织的印象就好；反之，秘书衣冠不整、态度生硬、盛气凌人、颐指气使，往往会使人联想到他的领导可能也是同样的人，不然怎么会重用这样的人呢？也就损害了组织的形象。秘书要时刻注重自身形象的塑造，除作风正派、行为端正、忠诚老实、办事公道、遵纪守法、讲究公德、工作负责、严谨周到、待人热情、亲切友好、知识丰富、兴趣广泛、联系群众、助人为乐外，还要树立自己良好的公关形象，能自觉运用公关技巧来从事秘书工作，这就进一步要求秘书要善于应酬，长于交际，有吸引人的个性；熟悉公关礼仪，能得心应手地运用公关语言；严于律己，宽以待人，善于随机应变和恪守信用，建立和谐、融洽的人际关系；为人大度，仪表整洁，服饰得体，举止文雅，风度翩翩，使人乐于接近。总之，秘书必须塑造自身良好的形象，从而折射出领导的良好形象，并成为组织良好形象的代表。

四、建立广泛的朋友关系

秘书要使自己在事业上获得成功，工作上左右逢源，就必须建立广泛的良好的朋友关系。要诚恳待人，切忌人走茶凉。凡是工作中有过接触、打过交道的各方面的人物，要尽可能登记在自己的备忘录里，要记住他们的职务、姓名、单位、住址、电话、特长等。当第二次见面时，如果你能直呼出他的姓名和职务，并提及第一次相见时的印象，那么对方一定是会很高兴的，不但增长了亲切感和信赖感，而且有利于洽谈工作。秘书与朋友交往，要从大局出发，要有长远观点，切不可实用主义，急功近利，势利眼看人，对我有用者，热情逢迎，对我无用者，冷言冷语；或者眼睛向上，对上司、权贵奴颜卑膝、巴结逢迎，对平头百姓，装腔

作势，借势吓人。这种实用主义的近视眼、势利眼，就会自觉不自觉地得罪了公众，一旦遇到有求于人的事，人家也会以牙还牙，冷眼相对，或故意出难题，给你难堪，使你到处碰壁、寸步难行。

五、熟悉和掌握公共关系实务的方法、技巧

公共关系实务，指的是在公共关系原理指导下所开展的各项公共关系工作的一系列实际活动。它是公共关系理论和知识在公共关系实践中的具体运用，带有很强的技能性、技艺性、技巧性，是使公共关系目标转化为现实的行为过程。公共关系实务的内容非常丰富，且在不断的创新中，主要有公共关系调查、公共关系策划、公共关系广告、公共关系协调、公共关系文书、公共关系专题活动（其中包括新闻发布会、展览会、典礼和仪式、社会赞助活动、对外开放参观、联谊活动、突发事件处理等）、公共关系礼仪等。公共关系是有计划、有目的的社会实践活动，因此，秘书必须熟悉这些公共关系实务的方法和技巧，在平日开展公共关系工作和组织公共关系活动时，灵活自如地加以选用，以达到实现公共关系目标、完成公共关系任务的目的。

第十四章　事务管理

　　管理事务，是秘书和秘书部门的基本任务之一，也是任何一个机关、单位不可缺少的日常性工作。过去有人将秘书工作概括为"办文办事办会"，或将秘书工作概括为"辅助政务和管理事务"，这虽然有失片面，但却足可见到事务管理在秘书工作中的重要地位和作用。事务管理主要是程序性日常工作、生活服务工作和后勤保障工作，既为领导服务，又为各职能部门和整个机关、单位服务，还为广大员工和外来人员服务。事务管理十分琐碎繁杂，但决不可掉以轻心，因为它是一个机关、单位运转有序、信息畅通的有力保证，是搞好机关、单位各项业务工作的基础，在改革开放的今天，其地位和作用就显得更为突出。

第一节　事务管理概述

一、事务管理的含义

　　事务，其基本含义是指所做的或要做的事情。我们这里所指的事务，有它的特定含义，是指行政管理中那些具体的、一般性的公务活动，如值班、接待、随从、印章管理、后勤工作等。

　　事务管理，指秘书和秘书部门协助领导处理日常事务和加强日常管理的工作。它不仅是秘书活动的基础性内容，也是领导活动有效开展的条件。在中、下层的机关、单位，事务管理概由秘书部门负责；在省、自治区、直辖市以上党、政机关的后勤工作，在党、政两个办公厅之下，分设或只设一个机关事务管理局负责，但由秘书长或办公厅主任直接领导，其它的事务性工作，都由秘书和秘书部门负责。

二、事务管理的特点

　　秘书和秘书部门的事务管理，与其它工作相比，具有以下一些显著的特点：

　　（一）广泛性

　　事务管理的内容非常广泛，除领导工作和各职能部门的业务工作外，其它一切程序性的日常工作、生活服务工作和后勤保障工作等，均可划归为事务管理工作。它服务的对象极为广泛，主要是为机关、单位的领导服务，也为整个机关、单位和各职能部门服务，还为上级领导机关、兄弟单位来办事的领导、干部和来宾服务。

（二）琐碎性

事务管理工作涉及到机关、单位领导和广大员工的工作、学习、生活的方方面面，有的事情是琐碎得不能再琐碎了。如秘书随从领导出差，对领导的生活、起居、日程安排，往返车票、安全保卫都要周密考虑，负责到底，一点都马虎不得。然而，正是这些琐碎的细微小事，给领导和员工的工作和生活带来了方便，保证了工作的正常进行。

（三）分散性

分散性是事务管理的又一特点，它涉及到机关、单位的方方面面，包括了物资管理、房产管理、车辆管理、招待所管理、话务台管理、环境管理、生活管理，有的机关、单位的秘书部门还负责食堂、理发室、维修组的管理，在高层的机关、单位里还有分布在各个部门的公务员等。这种工作分散的情况，给机关事务的统一管理带来了困难。这就要求秘书部门在加强宏观调度指挥的同时，必须抓好各个基层环节的基础建设，如配备较强的善于独立工作的干部负责某一方面的具体工作、建立健全工作规范和工作制度、加强思想教育等。

（四）重复性

事务管理的内容带有不断的重复性，日复一日，月复一月，年复一年，这些工作反反复复，大同小异。如值班接待工作、接打电话、接待来宾、跟随领导出差等，这些程序性的工作内容都表现了明显的重复性。

三、事务管理的原则

要搞好事务管理工作，必须遵循以下办事原则：

（一）服务原则

首先必须明确：管理就是服务。服务是行政事务管理的宗旨，也是其一切工作的出发点和归宿点。要少讲空话，多干实事，全心全意为机关、单位的领导服务，为整个机关、单位和各业务职能部门服务，为全体员工和来宾服务，为他们创造一个良好的工作、生活环境，解除他们的后顾之忧，使他们能集中精力搞好自己的本职工作。要服务得好，就要认清政务与事务、大事与小事、宏观与微观之间的辩证关系。无疑，政务、大事、宏观是重要的，而事务、小事、微观同样也是重要的，因为事务关联到政务，小事关联到大事，微观关联到宏观。如会议扩音设备发生故障，国歌、国际歌就播不清晰，主持人、代表人讲话就听不清楚，哪里还谈得上开好会议？又如标语、口号制挂错了，就可能构成一次政治事故等等。实践证明，事务管理往往超出了它本身的意义。俗话说："众口难调。"事务管理工作要做到人人满意，的确有很大的难度，但绝不能以此作为不竭诚服务的借口。有的人负责某一方面的政务管理工作，却没有把自己摆在服务的位置上，认为自己手里握有一点"财权"、"物权"，人家有求于他，他就高高在上，要理不理，能推就推，能拖就拖，甚至故意"卡人"，这是与服务原则背道而驰的。总之，秘书和秘书部门要不断增强服务意识，自觉地搞好服务工作，提高服务水平。

（二）按政策办事的原则

事务管理为机关、为领导、为员工服务应尽可能做得具体、周到，但有一个前提，就是要按政策办事，而不能按长官意志办事，不能按本位主义、部门利益办事，更不能我行我素。中央负责同志一再强调，秘书和秘书部门要不断提高政治素质和业务素质，培养一个好的作风，坚持按政策、法规办事，事事以身作则，不要给领导帮倒忙。事务管理要认真贯彻执行1985 年 12 月中共中央办公厅和国务院办公厅《关于切实解决党政机关当前六个严重问题的通知》的精神，模范执行并落实近几年中央一系列关于领导干部生活待遇、物质管理和财经纪律的有关规定，加强廉政建设，顶住各种不正之风，做到令行禁止，以维护党和政府的威望，赢得人民群众的信任，为形成良好的社会风气产生积极的影响。

（三）勤俭原则

勤俭是中华民族的传统美德，也是我党的光荣传统。早在 1934 年，毛泽东在《我们的经济政策》一文中就强调指出："财政和支出，应该根据节省的方针。应该使一切政府工作人员明白，贪污和浪费是极大的犯罪。……节省每一个铜板为着战争和革命事业，为着我们的经济建设，是我们会计制度的原则。"①这里虽然指的是会计制度，但可类推到机关、单位对人、财、物的管理上去。要做到人尽其才，物尽其用。事务管理任务繁杂，不可能事无巨细，桩桩件件都设人定岗，而要根据弹性原则提倡一人多岗，一专多能，主管兼管几样工作，充分挖掘每个人的潜力。采购物质要坚持质量第一，使用物质要讲究经济效益，"供"、"管"、"修"、"用"要全面抓，尽量做到一物多用，修旧利废，做到少花钱、多办事，充分发挥经济效益。要制定各种规章制度，保证公物公用，防止铺张浪费。点点滴滴，积少成多，持之以恒，效果自显。要反对大手大脚，贪大求全，假公济私，化公为私的思想和作风，坚决打击受贿贪污的罪行。

（四）效能原则

事务管理一定要坚持效能，着眼于提高办事效率，体现优质服务。而要做到这一点，就要进行科学管理。首先，加强计划性。长计划，短安排，争取主动服务、超前服务，使各方面都感到满意。反之，有些事务性工作关涉到某一单位、某一部门工作的正常开展，或牵涉到一部分人的切身利益，本来有条件办好而迟迟不予解决，就难免会产生这样或那样的意见。其次，要订立合理的规章制度。规章制度不是为了"管"人、"卡"人，而是为使各项管理工作有条不紊地进行。再次，积极采用新材料、新产品、新技术、新工艺，尽可能地省工、省料，以获取最佳的经济效益。最后，还要从根本上不断提高事务管理人员的政治素质和业务素质，发挥事务管理者的积极性和创造性，使管理工作有较扎实的后劲。

————————————

① 《毛泽东选集》1 卷，人民出版社 1991 年版，第 134 页。

第二节　值班工作

值班是值班人员在值班时间内处理公务的活动，是秘书处理事务的重要方式之一，也是各级各类机关、单位秘书部门不可缺少的经常性工作。在我国，各级党、政、军、群机关和规模较大的企事业单位，一般都设有值班室，设有专职值班员，实行 24 小时昼夜值班制；另一种形式是采取轮流值班制，负责下班后和节假日的值班工作。特别是新工时制度实行以后，每周两天休息日期间，更需要做好值班工作，以保证机关、单位工作的正常运行。为此，国务院 1995 年 4 月 28 日专门发布了做好周末值班工作的通知。

值班工作有两个显著的特点：一是保持机关、单位工作的连续性。值班工作的职责范围可宽可窄，可以是专人值班，也可以是轮流值班，但值班工作从不间断，它在办公时间以外或节假日处理常规性事务，以保持机关、单位正常工作的继续。二是处理各种情况的应急性。在值班工作中，值班人员收到急件、电报、电传，要及时拆阅处理；如有紧急电话，要做好记录，并转有关部门或领导人；若情况十万火急，来不及请示，值班人员可先作处理，然后立即向领导汇报情况及处理措施，并将领导指示作明确记录，一定要写清处理问题的负责人，以明确责任。

值班工作的任务，主要有以下几个方面：

（一）接收处理上报，下发文稿、信函；

（二）承接上级通知、指示和下级电话请示、报告事宜；

（三）承办本机关、单位领导交办的事宜；

（四）掌握领导行踪，随时取得联系；

（五）做好外来人员的接待工作；

（六）应付紧急情况，处理突发事件；

（七）做好机关、单位的保密、防火、防盗工作；

（八）写好"值班日志"和"大事记"。

值班是一项比较规范化的工作，各机关、单位都建立了一整套的值班工作制度，是保证完成值班任务必不可少的有力措施，也是值班人员必须遵守的行为准则。以下几项制度是最基本的，要求认真坚持下去：

（一）岗位责任制度

值班的岗位责任制，是对值班工作人员的职责分工及值班纪律的明确规定，它要求值班人员坚守岗位，不能擅离职守，应尽职尽责，完成值班中所要担负的任务。因随便脱岗而造成事故者，应承担责任，根据有关规定，予以严肃处理。

（二）交接班制度

值班的交接班制度，是对值班人员上下班交接工作及其手续上的明确规定。它要求上一班的值班人员把值班记录、值班情况、已办和未办的事情、注意事项等——向下一班的接班人员交代清楚，以保证值班工作的顺利进行。

（三）请示报告制度

值班的请示报告制度，是对值班人员在处理重要情况与问题时所持态度的明确规定。它要求值班人员对于没有把握答复和处理的重要事项，要先请示，后办理，不可自作主张；对于值班发生的重要情况，要及时报告，不得拖延或不报；对于特殊应急情况，也应边办理边报告。

（四）保密制度

值班中常涉及一些带有机密性的事项和文件，这就要求值班人员认真坚持保密制度。任何无关人员不得随便在值班室逗留。除秘书部门负责人和主管领导外，其它人员不能随便翻看值班日志和值班报告。值班人员应树立保密观念，对有关文件要妥善保管，不该说的机密绝对不说，不该知道的机密绝对不问。值班日志和值班报告根据其内容确定密级程度，按规定分别保管。

五、防范制度

值班的防范制度，是对值班人员注意安全的有关措施的明确规定。它要求值班人员提高警惕，做好四防（防特、防盗、防火、防自然灾害）工作，以保证机关、单位安全，使机关、单位工作有一个安定和谐的工作环境。

第三节　电话往来

电话是传递音频信息的主要通讯工具，因其灵活方便、传递信息直接快捷而成为人们交际、联络的重要手段，也是秘书处理公务的重要手段。据统计，秘书处理公务有一半以上是通过电话进行的。因此，正确地使用电话，不仅可提高工作效率，有助于充分发挥秘书办事的能力，而且可创造友好气氛，优化办公环境，为本机关、单位赢得良好的声誉。

秘书的电话往来，可从不同的角度进行分类：按通话的范围，可分为普通电话和保密电话两种；按通话的内容，可分为专用电话和公用电话两种；按通话的距离，可分为内部电话、市内电话、国内长途电话和国际长途电话四种。随着现代科学技术的发展，各种功能先进的电话不断出现，如程控电话、录音电话、自动记录电话、移动电话、电脑电话、电视电话、集团电话等，秘书都要认真学习和掌握。

秘书使用电话处理公务时，最基本的要求是：要按照保密的规定使用电话；重要的电话通话，接打电话时要有完备的电话记录；重要的电话记录要视同公文一样，平时立卷备查，年终整理归档。

一、主动打出的电话

为使打出的电话准确无误，应购置通用的电话号码簿或自编常用的电话号码目录。打电话前，先从电话簿或电话目录上查找对方的电话号码，拨号接通后，应问明对方是不是所要通话的单位，接着作自我介绍，通报自己的姓名、单位、职务，再问清对方的姓名、职务。需要指定人通话时，还应请对方帮助找人。正式通话时，应明确告诉对方是否需要记录，如需记录，当通话完毕后，应请对方复述一遍，保证对方记录无误。内容特别重要的，可问清对方是否有传真或录音电话等设备，如有条件，应尽量使用电传或录音电话录音。通话结束后，要有礼貌地和对方道别，然后挂上话机。若对方是领导、长辈或女士，应等对方挂机后再放下电话，以示礼貌。

凡打出的电话，都应注意文明礼貌，语气热情，态度谦和。给上级领导打电话，不可过分拘谨，说话要简练，不要过多重复，但有疑问的地方，一定要询问清楚，以免贻误工作。如果是请示、汇报问题，就开门见山地说是请示、汇报什么问题，抓住中心，条理清楚，尽可能少占用上级领导的时间。给下级打电话，不要摆架子，盛气凌人，通话要简明、扼要、口语化，一些同音字、冷僻字，要加以复述并作解释。通话完毕，不要忘了记下受话人的姓名。如果一次通话的单位较多，应打完一个，做一个记号，以免漏打或重复。正式的电话通知，要登记在电话通知记录本上。

为节省领导的时间，秘书代为领导拨通电话是常有的事情。代拨电话时，一定要找准对方接电话的人，然后请领导亲自通话。

二、接听打进的电话

秘书应养成电话铃声一响就接听电话，并主动自报家门（单位、本人姓名、职务）的习惯，而要改变先查问对方的旧习，这样可节省彼此通话的时间。接听电话时，如对方没有通报自己的身份，应客气地询问清楚，然后向对方请教是什么事情。通话时应认真倾听，不清楚的地方应及时提出来，以免发生误解。应根据电话内容确定是否要作电话记录。如需作电话记录，事先应准备好笔和记录本。重要的电话应记下对方的单位、姓名、职务、联系事项、要求等，尤须注意人名、地名、时间、事情等关键因素，记录完后要向对方复述校对。如果是代接电话，要请对方稍候，不可让对方久等。如对方要找的人不在时，问清是否需要代为转告。对于找本机关、单位领导人的电话，既不能简单地说"他不在"，也不要马上答复"他在，我给你去叫"，而应首先问明对方的身份，经征求领导人的意见后，再作适当答复。

三、特殊电话的处理

对方来电话打听某些事情时，凡事情清楚而又可以回答的，可即时回答；对事情不了解或不宜回答的，应礼貌地予以回避，切不可随便回答。对人民群众上访的电话，一般可视情况作如下处理：一是耐心地告诉其上访的办法；二是纯属反映情况的，要认真听、仔细记，事后及时向领导转告；三是执意点名要领导听电话的，先说出原委，如认为言之有理，应马上请示领导，如领导认可，那就让他们直接通话。对告急的电话，如所属单位发生重大事故，或反映群众中发生激烈的矛盾冲突，或某人扬言要行凶或自杀等，一定要冷静、细心地接听，以便及时鉴别真伪，并在尽可能短的时间内，弄清发生了什么事情以及发生的地点、严重程度等，如确实情况紧急，自己能够决定的，应马上提出几条防范措施或解决意见；如不能决定的，通话完毕后，应放下手中一切工作，迅速向领导或有关部门汇报，并协助他们果断地进行处理。

第四节　接待工作

秘书部门素有"窗口"之称，上下内外的来访者，无论是联系工作，反映情况，还是学习取经，洽谈业务，总是先找秘书部门。从客人踏进办公室到离开办公室，秘书往往是代表本机关、单位的主人，是客人第一个见到和最后一个告别的人。秘书接待工作做得好或坏，直接反映出一个机关、单位的工作作风和外在形象。因此，秘书和秘书部门必须十分重视做好接待工作。

接待工作因所接待的机关、单位和所接待对象的不同而有所区别，但其基本要求是相同的，这就是：诚恳热情，以礼相待；尊重被接待者的民族风俗和习惯；包括迎、送、会见、陪同、住宿、宴请等，均要体现礼仪对等的原则；简朴大方，不铺张浪费，不搞形式主义；节省时间，努力提高办事效率。

一、接待的范围和对象

秘书接待工作的范围和对象比较广泛，从不同角度有不同的分类：按组织关系，有上级、平级和下级来访的接待；按地域关系，有内宾接待和外宾接待。秘书接待工作一般是按后者分类。

内宾，指国内来宾，他们是从国内其它地方来本机关、单位视察、参观、学习、访问或者前来联系工作、洽谈业务的人员。内宾既可能是上级首长和领导，也可能是某方面的重要人士，或是新闻记者和兄弟单位的人员。内宾接待大体程序如下：

一是接待任务下达后，先要搞清来宾的有关情况。掌握基本情况后，根据来宾的人数、性别、身份等安排好迎接车辆和人员。迎接时最好带上本单位的标志，以免漏接。对于当天不能返回的来宾，还要事先为他们预定招待所或宾馆，安排好伙食标准和进餐方式、时间、地点。

二是当来宾住下后，秘书部门应派出人员或随同机关、单位领导前往来宾住所看望或会见来宾，表示欢迎和问候，简要介绍本地、本单位的基本情况，进一步了解来访目的和要求，并同他们商议活动日程。确定后，将日程通知有关接待部门。

三是按照日程安排，精心组织好来宾的视察、参观、学习、访问等活动。来宾全部活动结束后，根据客人要求，订购返程车船票或机票，协助来宾结算食宿账目，并根据需要和可能，组织话别送行。谁去送行，送到什么地方和使用什么车辆等，都要认真考虑，讲究礼节。

外宾，指国外来宾，也包括港、澳、台同胞和外籍华人、海外侨胞等。随着我国对外开放事业的发展，外宾来访日益增多。外宾接待工作，除省、部级以上机关和一些大型企事业单位由专管外事工作的外事办公室、外事处负责外，大多数都由秘书部门承担接待工作。

外宾接待工作不是简单的交际和应酬，而是一项政治性、政策性都很强的工作，必须按照严格规定程序进行：（一）接待前应做好充分的准备工作，包括了解上级意图，了解外宾的有关情况，并据此订出接待计划，准备各种有关资料，做好各方的联络。重要外宾的接待计划应报请上级批准。（二）迎接工作，应根据外宾的身份，对等安排有关领导和人员去迎接，并安排好车辆和宾馆，重要外宾接待有时还要安排备用车辆随行。（三）安排日常生活，应根据各国习俗，要注意尊重不同的生活习惯。（四）对重要外宾，要安排专门会见。会见时，主人应先到达会见地点，在门口迎接客人。引见介绍后，入室按序入座。会见完毕，主人应送客人到门口或上车处。（五）宴请要按照外事工作的规定、外宾的情况，确定宴请的规模菜单、席次和陪客人员。（六）参观游览，要在接待计划中先行安排，包括参观游览的路线、活动具体内容等。（七）礼品和交换纪念品要事先研究，应根据不同对象来确定。客人重访时，礼品可作相应变动，不要重复。（八）对重要外宾的接待，应根据情况作适当的新闻报道。如有必要，可将报纸的报道内容不对外，不能全送），与访问时的留影一起装订成册，赠给外宾。（九）做好安全保卫工作，特别是重要外宾，事先应和公安、交通、外事等部门联系好，以确保外宾的安全。（十）当外宾抵、离国境时，接待人员应协助外宾办理出入境手续。以上所说，主要是对地方政府的外宾而言，如属一般外事往来的接待，可适当减略接待内容。

二、接待的礼节

我国是世界上四大文明古国之一，素有"礼仪之邦"的美誉，在人与人的交往中表现出了良好的礼仪风范。这种礼仪风范同样体现在秘书的接待工作中。

（一）见面

初次与客人见面，要有一个好的精神状态，应主动、热情、有礼、有节，给客人留下良好的第一印象。客人来访，应立即从座位上站起来，有礼貌地说声"请进、请坐"，然后问明来意。如果是领导约见的客人，应主动引导到领导的办公室或接待室。如果一时手头有事，难以脱身，应向客人说明情况，或说声"请稍候"，同时联系其它人员协助接待。切勿让客人坐冷板凳，长久等候而无人过问。如领导正在开会或谈判，不能马上见面时，应在领导会见前，先给客人倒茶，并递上些报纸、杂志，让客人边看边等。

（二）介绍

介绍是使不相识的各方相互认识的一种手段。介绍分自我介绍和别人介绍两种。自我介绍，就是自己介绍自己的情况，包括介绍自己的姓名、身份、工作单位等。自我介绍要简明、谦虚。客人与领导见面，多由秘书介绍和别人介绍。介绍时需注意，如果各方的地位不同，应当先将地位低的人介绍给地位高的人；当身份相同、年龄相近时，因先将男性介绍给女性，将主人介绍给客人；当地位相近、年龄有别时，则应先将年轻的介绍给年长的；当一个人同时会见几个人时，应先将这一个人介绍给其它几个人。在为别人作介绍时，秘书应当事先熟悉各方的情况，才便于介绍。

（三）握手

握手是大多数国家相互见面和离别时的礼节，一般在会见和相互介绍之后进行。握手要讲究顺序，应由主人、年长者、身份高者、妇女先伸手，客人、年轻者、身份低者先问候，待对方伸手再握。握手时双目注视对方，微笑致意，不要漫不经心。军人戴军帽与对方握手时，应先行军礼，然后再握。关系亲切者，可双手握，一般客人，用一只手握即可。

（四）交谈

交谈是接待工作中具有实质性内容的重要一环，是秘书运用口语达到相互了解的艺术。善于交谈的人，总是着力营造一个友好、轻松、愉快的谈话气氛。交谈开始时，应有必要的寒暄，态度真诚，神情专注，做到诚恳、大方、平等、谨慎，表情自然，语气平和，声音不要太高，还可辅以微笑、手势，但手势动作的幅度不要太大，切忌用手指人，拉拉扯扯，拍拍打打，更要防止说话时唾沫四溅。参与他人谈话时应先打招呼，如别人谈话中止，则应主动回避。交谈超过三人时，不应只与一个人谈话，而应不时地与其它人交谈几句，以免给人以冷落感。在交谈时，要专心聆听他人的谈话，一般不要打断他人的谈话。听对方说话时，不要有漠不关心的神情，或转移注意力，关注别的事物。

（五）引导

秘书引导客人，应走在客人左前几步的位置，在转弯时或上楼时，有礼貌地说："请这边走。"并回头示意。如引导的路很远，走的时间长，要与客人说些礼貌而得体的话，如介绍当地的风土人情、名胜古迹、本单位的变迁等，不要只管低头引路。当引导到宾馆或接待室门前时，应对客人说："这就是。"如接待室的门向外开，请客人先进，如门向里开，要自己先进去，开好门然后请客人进来。待客人坐定后，秘书应及时端茶，轻轻退出，让客人与领导会谈。

第五节　随从事务

随从就是跟随领导者出差的意思。跟随领导者的人员统称为随从人员。中央、省级党、政领导机关首长出差，随从人员有秘书、警卫、司机、保健医生和炊事人员等，中下层机关和企事业单位领导人出差，一般只带秘书。秘书跟随领导者外出活动期间从事流动性的服务工作，称之为随从事务。

随从事务是跟随领导者外出期间的秘书工作，它不同于领导者在机关、单位内活动的秘书工作，时间、地点、环境和内容不断转移变化，无常规可循，带有明显的流动性。在机关、单位内部，为领导者服务的有一个秘书班子，他们各自分工，各司其职，而随从秘书只有一两个人，不可能像机关、单位内部那样分工很细，是一种全面性的综合服务。领导者外出期间的活动，无论是下基层视察、检查工作，还是同外宾会见、会谈，或是处理突发事件等，流动性的环境较复杂，会接触各种各样的人，很多情况难以预料。秘书随从事务的出发点和归宿点，就是保证领导者的健康和安全，保证领导者在流动的条件下能顺利地开展工作。

随从事务的类型很多，时间有长有短，但工作程序大致相同，这里以跟随领导者出访视察为例，简述其工作过程：

一、准备阶段

当领导者确定出访视察时，秘书要在出发前做好充分准备工作，包括思想准备、组织准备、资料准备和物资准备等。

在思想准备方面，秘书要向领导者了解清楚：（一）视察出访的意图和目的；（二）视察出访的内容和重点；（三）视察出访的单位和对象；（四）参加视察的有关人员；（五）视察的大致日程安排；（六）要求被视察的单位做哪些准备工作等。

在组织准备方面，秘书要做到：（一）根据领导者指示拟制视察方案；（二）通知有关单位确定参加视察的随从人员名单，并进行编组和分工；（三）组织所有人员参加预备会，听取领导者关于预备工作的指示，学习有关文件，布置具体任务；（四）印发视察方案和日程安排；（五）通知被视察单位，使其有所准备。

在资料准备方面，秘书要搜集：（一）被视察单位的历史沿革、领导班子、当前工作情况及评价的资料；（二）同视察工作相关的上级指示、政策和法规性文件；（三）同视察中心内容相关的理论和典型资料；（四）被视察地区有关的地理、气候、交通情况以及风土人情方面的资料。

在物资准备方面，秘书除领取足够的出差经费外，还要携带必备的办公用具、常用药物以及照相机、收录机等文化用品。

二、视察阶段

在视察阶段，要求随从秘书做好以下工作：

（一）做好组织安排。领导者视察出访免不了要察看现场、召开座谈会或个别访谈，这就要求随从秘书为之安排好时间、地点和有关人员。无论哪种活动，随从秘书都要做好记录，以便事后分析、研究。秘书直接接触基层干部、群众，看到、听到的情况要及时、准确地向领导者汇报；秘书直接与基层干部交谈要言之有据，不可信口开河。

（二）主动提出建议。在视察阶段，随从秘书如发现问题，或基层干部、群众提出要求，应主动向领导者提出如何处理的建议。当时能解决的，就建议领导者给予解决；不能解决的，或需要回机关、单位研究后答复的，要向下边解释清楚；属于有关业务部门职权范围的，要转告有关业务部门。

（三）经常同本机关、单位保持联系。在领导者视察出访期间，秘书要同本机关、单位经常保持联系，及时沟通信息，如将领导者的活动情况告知本机关、单位，使本机关、单位留守领导者掌握外出领导者的动态。同时也要从本机关、单位内部获取信息，使外出领导者及时了解上级机关的重要指示以及本机关、单位的工作动向，保证领导者信息灵通，以利于实施不间断的指挥。

（四）处理好日常事务。随从秘书要主动处理好日常的事务工作。在组织安排中遇到人事、时间、地点等方面的矛盾时，要主动进行协调，尽量做到事半功倍，提高工作效率。还要尽可能保证领导者的生活和休息，使之身心健康、精力充沛地投入工作。

三、结束阶段

随从秘书要做好视察出访活动的善后工作，这个阶段的工作主要有：

（一）做好返程安排。联系安排好返程的交通工具，预订好车、船、机票，安排好途中食宿，确保领导者的安全。

（二）整理调查材料。回机关、单位后，要把视察出访中发现的问题进行整理归纳，形成书面材料，提出改进工作、解决问题的建议。

（三）抓紧有关问题的落实。在视察出访时，领导者答应给基层办的事情和解决的问题，回机关、单位后，秘书要及时通知承办单位，督促他们抓紧落实，做到言而有信，件件有着落，事事有回音。

（四）报销差旅费。随从秘书要协助领导者结算视察出访的经费开支，报销差旅费，归还预借款。

（五）回顾总结。随从秘书要对自己跟随领导者视察出访期间的工作进行回顾总结，主动征求领导者的意见，听取领导者的批评、帮助，这对秘书自身的提高不失为一种有效的方法。

　　秘书在整个跟随领导者外出活动期间，要时刻注意维护机关、单位和领导者的威信，认真执行政策，遵守纪律。在接触基层干部和群众时，要和蔼热情、谦虚谨慎、落落大方、平易近人，为领导者也为秘书自身树立良好的形象。

第六节　后勤管理

　　后勤管理是机关、单位不可缺少的一项经常性工作，是行政管理的重要组成部分。负责后勤事务管理的机构，在中央机关是机关事务管理局，在省、市党、政机关是在秘书长或办公厅主任领导下的机关事务管理局，也有的在办公厅下设行政处，县与县以下机关和企事业单位多在办公室下设行政科，各基层单位虽未设办公室，但都设有秘书专职或兼职管理后勤工作。后勤管理的任务是保证机关、单位正常运转，高效率地完成本职任务，并为领导和员工提供良好的工作和生活条件。

　　后勤管理工作的内容，主要有以下几个方面：

一、生活管理

　　生活管理是后勤管理的主要内容之一，直接关系到机关、单位领导和员工的饮食起居和身体健康，解决他们生活上的后顾之忧。其具体内容包括宿舍管理、车辆管理、员工食堂管理和澡堂、理发室、托儿所、幼儿园、卫生所、小卖部等带福利性质的设施和机关、单位内体育活动、文化生活等的管理，还有按上级机关和当地政府统一部署的诸如安置职工待业子女、计划生育、爱国卫生、植树造林、义务献血等一系列工作的管理。

二、物资管理

　　物资管理指提供办公器材物品，这是领导和干部、职工从事公务活动的基本物质条件，如提供办公桌椅、笔墨纸张、电灯电话、文件夹和各种小件办公用具等。随着办公手段的逐渐现代化，电脑、复印机、电话机、空调设备等，也成了机关、单位的主要办公用具。除此之外，还包括职工业余文体活动的一些物资，如电视机、录像机、篮球、排球、乒乓球、羽毛球等。

三、环境管理

　　这主要指机关、单位办公区和公共环境的管理，通常包括表面环境、听觉环境、光线环境、空气环境等。表面环境指机关、单位的总体布局、着色选择和办公室、会议室、接待室、礼堂、楼道的布置等，还包括公牌和国旗、国徽的制挂；听觉环境指办公区要尽可能地保持安静，办公楼建筑应采用吸音、隔音建筑材料，临街窗户安装双层玻璃等，使大家能集中精力从事工作；光线环境，指办公室的光线适宜于阅读和撰写文稿、处理公务，尽可能采用自然光，并以适宜的人工光作为补充，不宜太强或太弱，玻璃要经常保持明净，采光的窗户要宽敞些；空气环境指空气的温度、湿度、流通和清洁四个因素，通过空气调节使办公室的温度保持在26°—29℃之间，湿度保持在40%°~60%°之间为宜，还要空气流通和纯净，使空气适合人体要求，能使人保持清醒的头脑，振奋精神，提高工作效率。环境管理还包括

公共环境的整洁卫生、庭院园林绿化、美化等，总的要求是达到整洁、明亮、舒适、悦目、幽静、优美。

四、设施维修

这项工作的服务面相当广，如房屋修缮、门窗修理、桌椅修复、安装设备、修锁配锁、水电检修等。事情虽小，但与广大职工的工作和生活密切相关，切切不可忽视。

要搞好后勤管理，关键是要端正后勤管理的指导思想，切实转变作风，勤勤恳恳、兢兢业业，全心全意为领导服务，为整个机关、单位和职能部门服务，为全体干部、职工服务。其次，要采用科学的管理方法，在加强思想政治教育的同时，建立、健全岗位责任制和各种形式的经济责任制，做到分工合理，职责明确，各司其职，各尽其能，充分调动后勤人员的积极性、主动性和创造性，提高工作效率，实现人、财、物的最佳结合；再次，实行开放式服务，就是将机关、单位的后勤工作实行对外开放，在加强经济核算、实现后勤工作规范化、制度化的同时，逐步走向企业化、社会化，将一部分后勤工作从机关、单位中剥离出去，交给社会上相应的经济部门去办理，或成立具有法人地位的独立的经济实体，使其在精简机构、节约开支的条件下能更好地为机关、单位服务。

第七节　印章管理

印章是"印"和"章"的合称，又称图章，古代则叫"印信"。在金属、石、木、塑胶等材料上刻上文字或图形，再盖用在文书材料上，作为组织或个人的凭信。印章是机关、单位或领导人的代表，是行使权力的标志，具有法定的权威性。公文除大量印制（有的在印刷品上用套印）者外，一般须经用印才能生效。

印章的种类很多：按性质分，有机关、单位印章和领导人印章、业务专用章；按质料分，有钢印、铜印、木印、塑胶印、胶皮印、万次印（包括原子印和渗透印）等。属于秘书和秘书部门管理的印章一般有两种：一是机关、单位的公章，即自机关、单位成立之日起，由上级机关颁发的机关全称公章；二是机关、单位领导人因工作需要而刻制的个人签名章或图章。

一、印章的刻制

印章制发是一件十分严肃的事，必须按照国务院（1979）234 号文件颁发的《国务院关于国家行政机关和企事业单位印章的规定》办理。任何机关、单位的印章，都不准擅自刻制。印章通常在机关、单位被正式批准成立后，由上级机关颁发或经批准持上级机关证明制作，制发机关、单位内部印章，必须持机关、单位的证明。印章刻制必须持有县以上公安机关指定的刻字社制作，非公安机关指定的刻字社不准承揽此项业务。验收合格的印章，要进行详细登记，并留下印模，以备查考。印章的形体规格（尺寸、字体、样式等），严格按照国务院的有关规定执行，不得各行其是。

二、印章的颁发

上级机关发给下级机关、单位的印章，称为颁发印章。在颁发印章时，要手续完备，确保安全。颁发印章的方法，可打电话通知受印机关、单位来人领取，也可派人送去。取送印章要按取送机要文件对待。取送印章要实行双人制，以确保安全。

三、印章的启用

启用机关、单位印章是指印章从何时开始生效使用。在印章启用前，应把握识别真伪的方法，并将印模及启用时间通知有关机关、单位，且报上级机关备案。如机关、单位撤销或改变名称，印章应缴还制发机关处理。业务用章的启用由机关、单位领导自行确定。对外产生效用的印章，如收发印章、财务专用章等，在启用前应将启用时间、印章式样通知有关机关、单位。

四、印章的使用

印章一般由秘书部门统一管理，由专人具体负责使用。用印是件很细致的工作，监印人一定要认真负责，一丝不苟。用印时，必须检查需要盖章的文件、印信有无相应的领导人签发；要检查文件的格式是否合适，文字是否通顺，有无错漏字等。检查完毕，才能在文件上机关、单位署名和年、月、日的中间加盖印章。盖章时要讲究质量，印油要均匀，颜色要正红，位置要适宜，用力要适度，盖名压月，防止模糊不清，使盖出的印章清晰、端正、庄重。如果马马虎虎、粗枝大叶，盖出的印章歪歪斜斜、模模糊糊，就显得很不严肃。

五、印章的保管

印章应由政治可靠的专人保管，存放在上锁的办公桌抽屉内，节假日要放置在安全处，并贴有封条。重新启用时，要先验锁和封条。管理人员同时是使用人员，实行专人负责制。

对不合规定、不符合手续的用印，应提出异议向上级报告。要提高警惕，严防私用、盗用公章。

六、印章的停用

当机关、单位名称变更或机构撤销时，该机关、单位印章即自行停用。停用印章要发文通知有关机关、单位，并在通知中说明停用的原因，标明停用印章的印模和停用时间。停用的废印不得在原机关、单位长期留存，要及时送交原颁发机关。

七、印章的存档和销毁

制发印章的机关回收废旧印章后，要进行登记销账。对那些重要的机关、单位，具有保存价值的旧印章要妥善保存，对那些一般单位或临时性单位、保存价值不大的旧印章，应集中起来，定期销毁。销毁废旧印章的方法有两种：一是自行销毁；另一是送刻字社回炉销毁。不论是哪种方法，都必须报单位负责人批准，有主管印章的人员监销。销毁的废旧印章，都要留下印模保存起来，以备日后查考。

第十五章　办公自动化

　　随着社会日新月异的发展，组织管理日趋复杂，工作和生活的节奏日益加快，各机关、单位对其综合机构——秘书部门的要求也越来越高。秘书传统的手工方式办公模式，由于办公人员多、办公费用高、工作效率低、工作时间长、工作质量差而越来越不适应形势发展对秘书工作的需要。在欧美发达国家，机关、单位的办公，尤其是秘书部门的办公，已普遍实现了办公自动化。在我国，随着改革开放和社会主义现代化建设步伐的加快，办公自动化正逐渐替代传统的手工操作办公模式。为适应形势发展的需要，秘书部门实现办公自动化，势在必行。因此，作为一名现代秘书，必须懂得办公自动化的有关知识，掌握有关技术和技巧，能得心应手地操作现代办公设备。

第一节　办公自动化概述

一、办公自动化的含义

　　办公自动化是英文 office automation 的意译，简称 OA。它是在知识经济时代，为适应信息化社会发展的需要，建立在日趋完善的电子计算机技术、数据通讯技术等基础上的，旨在充分利用信息资源，提高工作质量和工作效率，使传统的手工方式办公模式向科学化、规范化、综合化发展的一项新兴产业和一门综合性学科。

　　什么是办公自动化？国内外有多种解释，至今还未达成共识。1985 年，我国召开全国第一次办公自动化规划讨论会，出席会议的专家、学者们综合了国内外的各种意见，将办公自动化定义为办公自动化是指利用先进的科学技术，不断使人的一部分办公业务活动物化于人以外的各种设备中，并由这些设备与办公室人员构成服务于某种目标的人机信息处理系统。其目的是尽可能充分地利用信息资源，提高生产率、工作效率和质量，辅助决策，求取更好的经济效果，以达到既定（即经济、政治、军事或其它方面的）目标。在现阶段，办公自动化的支持理论是行为科学、管理科学、社会学、系统工程学、人机工程学等。其直接利用的技术是计算机技术、通信技术、自动化技术等。一般来说，一个比较完整的办公自动化系统，应当包括有信息采集、信息加工、信息传输、信息保存这四个基本环节，其核心任务是向它的主人（各领域、各层次的办公人员）提供所需运用的信息。

　　由此可见，办公自动化系统，综合体现了人、机器、信息资源三者的关系。信息是被加工的对象，机器是加工的手段（工具），人是加工过程的设计者、指挥者和成果的享用者。

所以，办公自动化，是一门综合的科学技术，它是信息化社会的历史产物，是在计算机、通信设备较普遍应用、信息业务空前繁忙的情况下产生的。

这段论述，对办公自动化作了较全面的解释。概而言之，所谓办公自动化是指：办公人员利用先进的科学技术，不断使人的办公业务活动物化于人以外的各种设备中，并由这些设备与办公人员构成服务于某种目标的人—机—信息系统，以达到提高工作质量和工作效率的目的。简言之，办公自动化就是办公人员智力技能的自动化。

人们常将"办公自动化"与"办公室自动化"两个概念混淆，其实二者是有区别的。"办公室自动化"是指一个或几个办公室内在某些公务处理上实现了自动化，如文字编录、资料检索等办公事务，是狭义的办公自动化。"办公自动化"则有更广泛的含义，它是用高科技产品、新技术设备来支撑和辅助办公业务。可以说，办公室自动化是办公自动化的基础，办公自动化是办公室自动化的延伸和深化。

二、实现办公自动化的必备条件

要实现办公自动化，就得为它创造必备的条件。没有这些条件，办公自动化就成了一句空话。这些必备条件是：

（一）经济条件

建立办公自动化系统，要有较大的资金投入，因而应从经济效益、经济效果、经济效率三个方面进行考虑。经济效益就是指有效地服务价值和建立系统的必要性；经济效果指投入的工作消耗与得到的经济效益之间的比例关系；经济效率指输入的每单位资源和输出成果的关系。只有在对以上三个方面的情况作了分析后，才能着手考虑建立办公自动化系统。否则，建立办公自动化系统就会脱离客观实际的需要。

（二）技术条件

先进的电子计算机技术、数据通信技术、系统工程学、行为科学、社会学、人机工程学等是实现办公自动化所必需的科学技术条件，其中尤以电子计算机技术和数据通信技术最为重要。

（三）设备条件

这是办公自动化的物质基础，主要有电子计算机、大通路通信传输设备、文字处理机、电子传真机、电子打印机、静电复印机以及其它先进的办公设备，其中电子计算机是办公自动化的核心设备。

（四）标准化的建立

在实现办公自动化之前，应首先进行标准化的工作，如信息处理的标准化（尤其是汉字信息处理标准化）、文件处理标准化等。

（五）办公环境的现代化

办公自动化对办公环境提出了高要求和高标准，它不仅指办公设备和系统的先进，而且还要提供一个使设备、系统能够较好地运行和使工作人员有一个较为舒适和能得心应手操作与使用办公自动化设备的工作环境。

（六）办公人员的高素质

设备和系统是靠人来操纵的，要实现办公自动化，这就要求优化办公人员的知识结构和智能结构，使之具有高质量、高水平的组织管理和操作水平，包括设计软件、维修硬件和操作设备的能力，同时要有现代化办公组织结构，对办公人员优化组合，达到合理化、科学化、高效化的要求，最终建立起良好的人—机之间的分工协作关系，既有能充分利用先进设备的优越条件，又不能完全依赖于它。

总之，办公自动化实现的条件，涉及到机构、人、机等项目，还包括思想观念、工作机构、工作方式的相应变化，它需要我们以一种全新的、积极的、系统的思想去认识它、接受它，不能孤立地认为办公自动化就是添置几件先进的设备器具。

三、办公自动化在秘书工作中的作用

对于秘书和秘书部门来说，逐步实现办公自动化，是提高秘书工作质量和效率、适应新形势下对秘书工作提出的新要求的重要一环，是秘书工作迎接新技术革命挑战的重要一环。具体说来，办公自动化在秘书工作中的作用，主要表现在以下几个方面：

（一）办公自动化使秘书的办公活动呈现出全新的面貌

办公自动化是实现秘书工作现代化的重要条件，它使传统的办公室结构和工作方式发生巨大的变化，呈现出全新的面貌。在现代化办公室里，再也看不到塞满办公室的档案柜、文件匣，也看不到成堆的表格和纸张，所有文件的内容，都存放在一个小小的磁盘中。由人操纵的电脑发出指令从事各种各样的办公活动。显示屏幕代替了纸，键盘代替了笔，打印机代替了大量的抄写和复写工作。有了自动化设备，再不用担心离开办公室后无人接电话，它会自动将电话存入电脑中，并在显示屏上显示电话内容或提醒主人。如电脑加入了网站，就再不用为收发信件、文件犯愁了，只要在网站上发一个指令，所有该收到的信件、文件都能及时收到，所有该发出的信件、文件也会迅速无误地到达接收者手里。随着办公自动化的逐渐建立和完善，使秘书的办公活动呈现出与过去传统的手工方式办公模式截然不同的崭新面貌。

（二）办公自动化可大大提高秘书的工作质量和效率

实现办公自动化，为秘书提高工作质量和效率提供了最优化的手段，这主要表现在以下四个方面：一是强大的管理能力。一个机关、单位，每天的文字信息处理量，一般都在十万、几十万甚至百万之多，一年就会更多了。要处理这样多的信息，对机关、单位来说，整理和管理都很不方便，经常碰到很多困难。如运用办公自动化手段进行管理，这些问题的解决就轻而易举了。二是强大的运算能力。在办公事务中，数学运算是一件最繁琐的事，而且工作量很大，它要进行数据收集、整理、编制诸程序以及运算等多个步骤。如采用办公自动化技术，不但可以压缩工作程序，而且可即刻得出运算结果，大大地减轻了工作量。三是简便的工作程序。办公现代化系统可以说是一个压缩办公程序、减少工作量的"压缩机"。如使用文件处理机，当办公人员通过键盘输入一份文件并发出执行指令后，不仅可立即打印出一份完整的文件，还可自动将该份文件按分类要求存入存储器内，供以后查找和利用，从而减少了原有人工操作完成的文件处理、分类、编目、印刷、立卷归档等多个环节。四是办公的高速度。这是办公自动化的最显著的特征。办公现代化技术，是人们在处理公务过程中掌握时间、控制时间和利用时间最理想的伙伴。如传统的查找文件的方法，先要查看收文目录本，再根据出处，到放文件的卷宗取出，如运用办公自动化系统，只要根据文件检索要求打开电脑，即刻就可以找到文件，并可在显示器上查看文件内容。

（三）办公自动化可节省办公费用，提高经济效益

办公自动化的一大特点，是它具有存储大量信息的功能，并由此大大降低了能源、资金等的消耗。据统计，美国一个工作日产生大约 10 亿份文件和 7600 万封信，共需要 1.245 万吨纸。而造出这些纸则需要 2 万亩共 33 万棵直径 147 毫米的松树。要生长这么多、这么大的松树，则需 25 年之久。如将这部分纸张记录下来的信息，全部存储在光盘上，只需 3000 多块光盘就足够了，其成本和所耗费的材料，对于如此庞大数量的纸张来说，可以说是微不足道的。

（四）办公自动化能促使秘书观念、智力、技能发生一系列的变化

办公自动化要求实现机器与机器之间、人与机器之间以及人、机器与环境之间的有机结合，形成一个综合、统一的系统，在这当中，人起着决定性的作用。秘书作为操作自动化办公设备的办公人员，必然随之在观念、智力、技能上带来一系列的变化。如在观念上，随着办公自动化，办公的组织机构、领导体制、管理形式、工作方式必然发生变化，这就会引起秘书观念上的更新，逐步树立起信息观念、时间观念、战备观念、效率观念和竞争观念等。与此同时，还带来了秘书智力结构和技能结构的不断改善。但智力、技能结构的改善不是单纯地依靠秘书学历的上升来完成的，还需要为秘书提供智力、技能提高和完善的实用系统。即在知识迅速增长的信息社会里，需要有先进的工具来辅助和加速秘书的知识运用和开拓。如果不懂得运用或没有条件去运用，那么秘书头脑中储存的知识再多，水平再高，这种"优势"也只是表面的。只有为秘书创造运用先进工具、改善智能结构的条件，才能将知识转化为智力和技能，在秘书工作实践中充分发挥其作用。

第二节 办公自动化的设备和系统

办公自动化的设备和系统大体上可分为以下三类：

一、半自动化设备

在我国各级各类秘书部门当前采用得最多的是半自动化设备。一般说来，秘书部门大多配置以下一些机具：

（一）文件装订机

它是一种可将任何一叠文件纸张装订成型的小型办公设备。装订文件的整平、切割、上胶、加压、烘烤等整个过程在一台机具上完成。

（二）文件过塑机

它是一种用电热加压，在单页文件或证件、笔记的正反两面加上塑料薄膜的办公设备。通过过塑机过塑的文件，不怕浸水，便于长期保存，且十分美观。

（三）电动碎纸机

它是一种可放在普通办公室内的小型文件销毁设备。它由电动机、送纸滚筒、圆滚切刀、打纸条和存放废纸槽等部件组成。一般电动碎纸机一分钟可切 10 多米长的文件纸。使用电动碎纸机销毁文件，迅速简便，且利于保密。

（四）文件电动钻孔机

它是一种利用电力压孔的文件钻孔设备。它由电动机、高质钢圆切刀、文件固定架等部分组成，体积小，便于携带，且钻孔深度也比普通压钻孔机深。

（五）电动台式分纸机

它是一种可自动迅速分页并集中成一份文件册的小型办公设备，由电动机、放纸槽（普通型分纸机一般有 20 个放纸槽）、抽纸轮和接纸槽等部分组成，每小时可分 100 页纸为一册的文件 800 册，是人工的 30 倍。

（六）办公时间认可机

它是一种可在文件或公函信封面上自动印下收件日期、时间和编号的收文处理专用设备，由时间指示器、自动印字轮等部分组成。该设备还可以用在出勤登记等方面。

（七）信封启口机

它是一种自动开启信封的小型办公设备，将信封放入机具内，由传送带送到切割部位，信封的上沿切掉后，自动退出，掉到接收箱内，一般适用于数量较多的信件启封。

（八）信封封口机

它是一种自动将信封封口的小型办公设备，可湿润信封口上的胶水，信封自动送入封口机，封好信封口。它在短时间内可将大量信件封口，且封得很牢。

（九）折信、入信机

它是一种自动折信和进入信封的小型办公设备，由折信和入信两个部分组成，在 1 分钟内可装 30 多封信。

（十）折纸装订机

它是一种自动将大开的纸折成 1/2 的规格并装订成册的办公设备，由放纸槽、折纸夹、接纸槽、钉书器等部分组成。一般的折纸装订机可装订 80 页文件纸，多的可装钉 200 页文件纸。

二、单机自动化设备

我国中、上层机关、单位多已采用单机自动化设备，它比半自动化设备的效率有很大提高，通常配置以下一些机具：

（一）电子计算机

俗称"电脑"，不需要人的介入，就可高速度地按照计算程序进行运算，又有处理复杂信息的能力。它具有运算高速度、计算高精度、记忆存储和逻辑判断功能强并可自动连续地工作等特点。电子计算机系统由硬件和软件两大部分组成。硬件由输入设备、输出设备、存储器、运算器和控制器五大部分组成；软件则是指挥计算机运算的各种程序的总和。装备有电子计算机的办公室，人们在他们的办公桌上装有视频终端显示器，与计算机和办公室内外的其它终端显示器相连接，信息便可从一个终端显示器传到另一终端显示器，存储在记忆库里，通过他们的终端机也可将某一信息从记忆库中提取出来。

（二）文字处理机

它是一种具有撰写文件、编辑文件、修改文件和将几个文件合在一起或一个邮件名单与一个发件通知配在一起的多功能的办公设备，如加上通信接口等部件，就可以与计算机联机，成为处理终端。它由显示器、主机、磁盘驱动器、键盘等部件组成。该机内储存有大量撰写和编辑文件的程序，我国的文字处理机还带有汉字自动处理功能。

（三）电子传真机

它是一种利用电信号的传输以传送文字、文件、图表、相片的图像的通信设备。发送时将原件放在电子传真机上，依照一定次序分成许多黑白深浅不同的小点，通过光电设备的作用把深浅不同的小点变为强弱不同的电流，然后利用有线电路或无线电路传送到对方。对方在电子传真机内将收到的信号电流用各种不同的方法复制出原来的文字、文件、图表、相片的图像。

（四）电子打印机

它是一种现代办公的主要设备，也是计算机的输出终端，主要用于文字输出。按其内部结构不同，可分为菊花瓣字轮式打印机、针状电子打印机、激光打印机三类，有的还带有记忆功能。现在大多使用激光打印机，它打印的速度快，字迹清楚，大大提高了书写的工作效率，是秘书工作的得力帮手。

（五）静电复印机

它是一种运用光电照射，通过静电吸附原理复印的设备，由感光鼓、传送轮、电动机等部分组成。它无需对用作复印的"母件"（或原件）做什么特殊准备，就可复制出与"母件"（或原件）一样的仿制品来，通常每分钟可复印 30 张纸，高速的可达 120 张纸。

（六）光电誊影机

它是一种采用滚筒式机械扫描，将原稿上的图像和字迹通过光电转换及电路调制，制成与原稿相同的油印版。可用来复制各种公函文件、亲笔手迹、教学讲义、档案资料及文稿、书籍，不需校对，可大量复印，是一种比静电复印廉价得多的复印手段，具有省力、快速、经济的优点。

（七）一体化速印机

一体化速印机是指通过数字扫描，热敏制版成像的方式进行工作，从而实现高清晰的印刷质量，印刷速度在每分钟 100 张以上的印刷设备。同时它还具有对原稿缩放印刷、拼接印刷、自动分纸控制等多种功能，绝大多数的机型还可以支持电脑打印直接输出的功能。

（八）扫描仪

扫描仪是一种计算机外部设备，通过捕获图像并将之转换成计算机可以显示、编辑、储厚和输出的数字化输入设备。对照片、文本页面、图纸、美术图画、照相底片、菲林软片，甚至纺织品、标牌面板、印制板样品等三维对象都可作为扫描对象，提取和将原始的线条、图形、文字、照片、平面实物转换成可以编辑及加入文件中的装置。扫描仪一般有滚筒式扫描仪和平面扫描仪两种类型。

（九）电子制版机

它是一种用于制作印刷胶版的电子照相光刻设备，由照相和光刻等部分组成，能在几分钟内制作出复杂的图面、表格、文字、相片等，准确地制成印刷胶版。

（十）阅读机

它是一种用来阅读文件的设备。第一大类是缩微胶片、缩微卡片阅读器，它又可分为以下三种：一是借助于光学放大设备，阅读缩小了几倍以至几百倍字迹的缩小胶片和卡片；二是直接投影放大阅读器，其原理和电影放映机、幻灯机一样，是由聚光镜和镜头组成的光学系统，可适应各种规格的胶片应用；三是反射投影阅读器，亦称投影机，其原理与直接投影一样，只是为了阅读方便，将投影通过反射改变方向，缩短距离，放大画面。第二大类是电子型多功能阅读器，多与计算机组成光学识别系统，它内部存有自控和识别程序。这类阅读机又可分为光学戳卡阅读器、自动翻页阅读机、符号感应阅读机和磁性墨水字符识别阅读器，用来阅读采用各种不同方式撰写的文件。

（十一）激光唱片影视机（光唱片机）

又称"光碟机"，一种用于播放激光唱片的设备。它由拾取图像机、图像显示器等部分组成，内部还装有一台数码解释器，可播放伴音，可作快放、慢放、倒放和静止画面等特技动作，便于查阅文件，如附带上检索计算机，检索文件的速度可大大加快。

（十二）数码相机

数码相机也叫数字式相机，英文全称 Digital Camera，简称 DC。数码相机是集光学、机械、电子一体化的产品。它集成了影像信息的转换、存储和传输等部件，具有数字化存取模式，与电脑交互处理和实时拍摄等特点。

三、办公自动化系统

一般的办公自动化设备可与其它办公自动化设备实现联机，如复印机可与电话机、计算机、缩影机等几乎所有办公自动化设备联机。联机的结果则会产生具有更多功能的新系统，这种技术称为"交叉多层次联接技术"。以下就是几种典型的自动化系统。

（一）文件编辑系统

这是一种用于编写文件的多功能系统。它由存储器、照相排字机、用户终端和通信装置等部分组成。其工作原理是：使用者通过键盘，将所写的文件输入计算机内，并在显示器上显示出来，他可一边编写，一边修改，直至将整篇文章完成。文件写完后存储在计算机的存储器内。如需付印，可通过通信装置将文件信息送到由高速计算机控制的照相排字机上排字并印刷，或直接将文件信息传送到指定收件人的用户计算机的显示器上显示出来。前者可立即进行排版，后者也只需 10 多分钟即可完成传递任务。

（二）电子制版系统

这是一种 80 年代诞生的信息数据库出版系统。它由文字处理机、电子照排机、静电复印机和激光打印机等部分组成。其工作原理是：使用者用一种很容易使用的数据库格式将正文输入到文字处理机内，并存储在磁盘或磁带上。如需制版，可将信息传送到电子照排系统，即可通过自带的计算机控制器对输入的信息进行精密的照排，不需用户辅助就能产生页码、标题、注脚、多栏、表格等，还能自动插入版式指定的位置。排版的结果将在软件上曝光，然后制版印刷。该系统还可以通过系统的静电复印机、激光打印机直接印刷。

（三）文件静止图像通信系统

这是一个通过通信线路传送单页静止文件和图表的系统。它由用户摄像机、电视接收机、视频存储器、交换机、多路器及分配机键、通信设备等部分组成。其工作原理是：由摄像机将文件的静止图像摄下，经过视频存储器输出后，通过输送线路送到对方的交换机上，再传送到用户的电视接收机里，通过荧光屏将文件显示出来。系统一般配有一条专用的电话联系线，以便工作时进行联络。

（四）计算机输出缩微胶卷系统

这是一种带有计算机检索功能的复制缩微胶卷和复印文件的系统。它由计算机、缩微摄影机、胶卷冲洗设备、阅读机等部分组成。其工作原理是：将印有文件信息的磁带放入计算机的磁带机上，作为计算机的输入部分，磁带里的文件信息输出到放映机上，当放映机将文件信息输出到阴极射线管，摄影机即把影像摄下，记录到缩微胶卷里，并附上索引号码，供日后检索。胶卷经过冲洗处理后，装入保管盒保存。如需检索文件，可根据索引号码，找到胶卷，然后将胶卷盒装入缩微胶卷阅读机中查找所需的文件内容，必要时可复印一份。

（五）人机可读信息检索文件系统

这是一种具有高存储量并能自动检索的新型办公系统。它由摄影机、存储器、检索机等部分组成。其工作原理是：运用激光立体全息摄影技术，将大量文件信息压缩复印在缩微胶卷上，其全过程都是由系统的计算机控制完成。如需检索文件，可将胶卷装入机内，文件、图像就可在电视显示器上显现出来。

（六）光唱片文献、资料存储检索系统

又称"光盘文献资料存储检索系统"，是一种具有输入、输出功能的光唱片存储系统。它由光唱片存储器、扫描复印机、显示器等部分组成。其工作原理是：将图像资料放在扫描复印机上，通过激光束扫描，将光信号转换成电信号，电信号经处理后，调制成另一束激光束，将图像信号转到光唱片存储器上，记录有光唱片表面的信息记录层中，并同时编好索引号。检索时，将所需的文件索引号，通过键盘输入机内，只需 0.5 秒的时间，就可在存有 5 万页资料的光唱片上选出所需的一页，并由激光束读出，在光信号转换成电信号后，就可在显示器上显示出来，如需付印，可将电信号调制成激光束，使它照射在下方的静电复印机的感光鼓上，构成一幅静电潜像，进行付印，即可得到复印件。

（七）电子秘书系统

这是一种近年来在世界上广泛应用的具有多种自动处理文件功能的系统。它由电话机、键盘、显示终端、计算机存储器等等部分组成。其工作原理是：使用者只要根据要求按下电键，就可同时拨通或接收几个不同的电话，并能将电话内容存储起来。平时它还能自动传递文件信息，收集各地传送来的统计数据，撰写文件等。它还可用密码传递文件信息。

（八）电子邮件系统

这是一种办公自动化系统与邮政自动化系统相结合的新型通信系统。其工作原理是：使用者可用自己的终端机，通过邮电自动化系统，同任何一个或多个不同的国家和地区已装有系统终端的人员联系。只要发信人将信写好，输入系统，信件就会立即在收件人"信箱"出现，并将信件内容存储在发信人的存储器内。

（九）电视会议系统

这是一个将相隔遥远的分散的会议室，通过电视图像显示和声音传送等设备联接起来，召开专门联席会议的现代会议系统。它由电视会议室、电视通信网、中心控制等部分组成。总控制中心通过通信线路接通各分会议室的电视线路，主会议室的会议情形，就会传送到各分会议室的电视显示器上。各分会议室的人也可以通过自己室内的音像系统，参与会议的讨论。

随着科学技术的日新月异的发展，必将对办公自动化带来巨大而深刻的变化，据国内外专家、学者预言，未来的办公，将以设备和系统的高度自动化和办公环境的自动化系统为主，具有系统化、缩微化、电子化、无纸化、智能化、数字化、标准化、通讯高速化、多样化、联机化等特点，使办公自动化向更高的层次发展。

第三节　秘书工作如何适应办公自动化

办公自动化系统的建立和使用，是办公领域内的一项巨大的、彻底的革命，它将引起办公机构设置、办公制度和方式、工作环境和习惯等一系列巨大的变革。然而，我国的办公自动化起步较晚，迟至 20 世纪 80 年代才开始抓，国务院电子振兴领导小组于 1985 年 5 月宣布正式成立"办公自动化专业领导小组"，制定了近期计划和远期规划，着手协调研究、制造和应用之间的关系，并于同年 8 月在北京召开了全国第一次办公自动化规划会议。我国推行办公自动化时间虽短，但发展速度喜人。那么，秘书和秘书部门作为办公自动化系统的主要使用者和受益者，应该如何去适应它，使秘书工作的面貌来一个较大的变化呢？

一、转变观念，紧跟时代步伐

人类已进入到知识经济时代，在新世纪到来之际，作为一名现代秘书，为适应形势发展的需要，应从根本上转变传统的办公观念，改变传统的办公习惯，真正认识到办公自动化在秘书工作中的地位和作用，自觉地、主动地学习办公自动化知识，掌握办公自动化的各项技术，能在办公实践中得心应手地应用，做办公自动化的促进派。

二、积极稳妥的发展，不赶浪潮

秘书部门进行办公自动化系统建设，应坚持积极、稳妥、不赶浪潮的方针。所谓积极，是指在思想认识上要有紧迫感，要明确意识到在当今知识经济时代里，"信息就是智能"，"信息就是财富"。如果我们的信息传播与信息处理手段落后，就会处处被动，就要挨打。所谓稳妥，指的是要"立足于国内的实际情况"，从本机关、本单位的具体需要和财力的实际可能出发，逐步添置办公自动化设备，不要去赶浪潮。要坚决克服不从本机关、单位实际需要出发，盲目引进，大量购置办公自动化设备，却无人会用，以致造成不必要的浪费。

三、加速办公行为的科学化、规范化、标准化

运用办公自动化系统处理办公业务，一定要遵循国家颁布的有关标准，如文献资料的收集整理，其格式、标引、分类、编码等，均要按照国家标准编码进行。秘书部门要根据本行业、本机关、本单位的实际情况，结合国家的有关标准和法规，制定出详细的实施细则，以顺利实现内、外界的信息交换，扩大信息资源共享，最大限度地减少无效信息，避免差错，高质、高效地利用办公自动化系统完成各项办公任务。

四、加强秘书办公自动化设备操作的培训

办公自动化设备进入秘书办公领域后，各机关、单位的领导和秘书部门的负责人，要通过各种途径和方法，加强秘书对办公自动化设备操作的培训，使之成为熟练操作办公自动化先进设备的复合型人才。办公自动化是建立在高新技术及其产品上的人—机对话系统上的，如在办公自动化建设过程中，忽视了对人的培训，将会造成严重的后果。因为，再先进的设备也是靠人的掌握才能发挥作用的，在通常的情况下，人的失误往往多于设备的失误。

五、秘书办公设备和办公环境要适应不断发展的办公自动化系统

目前，以计算机为主的各种高科技产品更新换代很快，新技术不断涌现，如微机多媒体、微机病毒防治、软件加密技术、网络通信技术等。因此，办公设备的设置不是一劳永逸的，应根据时代的发展和办公自动化的需要不断地升级换代，努力改善办公环境和办公条件。先进的办公设备和办公环境是构成现代化办公的物质基础，是运用办公自动化系统提高工作质量和效率的保证。

图书在版编目（CIP）数据

现代秘书学——原理与实务/欧阳周,陶琪编著. —长沙：
中南大学出版社,2007.12
ISBN 978-7-81105-344-9

Ⅰ.现… Ⅱ.①欧…②陶… Ⅲ.秘书学 Ⅳ.C931.46

中国版本图书馆 CIP 数据核字(2007)第 193114 号

现代秘书学——原理与实务

欧阳周 陶 琪 编著

□责任编辑	谢贵良	
□责任印制	易红卫	
□出版发行	中南大学出版社	
	社址：长沙市麓山南路	邮编：410083
	发行科电话：0731-88876770	传真：0731-88710482
□印　　装	长沙市宏发印刷有限公司	

□开　　本	787×960　1/16　□印张 16.25　□字数 377 千字□插页	
□版　　次	2007 年 12 月第 2 版　□2018 年 12 月第 4 次印刷	
□书　　号	ISBN 978-7-81105-344-9	
□定　　价	36.00 元	

图书出现印装问题，请与经销商调换